현대인과 성서

한남대학교 탈메이지교양교육대학
교재개발(편찬)위원회

글누리 HNU

머 리 말

우리 대학은 국가와 교회와 사회에 봉사할 기독교 정신에 입각한 인재양성이라는 창학정신과 교육목적을 구현하기 위해 『현대인과 성서』라는 교양필수 과목을 운영하고 있다. 이 과목은 기독교 신앙 유무와 관계없이 종교에 대하여 다양한 견해를 지닌 학생들이 기독교 정신과 교훈의 핵심을 파악하고, 성서가 담고 있는 현대적 의미를 이해할 수 있도록 돕는데 그 목적이 있다. 과거 우리는 『현대인과 성서』 그리고 『현대인과 신앙』이라는 서로 다른 관점에서 집필된 두 책을 함께 사용하다가, 2003년에 『현대인과 성서』라는 제목으로 두 권을 통합한 개정증보판을 내게 되었다. 해마다 시대의 요구에 따라 새로운 내용을 업데이트하며 여러 차례 개정하였고, 이번에 새롭게 펴낸 2019년판은 교육현장의 요구와 대학 신입생들의 눈높이에 맞추어 보다 쉽게 기독교적 인성과 세계관을 함양하는 데 초점을 맞추었다.

본 교재는 크게 다섯 부분으로 구성되었다. 1부는 종교일반과 한국기독교와 관련한 내용을 다루며, 2부와 3부는 각각 구약성서와 신약성서에 대한 이해를 돕고, 4부는 기독교적 관점에서 현대사회의 중요한 문제들을 진단하여 해법을 도모하고, 5부는 한국기독교와 한남대학교의 역사와 전통을 살펴봄으로써 한남인으로서의 정체성과 긍지를 함양하도록 하였다. 본 교재는 과목의 특성상 기독교인만을 대상으로 하지 않기 때문에 기독교에 대한 전이해가 없거나 기독교에 대한 거부감이 있는 학생들이라 할지라도 기독교에 대하여 쉽게 접근하여 우리 대학이 기반하고 있는 기독교 신앙과 기독교적 가치를 배울 수 있도록 주의를 기울였다. 또한 기독교인들이라면 기독교 신앙에 학문적으로 접근하여, 성서학, 기독교 역사, 기독교 윤리, 기독교 상담, 기독교 리더십 등 다양한 관점에서 기초적인 체계를 갖출 수 있도록 하였다.

본 교재는 일방적 지식 전달을 넘어 강의실과 밖에서 교수와 학생 간에, 또한 학생 상호 간에 활발한 대화와 소통이 일어날 수 있도록 각 장 끝에 [토의 주제]를 달아 다양한 토론을 시도할 수 있도록 하였고, 학생들이 더 자세한 내용을 찾아볼 수 있도록 [참고문헌]을 달아 놓았다. "현대인과 성서" 교과목은 학생들이 이 수업을 통하여 깊이 소통하며 함께 배워나가는 역동적인 수업이 되길 지향하고 있다.

이 교재는 기독교학과 교수이며 교목으로 활동하고 있는 모든 분들(천사무엘, 조용훈, 반신환, 계재광, 최영근 교수)과 교양교육대학의 정덕희 교수가 참여해서 집필하였다. 수고하신 모든 집필자들께 감사를 드린다. 아무쪼록 이 교재를 통해 우리 대학에서 공부하는 모든 학생들이 기독교의 가치관과 정신을 보다 더 잘 이해하여 장차 교회와 사회, 그리고 세계에 봉사하는 훌륭한 인재들로 성장할 수 있기를 소망한다.

2019년 2월
저자 일동

차례

제1부

종교와 기독교 알기

Ⅰ. 종교의 정의

Ⅱ. 종교 다원주의와 기독교

I 종교와 기독교 알기

종교의 정의

1. 다종교사회인 한국 - 종교의 보편성과 필요성

한국의 사회는 다종교 상황을 경험하고 있다. 2005년 「인구주택총조사」에서는 종교인 비중이 52.9%로 종교인 비중이 절반을 넘었었지만, 2015년 조사에 따르면 한국의 종교인과 비종교인 비율은 43.9%:56.1%로 비종교인이 절반을 넘고 있다. 이 중 불교 인구가 15.5%, 개신교 19.7%, 천주교 7.9%로 나타나고 있다. 우리 사회에는 불교와 개신교, 가톨릭을 비롯하여 전통종교로서 우리의 사고와 생활방식에 영향을 미치고 있는 유교가 있다. 또 체계적인 교리와 공식적인 종교체계를 가지고 있지는 않지만 오래 전부터 한국인의 기복적 욕구를 충족시켜 주고 있는 무교(巫敎)가 있다.

한국의 상황은 단일한 종교가 종교영역 전체를 지배하지 않고 여러 종교들이 대등한 세력과 영향력을 가지고 종교적 균형을 이루고 있는 어느 나라보다 철저한 다종교사회이다. 이러한 종교적 형태의 다양성은 오히려 종교의 보편성을 증명하는 것이라고 볼 수 있다. 또한 이러한 다종교 상황은 다양한 절대 신념체계가 우리 사회 안에 공존하고 있다는 사실을 의미한다.

인간은 종교적 존재Religiosus이다. 종교적 삶과 경험은 지구 위에 생존하는 많은 피조물 가운데 인간만이 가질 수 있는 특유한 현상으로 인류가 역사를 이루고 문화를 구성하고 살 때 나타나는 인간 생활의 한 현상이다. 학자들은 인간의 종교현상, 종교체험이 인류의 역사 가운데 가장 본질적인 영향을 끼쳐 왔다는 것에 동의한다. 개인주의가 팽배한 현대문화 속에서 종교는 쇠퇴할 것처럼 보였지만, 피터 버거Peter Berger와 그레이스 데이비Grace Davie같은 종교사회학자들은 사회가 근대화될수록 종교는 쇠퇴한다는 세속화의 명제가 오류로 입증됐다는데 동의하고 있다. 전 세계적으로 물려받은 종교가 쇠퇴할 뿐, 개인의 결단 즉 회심에 기초를 둔 선택종교는 쇠퇴하지 않고 있다. 즉, 근대화된 사회일수록 종교가 퇴보한다는 단일한 추세는 입증되지 않았다.

그렇다면 종교는 왜 계속 살아남아 성장할까? 그 이유에 대해서 팀켈러Timothy Keller는 두 가지로 이유를 설명하는데, 첫째, 많은 사람이 보기에 세속 이성에는 삶을 잘 살아가는 데 꼭 필요한 뭔가가 빠져 있다고 느끼고 있기 때문이고, 또 하나의 이유는 많은 사람이 자연세계 너머 초월세계를 직관으로 인식하고 있기 때문일 것이라고 주장한다. 종교현상의 주체가 되는 인간이 의미와 가치를 추구하는 열망을 지닌 영적 존재인 한 인간의 삶은 종교적 삶이다.

2. 종교의 정의

그렇다면 '종교란 무엇인가?' 이 질문에 사람들은 의아해 한다. 왜냐하면 우리는 종교에 대해서 잘 알고 있고, 또한 종교적 체험도 가지고 있다고 생각하기 때문에 그렇다. 그러나 종교에 대한 정의, 개념규정을 하자면 대답하기가 쉽지만은 않다. 그것은 종교의 가지 수도 많고 종교적 양상도 다각적이기 때문이거니와 종교라는 낱말이 산이나 바다처럼 시각적으로 관찰하고 서술할 수 있기보다는 개념적으로 규정할 수밖에 없기 때문이다. 종교의 정의를 내리고자 함은 우리가 임의로 의미를 부여하기 위함이 아니라, 이미 존재하고 있는 객관적 현상을 보다 투명하게 파악함으로 종교의 의미와 본질을 알고자 함이다.

2-1. 종교에 대한 반종교적 정의

반종교적 정의란 종교의 본질을 보여주기 위한 정의가 아닌 종교에 대한 편견과 선입견이 들어간 정의이다. 즉, 종교를 긍정하고 그 적극적인 가치와 기본적 본질을 말하려고 하기보다는 종교를 반대하는 사람들이 종교를 정의하여, 종교가 우리 생활에 유해하다는 것을 보이려고 하는 적대적 정의이다. 먼저 종교에 비판적인 19-20세기 무신론적 종교비평가들의 정의를 살펴보면, 무신론적 종교비평가들은 신 혹은 절대자는 인간이 만들어 낸 허상이며 심리적 자기 투영이라는 것을 강조했다. 포이에르바하Ludwig Feuerbach, 1804-1872는 종교는 인간정신의 객관화된 꿈이기 때문에 종교는 무의미하며 인간정신의 자기 분열이라고 주장하며 절대이상을 추구하는 인간정신의 꿈이라고 주장했다. 마르크스Karl Marx, 1818-1883는 종교는 피압박 인민의 한숨이며, 소수의 지배계급 억압 하에서 살아가는 다수의 피지배계급이 자신들의 고통을 잊기 위해 관념적 진통제로 사용하는 인민의 아편이라고 정의하며, 종교의 타파를 주장했다. 니체Friedrich Nietzsche, 1844-1900는 모든 신들은 죽었다고 주장하며, 종교란 소수의 강자에 의해 억압된 다수의 약자들이 강자에 대한 복수의 수단으로 꾸며낸 관념적 덫이라고 정의하며, 종교란 생명이 타락하고 쇠약해진 퇴폐의 징후요, 생의 자학과 패배주의 질병현상이라고 보았다. 프로이드Sigmund Freud, 1856-1939는 궁극적으로 죽음을 피할 수 없고, 본능을 억제하고 살아야 할 사람들이 초월적 존재의 힘에 대한 절실한 갈망이 억압된 욕망으로 촉발된 강박관념의 신경증세이며 소원성취 욕망의 객관적 투사라고 정의했다. 그러나 이러한 정의들은 종교를 반대하기 위한 주관적 입장은 될 수 있을지언정 종교에 대한 진정한 정의는 될 수 없으며, 또한 종교에 대한 진지한 이해도 되지 않는다.

2-2. 체험을 강조한 종교 정의

종교를 정의함에 있어서 정의를 내리는 사람 각자가 가지는 독특한 시각을 벗어날 수 없지만, 무신론적인 비평가들과 달리 대부분의 학자들은 종교의 중심이 되는 의미와 본질적 성격을 살려 종교의 정의를 내려왔다. 계몽주의의 영향을 받은 근세 서구 지성인들은 종교다움을 윤리적이고 도덕적인 것으로 해석했다. 즉, 종교가 도덕과 윤리의 종교로만 고착되어 갔고, 때로는 사람들에게서 종교를 객관적인 사물처럼 생각하는 종교의 사물화, 비인격화의 모습이 나타났다. 그 이후 사람들은 '거룩함'을 '도덕적'인 것으로 받아들였다.

그러나 종교를 윤리적인 것으로, 도덕적인 것으로, 객관적인 사물처럼 생각하던 사조에 반대하여 종교의 의미와 본질을 개인적, 주관적 차원으로 환원시킨 사람들이 나타나기 시작했다. 포스트모더니즘으로 인하여 그동안 무시되었던 주관적 신념이나 종교적 신앙도 학문적 방법론으로 타당하다는 생각이 널리 인정되고 있는 이때, 대표적인 학자로 루돌프 오토Rudolf Otto, 1869-1937와 윌프레드 캔트웰 스미스Wilfred Cantwell Smith, 1916-2000의 종교의 정의를 살펴볼 필요가 있겠다.

루돌프 오토는 1917년 「성스러움의 의미」Das Heilige라는 책을 통해 종교적 체험에 있어서 다른 것으로 환원될 수 없는 비합리적 요소의 중요함을 재차 강조한다. 오토는 종교는 "절대의존의 감정"이라고 설교했던 슐라이에르마허F. Schleiermacher, 1768–1834에게 영향을 받아, 종교는 도덕적 요소에만 국한시켜 해석해서는 안 되며 그 이상을 넘어서는 '성스러움'으로 보아야 한다고 주장한다. 그 책의 머리말에서 "색맹이 색깔을 논할 수 있겠는가?"라고 반문하면서 성스러움을 체험해 보지 못한 사람은 읽기를 중지하라고 권고한 것은 자기 삶 속에서 종교성을 체험하지 못한 삶은 종교를 제대로 이해할 수 없다는 입장을 주장한 가장 단적인 예일 것이다. 그때 오토는 절대자 혹은 초월적인 존재를 체험함으로써 얻어지는 도덕과 윤리의 영역을 넘어서는 비합리적 요소가 '거룩함' 혹은 '성스러움'을 이루는 보다 더 본질적인 것임을 천명한다. 오토는 거룩함, 혹은 성스러움이란 절대자를 만남으로써 느끼게 되는 종교적 체험자의 피조물적 감정을 일컫는다고 본다. 즉, 무엇을 성스럽다고 하는가? 성스러움 그 자체는 알 수 없고 그것을 성스럽다고 느끼는 사람들의 직접적인 체험을 통해서만 알 수 있는 것이기 때문에 경험해 보지 않은 사람에게 가르쳐 줄 수 없고 각자의 마음속에서 자신의 경험을 되살려 스스로 깨닫도록 일깨울 수밖에 없는 것이라고 하였다. 오토는 성스러움은 체험으로만 알 수 있으며, 다른 어떤 것으로도 환원될 수 없는 독특한 것이라고 주장한다. 오토는 "내가 거룩하니, 너희도 거룩하게 되어야 한다."(레위기 11:45)라는 레위기에서 신의 명령은 도덕 완벽주의로의 전진이 아니라, 신을 온전하게 체험하라는 말로 해석해야 한다고 주장한다.

캐나다 출신의 윌프레드 캔트웰 스미스는 1962년 「종교의 의미와 목적」The Meaning and End of Religion이라는 의미심장한 연구서를 통해 종교라는 단어는 '명사'가 아니라 '형용사'로서 이해해야 한다고 주장한다. 스미스는 본래 종교란 단어는 객체화되고 실체화된 외부의 역사적 전통 조직체를 뜻하는 것이 아니라, 개개인의 신앙적 경건함과 절대자에 대한 성실한 태도를 지칭하는 것이었다고 주장한다. 스미스는 종교의 본질은 개념적인 정의에 있는 것이 아니라, 개별 신앙인의 인격적 차원에서 경험되는 것이라 보았다. 스미스는 종교란 용어를 외형적으로 관찰 가능한 '축적적 전통'cumulative tradition과 눈에 보이지 않는 내면적 '신앙'faith으로 세분화시켰다. 축적적 전통이란 종교의 외적인 측면을 이야기하는 것으로 종교적 문서, 교리, 건물, 미술, 음악 등 종교전통이 역사적으로 쌓아오고 전승되는 모든 것들을 일컫는다. 이와 달리 신앙은 전통을 형성하고, 또한 그것을 살아 움직이게 하는 것으로 이해했다.

그래서 그는 축적적 전통보다는 신앙에서 종교적 내용의 보다 본질적인 모습을 보았다. 종교는 객관적인 실체라기보다는 그 사람의 신앙임을 강조함으로 축적적인 전통이 그 사람의 신앙 안에서 가지는 의미가 종교라고 보았다.

2-3. 종교에 대한 일반적인 정의

우리나라에 종교라는 용어가 소개된 것은 19세기 말 종교학이 일본에 소개되면서 "religion"의 번역이 한자문화권에 통용되면서 부터이다. 종교라는 단어는 본래 라틴어 "religio"에서 유래한 단어로서 로마시대부터 두 가지 의미로 해석되었다. 그 중 하나는 '다시 읽는다'는 뜻을 지닌 "religio"에서 나온 의미로, 제사장이 경건한 마음으로 성경을 반복해서 낭송하는 종교의식에 초점을 두고 한 말로 절대적 대상인 초월자에 대한 경외심을 나타내는 말로 이해되었다. 둘째는 '다시 묶는다'는 "religati"에서 나온 단어로 원래 하나였다가 죄로 멀어진 신과 인간을 다시 묶는다는 의미로 해석되었다.

따라서 종교의 핵심을 궁극적 실재the ultimate reality를 향한 마음가짐으로 보든, 유일신과 인간의 관계로 보든 종교는 '궁극적 관심'ultimate concern이라고 정의할 수 있겠다. 궁극적 관심이란, 틸리히Paul Tillich, 1886-1965가 말한 것으로 다른 일차적인 관심들과는 달리 우리의 삶의 의미에 관한 물음들에 대해서 답을 가지고 있는 관심이다. 궁극적 관심은 그것들과 갈등을 일으키는 어떤 유한한 관심도 희생시키려는 의지를 보여준다. 따라서 종교생활이란 바로 이 궁극적 실재를 향한 '궁극적 관심'이라고 틸리히는 표현한다. 실재(實在, reality)와 그 관심이 궁극적인 이유는 실재가 인간의 경험을 초월해 있을 뿐만 아니라 모든 존재의 근본을 이루고 있기 때문이다. 지구상에 존재하는 대부분의 종교들은 초자연적이거나 궁극적인 그 어떤 실재에 대한 믿음을 가르쳐 왔다. 따라서 유한한 인간의 모든 언어적 사유의 개념과 생각을 뛰어넘는 말로 표현 불가능한 존재 자체이고, 그 절대존재 자체를 향하는 마음과 태도는 '마음을 다하고 성품을 다하고 뜻을 다하는' 지극한 성실과 진정의 태도가 요청된다. 따라서 인간은 우리가 종교적이라고 부르는 체험 즉, 종교체험 안에서 궁극적 실재와 관계를 가지게 된다.

3. 종교체험을 특징짓는 요소들

종교체험은 궁극적 실재Ultimate Reality로 체험된 것에 대한 인간의 반응이다. 종교체험은 종종 종교적 믿음과 같은 맥락에서 비교되는데, 이것은 종교체험이 일상적인 체험과 구별되기 때문이다. 그렇다면 인간의 삶과 불가분리의 관계에 있는 인간의 궁극적 관심으로서의 종교체험 또는 종교적 삶의 특징은 무엇인지 살펴볼 필요가 있다. 즉, 어떤 것이 종교적이고 어떤 것이 종교적이지 않은지를 구분할 수 있는 종교체험을 정의하기 위한 공식적 기준은 무엇인가 하는 질문에 답할 필요가 있다.

종교체험을 이해하기 위해서는 비교종교학자인 요하킴 바흐Joachim Wach, 1898-1955의 도움을 받을 필요가 있다. 바흐는 종교체험의 보편적 요소 4가지 -궁극성, 전체성, 강렬함, 그리고 행위- 를 이야기한다.

첫째는, 궁극성Ultimacy으로 종교체험이란 궁극적 실재ultimate reality를 경험한 인간의 반응response이라는 것이다. 즉, 종교체험은 궁극적 존재를 체험하기에 가능한 인간이 할 수 있는 체험들 중 가장 궁극적이라는 것이다. 우리의 존재구조 안에 궁극성을 요구하는 면이 있다는 것이 종교체험의 기초가 된다고 폴 틸리히Paul Tillich는 주장한다. 틸리히에 의하면 종교는 절대적으로 우리를 사로잡는 궁극적 관심, 무조건적인 의미를 지닌 그 무엇을 진지하게 다루는 것이다.

둘째는, 전체성Totality으로서 종교체험은 궁극적 실재로 파악된 것에 대한 인간 전 존재의 전체적 반응total response이다. 즉 종교체험은 사고력, 감정, 의지력 등 한 가지의 인간적인 성능만 관여하는 것이 아니라 전인적인 것으로서 인간을 전체적으로 하나로 묶어주는 체험이라는 것이다. 따라서 종교에서 말하는 믿음은 인지적, 정서적, 의지적 차원 등 정신의 모든 차원이 동원되는데, 이는 신을 믿는 행위는 한 사람의 모든 것이 걸린 가장 중요한 일이기 때문이다.

셋째는, 강렬함Intensity으로 종교체험은 인간에게 가능한 모든 경험 중에서 가장 강렬한 경험intense experience이다. 종교체험은 자신을 뒤흔들어 놓는 심원한 경험이어서 그 경험내용에 따라 행동하도록 움직이는 힘이 있고, 체험된 실재에 절대적으로 헌신하게 하는 명령과 규범성을 가지고 있다. 때문에 인간의 전적인 변신을 가능케

하는 것은 종교체험 이외에는 없을 것이다.

마지막으로, 행위Action로서 종교체험은 실천적이어서 인간을 행동하게 만드는 움직이는 힘, 곧 헌신하게 하는 명령과 규범성을 가지고 있다. 따라서 진정한 종교체험을 경험한 이들에게서는 모든 것을 포기하는 헌신을 발견할 수 있다. 종교적 충성은 그것이 참으로 종교적 성격을 나타낼 때는 다른 모든 가치에 대한 충성을 극복하게 된다. 즉, 종교체험으로 인해 인간의 삶과 행위가 변화된다.

위의 네 가지 모두를 포함하는 것을 종교체험이라고 할 수 있다는 것이다. 이러한 종교를 구성하는 본질 요소인 종교체험은 사상적, 실천적, 공동체적 표현을 통해 외부로 표출된다. 종교체험의 이론적 표현 즉, 교회, 신앙관 등이 바로 사상적 표현이라고 할 수 있고, 종교들이 가지고 있는 다양한 의례나 기도 등을 일컬어 실천적 표현이라고 한다. 그리고 사상적, 실천적 표현을 공유함으로써 생기게 되는 종교체험의 사회적 표현 즉 공동체의 형성을 종교체험의 마지막 표현양식으로 꼽는다.

4. 종교를 필요로 하는 인간

위와 같이 종교체험을 특징짓는 요소를 살펴보았는데, 그렇다면 왜 인간은 종교체험을 필요로 하고, 더 나아가 종교를 필요로 하는가? 종교를 필요로 하는 인간의 모습을 실존적 입장에서,

① 자아의 발견,

② 타자에 대한 신앙,

③ 자기 초월의 경험의 정(正)반(反)합(合)의 변증법적 과정을 통해 설명할 수 있다.

종교를 필요로 하는 인간 모습의 첫 번째 단계는 자아발견의 단

계이다. 인간은 동물과 달리 자의식self-consciousness이 있기 때문에 부족하며 불완전하며 결국에는 죽는다는 것을 안다. 인간이 영원히 살고, 자족하고, 완전하다는 느낌이 있다면 종교는 필요 없게 될 것이다. 이처럼 자기 처지를 아는 것, 자기가 놓은 정세를 깨닫는 것이 인간이 동물과 다른 점이다. 자의식을 통해 인간은 자신의 행동을 뉘우치기도 하고, 다음에는 자신의 행동이 그것보다 나았으면 하는 소망을 갖기도 한다. 자의식을 가진 인간은 출생의 고통과 성장의 수고와 때로는 질병과 싸우다가 늙음을 느끼고, 마지막에는 죽음이라는 관문을 거치게 된다. 이 가운데 인간은 내적으로 불안과 허무감을 느끼고 죽음을 극복할 수 없는 인간의 유한성으로 생각하게 된다. 이러한 상태를 자각하는 현대인은 종교의 필요성을 절실히 느끼게 된다. 불안과 죽음의 초극은 오직 종교의 힘으로만 가능하기 때문이다. 따라서 종교의 출발은 인간이 자기의 형편을 이해하고, 인간존재의 본질적 형식을 의식하는 것으로부터 시작하게 된다.

두 번째 단계는 절대타자에 대한 신앙의 단계이다. 인간존재의 본질적 형식을 의식함으로부터 시작된 자의식은 또한 모든 문화활동의 기초가 되었다. 따라서 자의식을 가진 인간은 과학, 철학, 예술 등 자기 힘으로 자신이 놓인 정세를 개선하려는 노력을 하게 된다. 하지만 종교는 타자의 힘으로 이 목적을 달성하고자 하는데 그 차이점이 있다. 여기서 타자는 다른 이를 말한다기보다는 인간의 힘보다 더욱 힘이 많은 절대타자absolute other를 가리키고 종교는 이것을 궁극적 실재 또는 신이라는 개념으로 표시한다. 이 단계에서는 인간 자신이 깨어지기 쉬운 존재임을 알고 믿음의 대상인 절대타자를 알아가는 단계이다. 여기서 대다수의 종교는 이 우주에는 절대타자가 중심이 되며, 이 절대타자는 인간에게 복을 내려주는 인격적인 존재로 생각하며, 나와 당신으로의 인격적 관계를 맺게 되는 것을 볼 수 있다.

세 번째 단계는 자기 초월의 경험으로 정반합 중 세 번째 [합]의 과정이다. 이 과정은 신에 대한 앎이 자신의 삶으로 연결되는 전 과정을 포함한다. 이 과정은 순종의 과정으로 나타나는데, 인간이 자신의 부족함을 알고 이 부족을 충당시킬 수 있는 힘을 가진 절대타자를 신앙할 뿐 아니라 이 절대타자에게 나를 바치고 충성을 다하여 의지하며, 예배드리는 것으로 말미암아 부족한 것을 메우는 데서 오는 만족과 평화와 구원이 있어야 되는 것이다. 바로 종교의 목표는 이 절대타자를 믿고 몸을 맡김으로 인하여 복을 받고, 구원을 받는 데 있다. 이 구원salvation이란 삶의 실존적 상황에서 필연적으로 제기되는 온갖 부정적인 요소들 즉, 질병, 죽음, 고통, 유한성, 죄 등으로부터 탈출하여 이상적이고 긍정적인 상태에 도달하게 되는 것을 뜻한다. 그리하여 인간은 새로운 실재, 새로운 존재를 형성하게 된다는 것을 의미한다. 사실상 모든 종교생활의 궁극적인 목적은 바로 구원에 도달하는 데 있다. 하지만 인간은 자기의 유한성 속에 더듬어 본 절대타자가 누구인지 완전히 알 수는 없다고 생각하고 절대타자의 높이와 깊이, 그리고 넓이를 알아가는 노력을 평생하게 된다.

5. 진지한 관심과 물음

그 절대타자를 알고자 하는 노력은 진지한 물음으로부터 시작된다. 인간이 종교를 통하여 경험하는 것이 무엇이고, 그것은 어떤 의미가 있는가? 종교체험에 대한 표현은 어떤 형태를 취하고 있는가? 종교의 깊이 속에 있는 진리는 과연 무엇인가? 우리는 물은 만큼만 알 수 있고 이해할 수 있다. 우리는 진지한 관심과 물음이 없이는 결코 어떠한 것도 알 수 없으며, 우리의 인식의 지평은 늘 닫혀 있을 수밖에 없다. 배움이 단순한 정보의 축적이 아니라 인식의 지평을 확장하고자 하는 의도라면, 이는 자신의 선입견 속에 갇혀 있지 아니하고 진지하게 묻고 이해하고자 하는 열려진 지평에서만 가능한 것이다.

종교에 대해서도 역시 우리가 자신의 선입견에 의해 가치판단하기 이전에 먼저 이해하고자 하는 노력이 필요할 것이다. 이러한 인식의 바탕 위에서 진지한 질문을 가지고 수업을 듣는 수강생 각자가 궁극적 실재에 대한 궁극적 관심을 찾을 수 있는 [현대인과 성서] 시간이 되길 바란다.

연구 및 토의 주제

1. 위에 거론된 많은 종교의 정의를 살펴보고 각자 나름대로 종교의 정의를 30자 이내로 말해보고 설명해 보자.

2. 우리의 인생관은 종교적 신앙과 어떤 관계를 가지게 되는지 토의해 보자.

3. 각자가 경험한 종교적 경험을 나눠보고, 타 종교에 대한 학생 본인의 태도는 어떠한지 나누어 보자.

참고도서

1. 팀 켈러 저/윤종석 역, 「팀 켈러의 답이 되는 기독교」 서울 : 두란노, 2018
2. 조용훈, 「한국기독 지성의 현실과 미래 기독교 대학」 서울 : 한국장로교출판사, 2009
3. 이길용, 「종교학의 이해 - 쉽게 풀어 쓴 종교학 입문서」 서울 : 한들출판사, 2007
4. 김승혜 편저, 「종교학의 이해 - 종교연구 방법론을 중심으로」 서울 : 분도출판사, 1986
5. 김 진, 「종교란 무엇인가」 울산 : UUP, 2008

II 종교와 기독교 알기

종교 다원주의와 기독교

주변에서 종교적 공존과 종교적 타자에 대한 경험은 일상적 현상이다. 이것들은 서로 다르지만, 우리 사회가 종교적으로 다원적으로 구성되어 있음을 드러낸다. 각각을 더 살펴보도록 한다.

우선 종교적 공존이다. 서로 다른 종교들의 사상, 상징, 음식, 신자들이 함께 섞여 있다. 다른 종교로 의식하지 못하고 이웃으로 경험한다. 이제, 의식적으로 주변을 살펴보도록 한다. 그러면 여러 종교들이 함께 섞여 있다는 것을 알 수 있다. 특히 눈에 띄는 종교는 불교와 기독교이다. 지도를 검색하는 과정에서, 불교의 사찰과 기독교의 성당이나 교회의 건물들을 발견할 수 있다. 그리고 종교재단이 운영하는 학교도 적지 않다. 우리 한남대학교도 기독교재단이 운영하는 학교이다. 불교방송도 있고 기독교방송도 있다. 그리고 직업이나 직장에서 종교적 모임이 결성되어 있는 경우도 있다. 그리고 종교적 상징물을 소품으로 갖고 다니는 사람들도 있다. 그런데 건물이나 기관이 아니라 사고방식이나 인간관계에서 잘 나타나는 종교도 있다. 예를 들어, 유교의 영향은 장례식의 절차나 직장의 예절에서 나타난다.

종교적 타자는 일상에서 경험하는 낯설음이다. 우리의 일상은 전 지구에 연결되어 교류한다. 정보를 교류하며 함께 일하기 때문에 더 이상 먼 나라의 타자가 아니라 이웃에 거주하는 이해관계의 당사자들이다. 그 결과, 우리 사회에도 낯선 사람들이 늘고 있다. 이 타자들의 낯설음은 논리적 이해와 관계없이 존재하기 때문에, 감정적이라고 할 수도 있다. 그러나 가장 우리의 근원과 연결되어 있기 때문에 종교적이라고 할 수 있다. 그러므로 이들은 종교적 타자이다.

장기간 거주하거나 귀화하는 외국인들이 증가하고 있다. 국제결혼도 증가하고 있다. 반대로, 타종교가 우세한 지역으로 이주하는 사람들도 증가하고 있다. 더구나 이러한 지역에서 사업을 하는 개인이나 기업도 늘어나고 있다. 그리고 이 지역의 기업이나 개인들이 우리나라에서 사업이나 영업을 한다. 가장 눈에 띄는 기업은 항공사들이다. 그 과정에서 개종하는 사람들도 증가한다. 그런데 이 종교들은 우리 전통종교와 다르기 때문에 낯설게 느껴진다. 예를 들어, 인도차이나 반도와 스리랑카에서 주요 종교는 소승불교이다. 그런데 이것은 불교이지만 우리나라의 전통적 대승불교와 차이점이 적지 않다. 그리고 중동, 북아프리카, 중앙아시아, 인도네시아, 말레이시아, 그리고 방글라데시에서 주요 종교는 이슬람교이다. 이들의 신앙적 행동과 사고방식에 대해 '다르다!'라고 느낄 때가 적지 않다. 근원적 이질성에 대한 자각이다.

1. 종교적 타자에 대한 기독교의 태도

종교다원사회는 종교적 타자와의 관계에 관심을 갖는다. 종교다원사회에서 우리는 서로 낯선 종교들과 교류하고 서로 다른 종교를 가진 사람들이 함께 일한다. 서로 낯선 종교들을 피하려고 해도 피할 수 없다. 이에 대한 기독교의 태도는 무엇일까? 이 질문에서, 기독교는 스스로 주체가 되어 종교적 타자에 대한 관계를 고민한다. 주체의 태도에 관심이 있고, 종교적 타자의 개별적 독특성에 대한 관심은 없다.

기독교는 유일신의 종교이기 때문에 종교적 타자에 대해 배타성이 높다. 이것은 기독교와 유일신의 종교라는 특성을 공유하는 유태교와 이슬람교에서도 나타난다. 유일신의 종교에서 신자들이 구성할 가능성이 높은 사고구조는 다음 3개의 특징을 갖는다.

첫째, 기독교의 신은 보편적이고 절대적이고 인격적이다. 그 신과의 관계로 인간을 규정하고 판단한다.

둘째, 신이 하나라는 것은 기준이 하나라는 의미이다. 그 결과, 이원론이 발생한다. 신의 속성은 선이고 그것과 반대되는 것은 악이다. 이 이원론은 진짜와 가짜, 아름다움과 추함, 깨끗함과 더러움 등으로 확산된다.

셋째, 스스로의 정체성을 중시하고 타자에 대한 배타성도 높다. 스스로의 생활방식이나 사고양식을 선이고 진짜이고 청결하다고 간주하고 타자를 악이나 가짜나 부패하다고 생각하는 경향이 있다. 더구나 타자에 대한 비난을 스스로의 정체성을 강화하는 방법으로 사용하는 경향도 있다. 혹은 종교공동체의 단합을 꾀하기 위해 타자를 공격하는 경우도 있다.

결국, 기독교는 종교적 타자에 대해 배타적 태도를 가질 가능성이 높다. 그러나 그것에 기독교의 태도가 국한되지 않는다.

종교적 타자에 대한 기독교의 태도를 3개로 분류한다. 그것은 배타적 태도, 포용적 태도, 그리고 다원적 태도이다. 각 태도의 특징을 살펴보도록 한다.

1-1. 배타적 태도

배타적 태도는 기독교의 정체성에 관심을 둔다. 기독교 생활방식과 사고양식을 절대적 표준으로 삼고, 그것으로만 타자의 행동과 가치를 평가한다. 다른 기준의 가능성을 인정하지 않는다. 종교적 타자에 대한 태도는 철저한 무시나 비난으로 이루어진다. 그리고 궁극적 목표는 기독교로의 개종이다.

이 태도는 자기 중심적이다. 성서가 제시하는 "서로 사랑하라"는 구절의 의미를 "다른 신들을 섬기지 말라"는 구절의 하위개념으로 편입시킨다. 이 경우, "서로 사랑하라"는 구절의 의미는 "기독교인끼리만 서로 사랑하라"로 해석된다. 다른 종교의 신자들이나 무종교인들을 사랑하더라도 기독교로 개종시키려는 도구적 사랑이 된다. 즉, 타인의 종교적 선택과 자율성을 존중하지 않고 자기 자신의 기준에 따라 억압하려고 한다.

이 태도는 종교적 타자들과의 공존에 관심이 없다. 그들의 정체성이나 성장에 대한 관심이 없다. 그리고 그들과 협력하면서 공동목표를 추구하려는 노력도 없다. 그러므로 종교적 타자에 대한 공격이나 차별에 대한 정당성을 부여하는 태도로 변질될 수 있다.

1-2. 포용적 태도

포용적 태도는 종교적 타자의 장점을 존중한다. 다른 종교도 진리의 부분을 갖고 있지만, 기독교만이 완전한 진리를 갖고 있는 최고의 종교라는 태도이다. 다른 종교는 단지 기독교에 입문하기 위한 준비에 불과하다. 이 태도는 타종교의 가치를 인정하지만, 여전히 독선적 태도이다. 종교적 타자의 장점을 인정하는데, 타자의 상대성과 기독교의 절대성은 포기하지 않는다.

이 태도는 종교적 타자들과의 공존에 관심이 있다. 그러므로 그들에 대한 비난이나 공격은 배척한다. 그리고 그들의 정체성과 성장에 대한 관심을 갖는다. 그러나 자신의 우월성에 대한 확신을 갖고 있기 때문에 그것이 훼손될 때 방어적 태도를 나타낸다.

1-3. 다원적 태도

다원적 태도는 종교적 타자와 수평적 관계를 수용한다. 기독교가 자신의 상대성을 전제하고 종교적 타자와의 공존을 추구한다. 이것은 후기 현대주의의 영향을 강하게 받고 있다. 그래서 궁극적 실재에 대한 전제를 포기한다. 즉, 초월적 세계에 대해 무관심하다. 다르게 보면, 현대과학과 기술의 발전에 압도되어서, 인간의 사고와 행동은 경제와 기술적 변화에 따라 종속되어 있다고 전제한다. 이와 같은 변화를 단기간에 직접 경험한 결과로 영원한 실재에 대해 관심이 없다. 결국, 각 종교들은 서로 다른 상황과 역사의 요구에 대한 반응이라는 관점이다. 종교는 단지 비일상적 존재에 대한 믿음에 근거한 실용적 행동이나 사고에 불과하다. 그리고 각 종교의 차이는 이 행동과 사고의 차이에 불과하다. 그 결과 현실의 요구에 적합하지 않으면 그 종교는 쇠퇴하거나 변형된다고 생각한다.

다원적 태도는 기독교에서 겸손과 화해를 반영한다. 기독교의 절대성이나 정체성에 대한 강조는 겸손, 화해, 그리고 생명이라는 기독교의 가치와 충돌하는 경우가 있었다. 그 결과, 종교적 타자를 공격하고 파괴하는 행동과 조직에 정당성을 부여하기도 했다. 그러나 현대는 연결망의 사회다. 즉, 정보가 동시에 공유된다. 그리고 지구뿐만 아니라 우주에서도 함께 일한다. 이 경우 더 이상 타자는 없다. 정보가 항상 동시에 공유되면 자신의 사고와 행동을 남의 것과 구분할 수 없다. 자신의 경험으로 축적한 정보의 내용이나 분량을 근거로 자신의 절대성을 주장하고 상대방을 비하할 근거가 없다. 단지 생명에 대한 존중과 상호협력이 남게 된다. 이 경우, 겸손, 화해, 그리고 생명이라는 기독교의 가치는 더욱 더 중요하다.

2. 환원주의

다원적 태도는 환원주의reductionism 접근이다. 기독교의 주체성을 객관적으로 살펴본다. 더 이상 기독교가 주체가 되고 타종교가 객체가 되지 않는다. 기독교를 비롯한 모든 종교는 객체가 된다. 기독교와 각 종교의 특징을 분석하는 과학적 방법론이 주체가 된다. 이 경우, 종교나 기독교의 총체성이나 초월성을 충분히 다룰 수 없다. 단지 부분적 자료들이나 단편적 측면만 선택해서 분석하기 때문에 축소될 수밖에 없다. 주체가 되는 자연과학이나 사회과학의 방법론은 경험적 분석이기 때문이다. 그러나 이와 같은 제한점에도 불구하고, 기독교와 각 종교의 특징에 대한 객관적 분석이 가능하다. 그리고 그것을 근거로 기독교는 자신의 정체성을 타자의 시각으로 확인할 수 있다. 자신의 장점과 단점을 종교적 타자의 시선으로 확인할 수 있다.

환원주의 접근에서 기독교의 자기 성찰이 가능하다. 우리나라처럼 경쟁이 심한 상황에서 기독교가 스스로 다원적 태도를 채택하는 것은 쉽지 않다. 이 상황에서, 각 종교가 스스로를 성찰하는 방법은 환원주의 접근을 채택하는 것이다. 과학적 방법을 사용해서 스스로의 사고와 행동과 조직에서 반복되는 현상들을 분석하고 성찰하는 것이다.

3. 재구성

환원주의 접근은 기독교를 재구성할 수 있도록 돕는다. 기독교 혹은 종교 이외의 기준을 갖고 기독교를 평가하기 때문에, 기독교의 사상과 실천 안에서 가치와 목표, 그리고 방법과 도구를 구별할 수 있다. 그리고 그 중에서 중요한 요소들과 그렇지 않은 요소들을 구별할 수 있다. 기독교 역사에서 중요했다고 지금도 중요한 요소라는 전제는 없다. 그리고 다른 지역에서 중요하다고 여기서도 중요하다는 전제도 없다. 그리고 지금 여기에 있는 사람들에게 중요한 요소들을 중심으로 재구성할 수 있다.

종교 다원주의 사회에서 기독교의 가치에 대한 질문은 항상 제기된다. 이것을 묻는 사람들은 비기독교인뿐만 아니다. 기독교인들도 마찬가지다. 이제 더 이상 전통적 기독교인은 존재하지 않는다. 이것에 대해 단순하고 명확하게 반응하는 경향이 기독교에 나타난다. 기독교의 핵심으로 간단명료하게 응답한다. 예를 들어, 생명을 살리고, 삶의 질을 향상시키기 위한 정치적 행동으로 응답하기도 한다. 혹은 불안이나 분노를 표출하는 정치적 행동에 참여할 수도 있다. 미디어 금식 등과 종교적 수행을 감정조절의 훈련방법으로 제시하기도 한다. 삼위일체에 대한 고백 이외에 음악, 실내장식, 순서 등을 전통과 다르게 구성해서 소수자의 감성에 맞게 예배를 재구성하기도 한다. 이러한 사례들은, 기독교의 정체성에 대한 질문에 자신을 재구성해서 새롭게 반응하는 운동이다.

연구 및 토의 주제

1. 누가 타자 혹은 종교적 타자인가?

2. 타자 혹은 종교적 타자에 대한 자신의 반응은 무엇인가?

제2부

구약성서와 현대인의 삶

Ⅰ. 성서를 어떻게 이해할까?

Ⅱ. 세상과 인간의 창조 : 창조이야기의 의미와 교훈

Ⅲ. 죄와 벌 : 고통은 어디에서 왔는가?

Ⅳ. 출애굽과 십계명 : 공동체의 조건들

Ⅴ. 이스라엘 역사와 예언자 : 시대와 증언

Ⅵ. 성서 속의 문학과 지혜 : 인생관의 변화

I 구약성서와 현대인의 삶

성서를 어떻게 이해할까?

1. 성서는 어떤 책인가?

성서(聖書, Bible)는 성경(聖經)이라고도 하는데, '거룩한 책'holy book/scripture이라는 뜻이다. 성서는 어떤 책인가? 이에 대한 대답은 다양하다. 첫째로, 성서는 기독교의 경전이다. 기독교에서 성서는 가장 높은 권위를 인정받는 경전Canon이고, 예배에서 읽혀지며 교리의 근거로 사용된다. 기독교 외에도 유대교와 이슬람교에서도 성서의 일부분인 구약을 경전으로 받아들이고 있다. 이 종교들에서는 성서를 '하나님의 말씀'Word of God이라고 부른다.

왜 성서가 하나님의 말씀인가? 이에 대한 대답도 다양하지만, 성서를 하나님이 직접 썼기 때문에 하나님의 말씀이라고 하지 않는다. 성서에는 하나님이 인간에게 계시하신 말씀뿐만 아니라, 인간이 한 말도 들어 있다. 성서가 하나님의 말씀이라고 하는 주요 이유는 성서에 하나님의 사랑과 진실이 나타나 있기 때문이다. 우리가 성서를 읽을 때 인간을 향한 하나님의 뜻을 발견할 수 있기 때문이라는 것이다.

둘째로, 성서는 문학작품이다. 성서에는 여러 가지 문학 형태와 내용들이 담겨져 있다. 역사이야기, 서사시, 서정시, 제의시, 격언, 잠언, 편지, 법률문서, 비극, 희극, 전설, 수필 등 다양한 문학장르의 내용이 들어 있다. 이러한 문학적인 요소들은 특별히 서구문학에 지대한 영향을 주었다. 예를 들면, 밀튼의「실락원」, 단테의「신곡」, 괴테의「파우스트」, 셰익스피어의「햄릿」, 도스토예프스키의「까라마조프가의 형제」, 톨스토이의「부활」, 호손의「주홍글씨」등이다. 한국과 일본 등 동양문학에도 성서의 영향을 받은 문학작품들이 있다. 예를 들면, 김동리의「사반의 십자가」, 백도기의「청동의 뱀」, 이문열의「사람의 아들」, 엔도 슈사크의「침묵」, 미우라 아야꼬의「빙점」등이다. 이 밖에도 김현승의「이 어둠이 내게 와서」, 윤동주의「팔복」, 박두진의「하나만의 이름」등의 시(詩)들도 성서의 영향을 강하게 나타내고 있다.

셋째로, 성서는 많은 사람들의 삶에 영향을 주었고 현재도 주고 있는 책이다. 이들은 성서를 읽음으로 자신의 삶을 새롭게 발견하거나, 삶의 방향을 바꾸었다. 예를 들면, 어거스틴A. Augustinus, 354-430은 "… 단정하게 행합시다. 호사한 연회와 술취함, 음행과 방탕, 싸움과 시기에 빠지지 맙시다 … 정욕을 채우려고 육신의 일을 꾀하지 마십시오"(로마서 13:11-14)라는 성경 말씀에서 깨달음을 얻어, 방탕한 생활을 회개하고 성자(聖者)의 삶을 살았다. 16세기 유럽 종교 개혁을 이끌었던 독일의 마틴 루터M. Luther, 1483-1546도 "인간은 스스로 구원얻지 못하며, 오직 믿음으로만 하나님과 올바른 관계를 회복할 수 있다"(로마서 1:17)는 성서의 가르침에서 깨달음을 얻고 부패한 교회의 개혁을 부르짖었다. 또한 아브라함 링컨의 노예 해방 정신, 안중근과 이승훈, 함석헌 선생 등의 자주독립과 민족 사랑의 정신도 성서로부터 영향을 받은 바가 크다.

성서는 오늘도 병상에 있는 사람들과 실의에 빠져 인생을 포기하려는 사람들에게 희망을 주고 있다. 또한 불의와 싸우거나 자유를 억압받는 사람들에게 저항할 수 있는 힘과 용기를 준다.

사람들은 성서에 관하여 말하거나 평가할 때, 다른 사람들로부터 들은 이야기나 선입관, 혹은 직접 읽어 본 경험 등에 의하여 여러 가지로 표현한다. 그러한 생각은 정확한 것일 수도 있지만, 성서에 대한 긍정적 혹은 부정적 편견이 지배적으로 작용하기도 한다. 그러기 때문에 기독교의 경전이자 인류의 고전인 성서를 보다 더 체계적이고 객관적으로 이해해야 하는데, 이를 위해 학문적인 공부가 필요하다.

2. 성서를 왜 공부해야 하는가?

성서를 공부하는 목적은 사람에 따라 다를 수 있다. 신앙심을 북돋우기 위하여 혹은 교양을 쌓기 위하여 혹은 종교를 연구할 목적으로 공부하기도 한다. 성서를 공부하는 목적은 다양하지만, 기독교대학의 교양과정에서 성서를 가르치고 배우는 목적은 다음과 같이 요약할 수 있다.

첫째로, 서구문화를 보다 더 심층적으로 이해하기 위함이다. 문화는 종교를 기반으로 하여 형성되고 종교는 문화의 핵심이라는 말이 있다. 어떤 문화든 종교라는 정신적인 모체를 통해서 형성되고 발전된다. 따라서 종교가 건전하고 올바를 때, 문화도 화려하게 꽃피우지만, 종교가 타락할 때 문화도 몰락하게 된다. 서구문화의 정신적인 모체가 되는 책은 바로 성서이다. 따라서 서구문화를 이해하기 위해서는 성서를 알아야 하며, 서구인들의 정신세계와 가치관 등을 올바로 파악하기 위해서는 성서를 공부하는 것이 필요하다. 성서를 모르고 서구의 문화나 사상을 이해하려는 것은 이슬람교와 코란을 모르고 아랍세계를 공부하겠다는 것과 같으며, 불교를 모르고 고려의 문화를 이야기하려는 것과 같다.

성서에 대한 심층적인 이해는 서구문화의 산물들을 이해하는 데 도움이 된다. 예를 들면, 서구의 유명한 문학작품들이나 미술, 음악 심지어 영화 등은 성서에 나오는 내용을 주제나 모델로 삼는 경우가 허다하다. 비록 서구인이 아니더라도 서구문화의 영향을 강하게 받은 예술작품들에도 성서의 요소들이 많이 반영되어 있다. 예술가가 기독교인이든 아니든, 여러 매개체를 통하여 직 · 간접적으로 성서의 영향을 받고 있기 때문이다.

둘째로, 성서를 경전으로 삼고 있는 종교들을 이해하기 위함이다. 세계 3대 유일신교인 기독교, 이슬람교, 유대교는 성서의 전부 혹은 일부를 경전으로 삼고 있다. 이 종교들은 인류의 문화유산이며, 세계 역사에 많은 영향을 끼쳐 왔다. 이 종교들을 올바로 이해하려면, 성서를 알아야 한다. 특별히 우리는 기독교를 이해하기 위하여 성서를 공부하는데, 오늘날 기독교는 한국에서 가장 큰 종교집단을 형성하고 있고 여러 모양으로 우리 사회에 지대한 영향을 끼치고 있다.

셋째로, 성서에는 매우 다양한 도덕적, 윤리적인 교훈들이 내포되어 있다. 이웃을 사랑하라, 부모를 공경하라, 도적질하지 말라, 살인하지 말라, 욕심을 내지 말라, 위증하지 말라, 정의로운 행동을 하라, 사회적 약자를 도우라 등이 그것이다. 이러한 가르침들은 우리의 삶을 성찰하게 하고, 잘못을 뉘우치게 하며, 의로운 행동을 하도록 용기를 북돋운다. 또한 약한 자를 도와주게 하고, 양심을 밝게 해주며, 악을 떠나 선을 지향하도록 한다. 성서를 배움으로 성서의 가치관과 세계관을 배울 수 있는 것이다.

넷째로, 성서에는 많은 사람들의 성공과 실패의 이야기들이 담겨 있다. 이 이야기들은 어떠한 삶이 사회와 역사를 위해서 더 나은 삶인지를 가르쳐 준다. 또한 미래에 삶이 어떠해야 하는가를 깨닫게 하고, 삶의 목표와 목적을 설정하는 데 도움을 준다. 성서에는 개인뿐만 아니라 국가나 사회의 흥망성쇠 이야기도 담겨져 있다. 이 이야기들은 국가나 사회가 올바로 유지되려면 어떠해야 하는지를 가르쳐 준다. 성서가 이상적으로 제시하는 국가나 사회는 정의롭고 더불어 사는 정신이 분명히 나타나는 공동체이기 때문에 물질주의화되어 가고 개인주의화되어 가는 우리 사회를 되돌아볼 수 있는 거울이 된다.

3. 성서의 형성과정은 무엇인가?

성서는 한 사람의 저자에 의해서 쓰인 책이 아니다. 성서는 단기간에 걸쳐서 여러 사람들이 쓴 책도 아니며, 한 나라나 한 지역에 살고 있는 사람들에 의해서 쓰인 책도 아니다. 성서는 거의 1,000년 이상의 기간에 걸쳐서 많은 사람들에 의하여 쓰였다.

성서가 언제부터 기록되었는지는 분명히 알 수 없지만, 적어도 약 3,000년 전인 기원전 10세기경부터는 기록되기 시작했다고 여겨진다. 그렇지만 기록된 사건들은 이보다 훨씬 더 오래된 것들도 많이 있다. 즉, 사건이 있고 나서 오랜 시간이 지난 후 문자로 기록되었다는 것이다.

그렇다면 기록되기 이전에, 성서의 내용은 어떻게 전달되었는가? 그것은 바로 사람의 기억력을 토대로, 다음 세대로 계속해서 전해지는 구전oral tradition을 통해서였다. 옛날 사람들은 현대인들보다 기억력이 훨씬 더 발달되어 있었다. 그래서 한 권의 책을 통째로 암기하여 외우기도 하고, 어떤 사건의 내용을 매우 정확하게 오랫동안 기억하기도 하였다.

성서의 내용도 처음에는 구전을 통하여 전달되었다. 예수 그리스도의 사건이나 아브라함이야기, 출애굽이야기, 역사적인 내용 등은 처음에 구전을 통해서 전해지다가 문자로 기록되었다. 그러나 모든 성서의 내용이 구전과정을 겪은 것은 아니다. 예를 들면, 바울Paul의 편지는 바울이 직접 쓴 것이 대부분이며, 예레미야의 예언 중 일부는 그의 서기관이었던 바룩Baruch이 받아 적은 것이다.

역사적으로 많은 기록들과 책들이 있었지만, 어떻게 현재 66권만이 성서 안에 포함되게 되었는가? 성서의 인물들에 관한 기록이나 사건들에 관한 다른 기록들도 있지만, 왜 현재의 책들만 성서라는 한 권의 책으로 묶여 있는가? 성서의 책들을 정선하여 현재와 같이 묶는 일을 정경화canonization 작업이라고 부른다. 정경이란 말은 영어의 "캐논"canon – 캐논이란 표준, 기준, 재고 측량하는 자ruler 등을 의미함 – 이란 단어를 번역한 것인데, 기독교에서는 성경을 지칭하는 용어이다.

성서를 정경으로 채택한 것은 기독교회였다. 기독교회는 신앙의 기준과 표준이 될 책이 무엇이어야 하는가를 오랜 세월을 두고 연구 · 토론하면서, 현재와 같은 성경을 주후 4세기경 정경으로 확정하였다. 이것은 이제부터 교회의 정경이 된 성서가 교회 안에서 가장 권위 있는 책이며, 더 나아가 하나님의 말씀으로 고백될 수 있는 책이라는 것을 의미한다.

성서의 원어original language는 크게 셋으로 구분해 볼 수 있는데, 히브리어, 아람어, 헬라어이다. 먼저, 대부분의 구약성서는 본래 히브리어로 쓰였으며, 다니엘서(2:4–7:28)와 에스라기(4:8–6:18; 7:12–26) 그리고 예레미야서(10:10–11)와 창세기(31:47)의 일부만 아람어로 쓰였다. 또한 신약성서는 모두 헬라어로 쓰였다. 현재 우리가 가지고 있는 한글 성서는 원어로부터 번역된 것인데, 신약과 구약 전체가 우리말로 처음 완역되어 출판된 것은 1911년이었다.

현재 우리가 읽을 수 있는 대표적인 성서는 세 종류가 있다. 첫째는, 고전적인 언어 표현법에 따라 번역된 개역개정판 성경이고, 둘째는, 개신교회와 천주교회가 공동으로 번역하여 출판한 공동번역 개정판 성경이다. 그리고 셋째는, 가장 최근에 젊은 세대들을 위하여 쉽게 번역된 새번역 성경이다. 이 중 새번역 성경은 대학생들을 포함한 한글세대가 쉽게 읽을 수 있다.

4. 성서의 시각이란?

성서가 쓰인 목적은 무엇인가? 성서는 어떤 시각을 가지고 사건과 역사를 판단하고 있는가? 어느 책이건 쓰인 목적과 사건을 바라보는 관점이 있듯이, 성서도 그러하다.

첫째로, 성서는 어떤 관점에서 쓰였는가? 만약 설악산 깊은 계곡을 등반하다 악천후를 만나 생명에 위협을 느꼈다고 가정해 보자. 이 사건을 보는 시각은 매우 다양할 것이다. 예를 들면, 기상학자는 구름이나 바람의 방향, 온도의 차이, 고기압과 저기압 등을 말하면서 악천후의 원인이 어디에 있었는가를 설명할 것이다. 심리학자는 악천후를 만난 사람의 심리상태를 분석하면서, 그 사람의 의지가 강한지 약한지 등에 관심을 가질 수 있다. 문학가는 생명의 위협을 느끼는 순간 그 사람의 실존적인 경험과 그때 그 사람은 어떤 생각을 하고 있었는지 등에 관심을 가질 수 있다. 등반한 사람이 절대자 하나님에 대한 신앙을 가진 사람이라면, 그는 그러한 상황에서 절대자를 향하여 기도할 것이고, 그 상황을 벗어났을 때 보이지 않았던 절대자의 구원의 손길에 감사할 수 있을 것이다. 즉, 절대자와의 관계에서 그 사건을 이해한다는 것이다. 이와 같은 관점을 신앙의 시각 혹은 신앙의 관점이라고 한다.

성서는 신앙의 시각 혹은 신앙의 눈을 통하여 역사를 바라보고, 사건을 해석하며, 잘함과 잘못함을 판단한다. 그리고 그 사건에 나타나 있는 하나님의 뜻이 무언인지를 기록하고 있다. 따라서 성서를 이해하기 위해서는 성서가 가지고 있는 시각과 관점을 정확히 파악해야 한다. 예를 들어, "하나 더하기 하나는 둘이다"라는 것은 수학적인 명제이다. 그러나 이러한 수학적인 시각은 성서에 그대로 적용될 수 없다. 왜냐하면 성서에서는 하나 더하기 하나는 육십도 될 수 있고 육백도 될 수 있기 때문이다. 즉, 하나 더하기 하나에 하나님의 은총이 더할 때는 훨씬 더 많아질 수 있기 때문이다.

성서는 절대자 하나님을 향한 신앙의 시각에서 쓰였다. 성서가 신앙적 시각을 통하여 나타내려고 하는 것은 인간과 세상을 향한 하나님의 구원 행동이다. 즉, 성서는 사람들로 하여금 인간과 세상을 온전하고 바르게 하시려는 하나님을 발견하게 한다. 그리고 하나님의 말씀에 따라 바르게 살면서 영생의 길을 걷게 하려는 것이다.

> … (성서를) 기록한 목적은, 여러분으로 하여금, 예수가 그리스도요 하나님의 아들이심을 믿게 하고, 또 그렇게 믿어서 그의 이름으로 생명을 얻게 하려는 것이다.(요한복음서 20:31)

이것을 달리 말하면, 성서는 읽는 사람들로 하여금, 진리를 알게 하고, 그 진리를 통하여 자유를 얻게 하려는 목적으로 쓰였다는 것이다.

> 너희가 나의 말에 머무르면, 참으로 나의 제자가 되고, 진리를 알게 될 것이요, 진리가 너희를 자유롭게 할 것이다.(요한복음서 8:31)

5. 성서를 어떻게 공부해야 하는가?

성서를 체계적으로 공부하는 방법은 여러 가지가 있지만, 여기에서는 성서를 공부할 때 고려해야 될 중요한 원칙들을 살펴본다.

첫째로, 성서시대의 역사적 배경을 충분히 고려하면서, 성서 본문을 이해해야 한다. 성서는 구체적인 역사적 상황에서 일어난 신앙적 사건들을 기록하고 있다. 따라서 성서가 쓰인 시대적 배경을 모르고 성서 본문을 이해하려고 하는 것은 한국의 역사를 모르고 삼국사기를 읽는 것과 같다. 성서의 역사적 배경을 고려한다는 것은 성서 본문의 사건이 일어난 시대가 언제이고 그 당시에 중요한 사건들은 무엇이며, 누가 왜 이와 같이 기록했는지 등을 파악하는 것이다. 뿐만 아니라 당시의 사회적 관습이나 풍습이 본문에 어떻게 반영되어 있는지, 실제로 기록된 시대는 언제인가 등도 알아보는 것이다.

둘째로, 성서 본문의 문학적인 면을 고려해야 한다. 즉, 본문이 역사 기록인지, 비유인지, 전설인지, 시문체인지, 산문체인지, 문학적인 강조점과 메시지는 무엇인지 등을 알아야 한다. 또한 주인공은 누구였고, 이야기의 대상은 누구였으며, 앞의 이야기나 뒤의 이야기와 어떻게 연관되는지, 성서의 다른 부분에 있는 유사한 이야기나 모티브와의 관계성은 무엇인지 등도 살펴보아야 한다. 뿐만 아니라, 우리는 성서의 어느 한 부분만을 가지고 전체가 이렇다 저렇다 판단하지 말고, 성서 전체 문맥 속에서 각각의 본문을 이해해야 한다.

셋째로, 어떤 선입관을 가지고 성서를 읽지 말아야 한다. 어떤 문학작품이든 선입견을 가지고 읽을 때, 그것을 올바로 이해할 수 없다. 성서도 마찬가지이다. 있는 그대로 읽는 것이 필요하다. 예를 들면, 기독교에 대하여 부정적인 사람이 성서에 대해 좋지 않은 선입견을 가지고 읽는다면, 성서의 내용과 가르침을 올바로 이해하지 못할 것이다. 또한 독실한 기독교 신자가 자기가 속한 교회의 교리, 예를 들어, 장로교 교리나 감리교 교리 혹은 침례교 교리 등을 지나치게 의식하면서 성서를 읽을 때, 성서의 원래 메시지를 잘못 이해할 수 있다. 성서는 분명 기독교 교리보다 우위에 있다. 교리는 성서의 가르침을 그 시대에 맞게 정리해 놓은 것이지, 성서를 대신할 어떤 권위도 가지고 있지 않다.

마지막으로, 성서는 성서가 쓰인 관점 즉 신앙의 관점에서 읽어야 한다. 성서는 현대적 의미의 사관(史觀)을 가지고 쓰인 역사책도 아니고, 현대과학의 용어나 개념을 도입해서 쓰인 과학책도 아니다. 즉, 성서를 역사서로 읽거나 과학책으로 읽지 말아야 한다. 그렇다고 성서를 공상소설이나 철학 서적으로 읽어서도 안 된다. 왜냐하면 성서는 그러한 관점에서 쓰인 책이 아니기 때문이다. 만일 성서를 이러한 시각으로 읽는다면, 성서의 진수를 파악할 수 없다.

다른 한편, 성서를 읽고 이해하기 위해서는 반드시 기독교 신앙인이어야 한다는 것은 아니다. 오히려 절대자에 대하여 가지는 신앙이 무엇인지를 조금이라도 이해하고 성서를 읽는 것이 필요하다. 성서는 절대자 하나님을 전제하고 쓰인 신앙적인 책이기 때문에 신앙의 의미를 알아야 한다는 것이다. 신앙적 의미에서 성서는, 창조주인 절대자 하나님이 인간과 세계를 향해 무엇을 요구하는지 그리고 그와의 관계에서 우리의 삶이 어떤 의미가 있는지를 가르쳐 준다.

6. 성서는 어떻게 구성되어 있는가?

성서는 크게 둘로 나눌 수 있다. 구약성서와 신약성서이다. 구약Old Testament이란 옛 약속 혹은 옛 계약이란 뜻이고, 신약New Testament은 새 약속 혹은 새 계약이란 뜻이다.

성서의 앞부분에는 구약성서가 놓이는데, 창세기부터 말라기서까지 총 39권으로 구성되어 있다. 구약성서의 분류 방법은 크게 두 가지가 있는데, 첫째는 히브리어 구약성서 방식으로 크게 셋으로 나눌 수 있다. 그리고 이 세 부분은 각각 순서대로 형성되었다.

1) 오 경 : 창세기, 출애굽기, 레위기, 민수기, 신명기
2) 예언서 :
  (1) 전기예언서 : 여호수아기, 사사기, 사무엘기 상, 사무엘기 하, 열왕기 상, 열왕기 하
  (2) 후기예언서 :
    〈1〉 대예언서 : 이사야서, 예레미야서, 에스겔서
    〈2〉 소예언서 : 호세아서, 요엘서, 아모스서, 오바댜서, 요나서, 미가서, 나훔서, 하박국서, 스바냐서, 학개서, 스가랴서, 말라기서
3) 성문서 : 시편, 욥기, 잠언, 룻기, 아가, 전도서, 예레미야 애가, 에스더기, 다니엘서, 에스라기, 느헤미야기, 역대기 상, 역대기 하

구약성서는 본래 이와 같이 세 부분으로 나뉘어져 있지만, 오늘날 우리가 가지고 있는 한글 성경은 배열 방식이 다르다. 그것은 헬라어로 번역될 때, 그 배열 방식을 바꾸었고, 한글 성경은 헬라

어 구약성서 –이를 칠십인역 성경이라 부름–의 배열 방식을 따르고 있기 때문이다. 히브리어와 아람어로 쓰인 구약성경은, 형성된 순서에 따라 배열했지만, 헬라어로 번역할 때에는 내용에 따라 분류하였던 것이다.

1) 오　경 : 창세기, 출애굽기, 레위기, 민수기, 신명기
2) 역사서 : 여호수아기, 사사기, 룻기, 사무엘기 상, 사무엘기 하, 열왕기 상, 열왕기 하, 역대기 상, 역대기 하, 에스라기, 느헤미야기, 에스더기
3) 시가서 : 욥기, 시편, 잠언, 전도서, 아가
4) 예언서 : 이사야서, 예레미야서, 예레미야 애가, 에스겔서, 다니엘서, 호세아서, 요엘서, 아모스서, 오바댜서, 요나서, 미가서, 나훔서, 하박국서, 스바냐서, 학개서, 스가랴서, 말라기서

구약성서 다음에는 신약성서가 배열되어 있는데, 마태복음서에서 요한계시록까지 27권이다. 신약성서의 분류 방식은 이 책의 신약 편에서 다루어질 것이다.

연구 및 토의 주제

1. 성서를 어떻게 생각해 왔는가? 왜 그렇게 생각했는가? 그러한 생각은 적절한가?

2. 성서를 읽는 것과 체계적으로 공부하는 것의 차이는 무엇인가? 왜 성서를 학문적으로 공부하는 것이 필요한가?

3. 성서가 쓰인 신앙적인 관점에서 자신의 현재 모습을 표현해보자. 절대자와의 관계에서 나는 누구인가를 얘기해 보자.

참고문헌

1. 윌리엄 라솔 외/박철현 역, 『구약개관』 서울 : 크리스챤다이제스트, 1994
2. 천사무엘 외, 『구약성서개론: 한국인을 위한 최신 연구』 서울 : 대한기독교서회, 2004
3. 천사무엘, 「구약외경의 이해」 서울 : 동연출판사, 2011
4. 쏠 악트마이어 외, 『새로운 신약성서개론』 이달 외 역, 서울 : 대한기독교서회, 2004

Ⅱ 구약성서와 현대인의 삶

세상과 인간의 창조 : 창조이야기의 의미와 교훈

읽어야 할 성서 본문 : 창세기 1-2장

1. 들어가는 말 : 인간의 존재와 세계에 관한 질문

대학생활을 하면서 해야 할 중요한 과제 중 하나는 바른 세계관을 정립하는 일이다. 세계관이란 사람이 자신과 타인, 자연, 신(神)을 보는 안경과 같은 것으로 모든 생각을 정리하는데 필요한 '준거의 틀'a frame of reference이자, 모든 관(觀)의 모체가 된다. 따라서 세계관을 갖는다는 것은 단순히 지식을 습득하는 것이 아니라 사고의 시각을 만드는 것이다. 바른 세계관을 가질 때 인간은 바른 가치관을 확립할 수 있고, 올바른 삶의 방향을 결단할 수 있으며, 올바른 판단력을 가질 수 있다. 그러기 때문에 바른 세계관은 바른 삶을 살려는 사람들에게 매우 중요하다.

세계관을 형성하기 위해서는 다음과 같은 질문들에 대한 대답을 찾아야 한다. 인간의 존재 의미는 무엇인가? 남자와 여자의 관계는 어떠해야 하는가? 이 세상은 어떻게 존재하게 되었는가? 절대자인 신(神)과 나의 관계는 무엇인가? 신과 인간과 자연은 어떤 관계에 있는가?

이러한 질문들에 대해서 철학이나, 심리학, 사회학, 과학 등은 나름대로 그 대답을 제시하고 있다. 그러나 보다 더 근원적인 대답은 종교에서 찾을 수 있다. 신학자이자 철학자였던 폴 틸리히가 말한 것처럼, 종교는 인간의 궁극적 관심ultimate concern이기 때문이다. 이것은 세계관에 대한 궁극적인 대답도 종교에서 찾아질 수 있다는 것을 의미한다. 이제 기독교에서 제시하는 세계관의 특징을 성서의 창조이야기를 통해서 알아보자.

2. 창조이야기가 주는 메시지

세상은 어떻게 존재하게 되었는가? 세상이 존재하기 이전은 어떠했는가? 이 질문에 대하여 성서는 맨 처음에서 이렇게 대답한다.

> 태초에 하나님이 천지를 창조하셨다. 땅이 혼돈하고 공허하며, 어둠이 깊음 위에 있고, 하나님의 영은 물 위에 움직이고 계셨다. (창세기 1:1-2)

세상이 창조되기 이 전에 땅은 형태도 없이 혼돈chaos과 무질서 그리고 칠흑 같은 어둠으로 가득 차 있었는데, 바로 그러한 상황에서 하나님이 질서order 있는 세상을 창조하셨다는 것이다.

어떤 사람들은 이러한 질문을 던질 수 있다. 혼돈 이전의 세상은 어떠했는가? 신은 어떻게 존재하게 되었는가? 그러나 이에 대한 대답은 성서에서 찾아 볼 수 없다. 왜냐하면 성서는 하나님의 존재를 전제하고 있고, 신은 피조물인 인간에 의해서 완전히 묘사될 수 없다고 보기 때문이다. 또한 혼돈 이전에 대해서 성서는 아무런 언급을 하지 않고 있기 때문이다.

창조 이전을 기독교 교리에서 무(無, nothingness)라고 한다. '아무것도 없다'는 뜻이다. 그러나 인간은 '무'에 대한 경험이 없기 때문에 '무'가 무엇인지 표현할 수 없다. 아무리 '무'를 설명한다고 해도 인간은 시간과 공간을 전제로 설명할 수밖에 없다. 따라서 '무'는 추상적이고 철학적인 개념으로 남아 있다.

성서에 의하면, 하나님은 온 우주만물을 육일 동안에 창조하셨고 제 칠일에는 쉬셨다.

첫째 날 : 빛
둘째 날 : 창공
셋째 날 : 마른 땅, 식물
넷째 날 : 해, 달, 별
다섯째 날 : 물고기, 새
여섯째 날 : 동물, 인간
일곱째 날 : 휴식

진화론을 근거로 한 우주생성이론과 생명발생이론 등을 공부한 현대인들은 성경의 창조이야기를 들을 때, 이해하지 못할 것이다. 이것은 당연하다. 왜냐하면 이 이야기는 자연과학적 우주론도 아니고, 우주생성에 관한 학설도 아니며, 창조이론에 관한 학문적 설명도 아니기 때문이다. 오히려 창조이야기는 종교적이고 신앙적인 메시지를 전달하기 위하여 제시된 것이다. 즉, 창조이야기는 과학적 학설이 아니라, 창조주 하나님과 그의 피조물에 관한 신앙적 표현이라는 것이다.

창조이야기에 나타나 있는 종교적인 메시지는 많지만, 여기에서는 몇 가지만 살펴보자. 첫째로, 고대근동에서는 해, 달, 별 특정한 동물이나 식물 등을 신으로 숭배했다. 따라서 자연현상은 신들의 활동이라고 믿었다. 그러나 성서 기자는 창조이야기를 통하여, 모든 자연을 창조주 하나님의 피조물로 여김으로써, 사람들로 하여금 일상생활에서 미신적인 요소들을 제거하게 했다. 또한 자연에 대하여 느끼는 막연한 공포심을 사라지게 했으며, 인간이 숭배해야 하는 분은 창조신인 하나님 한 분 뿐이라는 것을 제시했다.

둘째로, 고대근동에서는 세상이 신들의 장난이나 싸움의 결과로 만들어졌다는 사상이 있었다. 이것은 세상이 우연히 만들어졌다는 생각을 반영한 것으로, 미래도 불확실하다는 생각을 사람들에게 심어주었다. 그러나 성서의 창조이야기는 세상의 창조가 하나님의 계획과 의도에 의해서 질서 있게 이루어졌다는 것을 강조함으로써, 이러한 우연론적 혹은 운명론적인 사고를 타파하고, 미래에 대한 불안한 생각을 떨쳐버리게 했다. 또한 인간은 닥치는 대로 대충 사는 것이 아니라, 하나님께서 세우신 창조질서에 따라 살아야 한다는 것을 가르치고 있다.

셋째로, 창조이야기는 하나님이 칠 일째 되는 날 모든 일을 멈추고 휴식하셨다고 한다. 십계명은 이와 연관하여, 일주일 중 하루인 안식일에 모든 인간은 노동을 하지 말고 휴식하여야 한다고 가르치고 있다(출애굽기 20:8-11). 즉, 일주일 중 하루는 노동으로부터 해방되라는 말이다. 사람들이 노동을 하는 이유는 경제적인 이유, 즉 물질을 생산하고 돈을 벌기 위함이다. 인간이 매일 쉬지 않고 일한다면, 인간은 일의 노예가 되고 더 나아가 물질의 노예가 되어 인간성을 상실하고 말 것이다. 뿐만 아니라, 휴식이 없는 노동이 비능률적인 것임은 두말할 필요도 없다. 창조이야기는 하나님의 휴식을 언급함으로 인간이 휴식해야 한다는 가르침의 근거를 제공하고 있다. 인간은 일주일에 하루는 휴식해야 하며, 그 휴식은 게으름이 아니라 창조질서이다. 이를 통하여 인간은 노동의 목적과 삶의 의미를 되새겨야 한다.

3. 인간은 누구인가?

3-1. 인간은 하나님의 형상

하나님은 세상의 모든 만물을 만드신 다음에 인간을 그의 형상대로 창조하셨다(창세기 1:27). 인간은 하나님의 형상, 즉 신의 이미지image로 만들어졌다. 이것은 무엇을 의미하는가?

첫째로, 이것은 인간의 자유와 책임을 나타낸다. 고대근동에서 왕들은 자기 영토 곳곳에 자신의 형상을 만들어 놓고, 자신이 그 지역의 통치자임을 나타냈다. 고대 이집트의 경우, 왕은 신의 형상으로 신을 대신해서 이집트를 다스린다고 믿었다. 성서는 이와 유사하게 인간이 하나님의 형상이라고 함으로써, 인간은 우주의 통치자이신 하나님을 대신해서 이 땅에서 자연을 다스려야 한다고 가르친다. 그 다스림은 인간의 무제약적이고 무자비한 통치가 아니라, 오히려 지혜롭고 인자하신 하나님께서 자연을 다스리듯, 인간도 그렇게 자연을 대해야 한다는 것을 의미한다. 또한 그 다스림은 하나님의 노예나 꼭두각시로서 행동하는 것이 아니라, 책임 있는 자유가 허용되는 위임 통치를 의미한다.

둘째로, 이것은 모든 인간이 평등하다는 것을 나타낸다. 고대 이집트에서는 오직 왕만이 신의 형상으로 여겨졌다. 또한 고대 메소포타미아의 창조이야기에 의하면, 모든 인간은 신들의 잔치를 준비하기 위하여 노예로 창조되었다. 그러나 성서는 모든 인간이 하나님의 형상으로 존엄하게 창조되었고, 하나님은 인간 모두에 똑같은 복을 베푸셨다고 한다.

성서는 이와 같이 모든 인간이 평등과 책임을 공유하고 있다고 가르친다. 이러한 가르침은 오늘 현대인들이 읽기에는 당연한 것이지만, 인간의 불평등이 당연시되던 고대에서는 매우 혁명적인 내용이었다. 이러한 사고는 인간의 존엄성과 자유를 위해 그리고 우리 사회의 소중한 가치로서 우리가 지켜야 하고 보존해야 한다. 민주사회의 질서는 평등과 책임에 바탕을 두고 있기 때문이다.

3-2. 남자와 여자는 평등

남자와 여자는 평등하게 창조되었다. 이들은 책임과 의무를 공유하며, 함께 살아가도록 만들어졌다. 그러나 창조이야기를 읽다보면, 이와 같은 남녀 관계에 대해서 오해할 수 있는 내용들이 있다.

첫째로, 하나님은 인간을 만들 때 먼저 흙으로 남자를 만든 후, 남자의 갈비뼈 하나를 뽑아내어 그것으로 여자를 만들었다고 한다. 이 내용은 실제로 여자가 남자보다 더 열등하다는 내용으로 오해되어 왔다. 그러나 여기에서 말하는 흙이나 갈비뼈는 단지 인간 창조의 재료를 나타내는 것일 뿐, 남성 우월성에 대한 의도는 전혀 없다. 왜냐하면 재질면에서 본다면, 흙보다도 갈비뼈가 훨씬 더 값어치 있기 때문이다.

둘째로, 하나님은 여자를 만들 때 이렇게 말씀하신다.

> 남자가 혼자 있는 것이 좋지 않으니, 그를 돕는 사람, 곧 그에게 알맞은 짝을 만들어 주겠다.(창세기 2:18)

남자를 돕는 자로 여자를 창조하시겠다는 뜻이다. 여기에서 사용되고 있는 '돕는'이란 단어는 여성의 열등성을 나타내려는 의도로 사용되지 않았다. 왜냐하면 성서의 다른 곳에서 이 단어는 하나님께서 인간을 도우신다는 표현을 할 때 사용되고 있기 때문이다.

남자와 여자는 처음부터 짝으로 창조되었다. 이것은 결혼이 창조질서에 속한다는 것을 의미한다. 창조이야기에서 가르치는 결혼이란, 남녀가 부모로부터 독립하여 함께 사랑하며 한 몸으로 살아가는 것이고, 한 몸이 된 부부 간에는 서로 거짓과 부끄러움이 없어야 하며 서로를 존중하면서 순결하게 살아야 한다는 것이다.

3-3. 노동은 창조질서

태초에 인간은 에덴동산에서 살았다. 그곳은 과일나무가 풍부하고 동물들이 인간과 함께 평화롭게 지내는 곳이었다. 그렇다고 에덴동산은 무릉도원이 아니며, 무위도식을 하는 곳이 아니었다. 성서에 의하면, 인간은 파라다이스인 에덴동산에서 동산을 맡아서 돌보는 일을 하였다.

> 주 하나님이 사람을 데려다가 에덴동산에 두시고, 그 곳을 맡아서 돌보게 하셨다.(창세기 2:15)

이것은 인간이 하나님의 명령에 따라 동산을 관리하고 경작하는 노동을 했다는 뜻이다. 이것은 노동이 신성한 것이며 창조 질서에 속해있다는 것을 의미한다. 이러한 가르침은 노동을 신성시하는 서구사상의 근본이 되었다.

성서에 의하면, 노동이 인간에게 괴로움이 된 것은 인간의 타락이후, 즉 인간이 하나님의 명령을 어기고 에덴동산에서 추방된 이후부터이다. 인간의 불순종으로 인하여 땅은 저주를 받았고 잡초나 가시덤불 등을 내었으며, 인간은 이전에 노동으로 인하여 거둔 소산보다 더 적게 생산하게 되었다. 그러나 이것은 노동을 하지 말라는 뜻이 아니다. 오히려 인간은 더 힘든 노동을 하지만 그 이전보다 소득을 적게 거둘 뿐, 노동은 창조질서의 일부로서 계속 남아 있다. 이것은 왜 인간이 이렇게 수고하고 애쓰며 노동을 해야 하는지 그 이유를 말해주는 것이다.

연구 및 토의 주제

1. 빅뱅이론 등 우주의 기원에 대한 학설들을 찾아보고 이야기해 보자.

2. 결혼의 의미와 목적은 무엇인지 토의해 보자.

3. 오늘날 남녀평등의 문제점과 개선해야 할 점은 무엇인지 이야기해 보자.

4. 자신의 세계관(인간존재의 의미/인간, 자연, 신과의 관계/남녀관계 등)을 글로 써서 나누어 보자.

참고문헌

1. 천사무엘, 「성서주석 1: 창세기」 서울 : 대한기독교서회, 2001
2. 조용훈, 「동서양의 자연관과 기독교환경윤리」 서울 : 대한기독교 서회, 2002
3. 바이너르트, W. 심상태 역, 「창조신앙」 서울 : 바오로딸 출판사, 1997
4. 홈즈, A. F. 이승구 역, 「기독교 세계관」 서울 : 도서출판 엠마오, 1985

III 구약성서와 현대인의 삶

죄와 벌 : 고통은 어디에서 왔는가?

읽어야 할 성서 본문 : 창세기 3장

1. 들어가는 말

"인간은 왜 항상 행복하지 않는가?"

"인간에게는 왜 고통이 있는가?"

"인간이 항상 행복하다면, 종교가 존재할 수 있을까?"

이러한 질문들은 모든 인간의 삶 속에 고통이 존재한다는 것을 말해준다. 인간은 고통의 문제에 답하기 위해 끊임없이 사색하면서 노력해 왔다. 특히 종교는 고통의 원인을 밝히고 이를 해소하기 위해 다양한 시도를 해 왔다. 예를 들어, 불교는 인간의 고통의 배후에는 인간의 욕심과 분노, 무지가 존재한다고 주장한다. 기독교는 인간의 고통의 근원에는 인간의 죄가 존재하고 있다고 주장한다. 성경은 고통에 대해서 무어라 말하는가? 이에 대한 해답을 찾기 위해 창세기 3장을 살펴본다.

2. 에덴동산 이야기

창세기 3장은 에덴동산에서 인간이 하나님의 명령을 거역한 이야기이다. 여기에는 하나님, 인류 최초의 남성인 아담, 최초의 여성인 하와 그리고 뱀이 등장한다. 아담과 하와는 부부였다. 에덴동산은 파라다이스로 인간과 자연이 고통과 불화가 없이 평화롭게 사는 곳으로 설정되어 있다.

에덴동산 이야기에 의하면, 이 동산에는 많은 과일나무들이 있었다. 하나님은 인간에게 모든 나무의 열매는 먹되, 선과 악을 알게 하는 나무 즉, 선악과의 열매는 먹지 말라고 했다. 하루는 뱀이 하와에게 다가와서, 그 열매를 따먹으면 눈이 밝아지고 하나님처럼 될 수 있기 때문에 하나님이 그 열매를 금지했다고 말했다. 이 말을 들은 하와는 그 열매를 보고 생각하다가 따먹었고 그녀의 남편인 아담에게도 주어서 먹게 했다. 그러자 그들은 눈이 밝아지고 자기들이 알몸인 것을 알고 부끄러워 무화과나무 잎으로 치마를 엮어서 몸을 가렸다.

얼마 후, 하나님은 그들에게 나타나서 왜 자기의 명령을 어겼는지 추궁하셨다. 아담과 하와는 서로 핑계를 대면서, 자신들은 죄가 없다고 변호했다. 그러나 하나님은 그들을 에덴동산에서 쫓아내셨다. 뿐만 아니라, 뱀에게는 평생 동안 배로 기어 다녀야 하는 고통을, 여자에게는 임신과 해산의 고통을, 그리고 남자에게는 열심히 노동을 해야만 먹을 것을 해결하는 고통 등을 벌로 내리셨다. 그렇지만 하나님은 자비를 베푸셔서 아담과 하와가 에덴동산에서 나갈 때 벌거벗은 몸을 가릴 수 있는 가죽옷을 입혀주셨다.

3. 에덴동산 이야기의 교훈

에덴동산 이야기를 읽을 때 사람들은 다음과 같은 질문을 한다.

"왜 하나님은 선악과를 만드셨을까? 선악과가 없었으면, 아담과 그의 아내는 죄를 짓지 않았을 것이고 인간은 아직도 에덴동산에 살고 있었을 텐데 …"

"왜 하나님은 남성과 여성이 선악과를 따 먹도록 하셨을까? 전지전능하신 분이기 때문에 죄를 짓지 않는 인간으로 만드셨으면, 아담과 하와도 선악과의 열매를 먹지 않았을 것이고 인류도 죄를 짓지 않았을 텐데 …"

이러한 질문들은 가능하지만, 이 이야기의 의도는 이에 대한 대답을 주기 위해서 쓰이지 않았다. 오히려 다음과 같은 교훈이 에덴동산 이야기에 담겨져 있다.

첫째로, 인간은 스스로 결정할 수 있는 '자유의지'free will가 있다. 여기에는 무엇보다도 하나님이 만든 인간은 꼭두각시 인형이 아니라는 메시지가 내포되어 있다. 인간은 입력된 프로그램대로 움직이는 로봇이 아니라 스스로 생각할 수 있는 능력과 스스로 결정할 수 있는 능력이 있다는 것이다. 또한 인간은 하나님에 대해서도 저항할 수 있는 존재이고, 자신의 존엄과 자유를 위해서, 피조물이라는 지위조차 초월하려는 유혹을 소유한 존재라는 의미도 담겨있다. 인간은 자유를 가지고 있지만, 그 자유에는 약간의 제한이 내포되어 있다는 것이다. 즉, 하나님의 최소한의 명령과 창조질서를 따라서 살아야 하며, 그럴 때 인간은 평화롭고 자유롭게 살 수 있다는 것이다.

둘째로, 인간이 가지고 있는 다양한 고통은 인간 자신의 잘못에서 비롯되었다. 즉 하나님의 명령을 지키지 못한데서 시작되었다는 것이다. 인간의 본질적인 고통은 창조질서를 거역한 인간 스스로에게 그 원인이 있다는 것이다. 이것은 인간의 책임성을 강조한다. 즉, 인간은 잘못을 했을 때 변명하거나 책임을 회피하지 말고, 스스로 책임질 줄 알아야 한다는 것이다.

셋째로, 하나님은 인간을 계속해서 사랑하고 계신다. 에덴동산에서 쫓겨나는 인간에게 하나님은 가죽옷을 입혀주셨다. 즉 하나님은 비록 인간에게 벌을 내리셔서 에덴동산에서 추방하셨지만, 아직도 인간을 사랑하고 계시다는 것이다. 고대근동에서 옷은 인간의 생명을 보호해 주는 것이었다. 추운 밤에는 몸을 따뜻하게 해주는 것이었고, 낮에는 따가운 햇볕에서 피부를 보호해 주는 것이었다. 따라서 가죽옷은 에덴동산 밖에서도 인간이 생명을 안전하게 이어가기를 바라는 하나님의 사랑을 나타낸다.

연구 및 토의 주제

1. 우리가 느끼는 고통은 무엇인가? 우리는 왜 그런 경험을 고통이라고 여기는가?

2. 인간의 자유는 어디까지 허용되어야 하는가? 무한한 자유가 인간에게 주어질 경우 사회는 어떻게 질서를 유지할 수 있는가?

3. 오늘날 정치와 사회에서 책임을 회피하는 사람들을 뉴스에서 찾아보자. 그들은 왜 책임을 회피하는지 토의해 보자.

참고문헌

1. 천사무엘, 『성서주석 1: 창세기』 서울: 대한기독교서회, 2001
2. 윌리엄 라솔 외/박철현 역, 『구약개관』 서울: 크리스챤다이제스트, 1994

IV 구약성서와 현대인의 삶

출애굽과 십계명 : 공동체의 조건들

읽어야 할 성서 본문 : 출애굽기 20:1-17

1. 들어가는 말

다음 질문들에 대해 개인의 생각들을 나누어 보자 :

여러 명의 사람들이 배를 타고 가다가 태풍을 만나 태평양 한 가운데서 표류했다. 우연히 어느 무인도에 도착하게 되었다. 그곳에서 함께 살아가게 될 사람들 사이에 필요한 생활규칙 열 가지를 만들어야 한다면 어떤 것이어야 할까? 그 이유는 무엇인가?

이스라엘의 종교역사에서 출애굽 사건은 하나님의 위대한 역사적 행동들 중 가장 중요한 것으로 간주된다. 이스라엘 백성들은 출애굽 사건을 통해 비로소 하나의 정치적이고 신앙적인 공동체로 탄생하게 된다. 이스라엘 사람들은 출애굽 사건을 통해서 하나님을 다름 아닌 '해방자'로 경험했다. 그들은 하나님께서 자신들이 억압과 착취로 고난을 당할 때 그들의 외침을 들으셨으며, 원수를 격퇴하시고, 온갖 기적들을 통해 그들을 이집트에서 해방시켰다고 믿었다(신명기 26:5-9). 이러한 고백은 후손들에 의해 반복적으로 고백되었고, 하나님은 이스라엘의 통치자로, 이스라엘은 그의 백성이 되었다. 말하자면, 출애굽 사건은 이스라엘 사람들의 역사적 기원이 될 뿐만 아니라 이스라엘 종교의 바탕이 된다.

2. 출애굽의 발단과 전개

히브리인이 이집트에 정착하게 된 것은 멀리 족장시대로 거슬러 올라간다. 족장 아브라함의 손자인 야곱의 가족은 흉년을 피해 이집트로 이주했다. 그들이 이주한 곳은 곡창지대인 나일강 삼각주 부근의 고센 지방으로 알려졌다. 야곱의 열두 아들 가운데 하나였던 요셉의 높은 지위 덕택에 그들은 이주자임에도 불구하고 비교적 좋은 대우를 받으며 살 수가 있었다. 그러나 요셉이 죽고, 새로운 이집트 왕조가 등장하면서 뜻하지 않은 일이 발생했다. 히브리인들은 마침내 노예로 전락하였고, 삼각주 부근에서 생산되는 곡식을 저장해 둘 도시들을 건설하는 데 강제 동원되었으며, 여러 가지 학대를 받았다.그럼에도 불구하고 히브리인 인구가 늘자 마침내 파라오(왕)는 히브리인의 모든 신생아 가운데 사내아이를 죽이라고 이집트 산파들에게 명령한다.

이러한 역사 현실에 등장한 인물이 바로 모세였다. 본래 히브리인의 가정에서 태어난 모세는 당시 이집트 왕 파라오의 명령에 따라 출생과 동시에 죽을 수밖에 없는 운명이었다. 그러나 그의 부모가 석 달 동안이나 집에 숨겨 기르게 된다. 그 후 모세는 나일강가에 버려지는데 그때 마침 목욕하러 나왔던 파라오의 공주에 의해 우연히 발견되고, 그녀의 양자로 들여진다. 이 때문에 모세는 이집트의 왕궁에서 자라면서 최고 수준의 교양과 교육을 받으며 성장할 수 있었다. 모세는 바로의 왕궁에서 이집트인으로 양육을 받았으나 그 자신이 히브리인의 자손임을 잊지 않았다. 그러던 중 어느 날 이집트인 공사감독관이 자신의 동족인 히브리인을 학대하는 것을 목격하는 순간 자기도 모르게 그를 살해하게 된다. 이 사건으로 말미암아 모세는 왕궁을 탈출해서 시나이 반도의 미디안 목동들이 양을 치던 미디안 광야로 도망을 가게 된다. 모세는 그곳에서 미디안 제사장의 딸들을 도와주고 그 가족으로부터 환대를 받다가 그곳 제사장의 딸인 십보라라는 여인과 결혼을 하여 평범한 유목민의 삶을 살게 된다.

40여년의 세월이 지난 어느 날 시나이산에서 양을 치던 모세는 떨기나무에 불이 붙었으나 타지 않는 신비스러운 광경을 목격한다. 그 광경을 보기 위해 가까이 다가갔을 때 자신의 이름을 계시하시며, 히브리인을 해방하라고 사명을 주신다. 하나님은 인간의 삶과 역사 저편에 계시는 것이 아니라 역사 한가운데 계시는 분임을 알 수 있다. 그 하나님은 자기 백성의 자유를 소중히 생각하시고, 해방시키는 분임도 알 수 있다.

이 만남 이후 모세는 히브리인을 이집트의 노예생활에서 해방하기 위해 이집트의 파라오에게 나아갔다. 모세는 파라오에게 히브리인들이 광야에 나가 그들의 신에게 축제를 올리도록 허락해 달라는 간청을 하지만 이것이 화근이 되어 히브리인에 대한 이집트인의 억압은 더 심해지게 되었다. 그러자 하나님은 파라오의 고집을 꺾기 위해 이집트인들에게 열 가지 재앙을 내리신다. 열 가지 재앙의 마지막인 맏아들의 죽음을 겪은 후, 마침내 파라오는 히브리인들을 조건없이 이집트에서 추방하게 되었다.

3. 십계명의 내용과 의미

이집트에서 해방된 히브리 백성이 시나이산에 가까이 왔을 때 하나님은 모세를 통해 계약을 맺으신다. 이 계약을 통해 비로소 히브리인들은 정체의식을 가진 하나의 역사적인 공동체로 형성되었다. 이 시나이산 계약의 주요내용이 바로 십계명이다. 십계명에는 그의 언약백성의 신앙과 사회생활에 필요한 지침이 나타난다. 십계명은 출애굽기 20:1-17(신명기 5:6-21)에 기록되어 있는데, 그 내용은 다음과 같다.

전문 : 나는 너희를 이집트 땅 종살이하던 집에서 이끌어 낸 주 너희의 하나님이다.

① 너희는 내 앞에서 다른 신들을 섬기지 못한다.
② 너희는 너희가 섬기려고 위로 하늘에 있는 것이나, 아래로 땅에 있는 것이나, 땅 아래 물속에 있는 어떤 것이든지, 그 모양을 본떠서 우상을 만들지 못한다. 너희는 그것들에게 절하거나, 그것들을 섬기지 못한다.
③ 너희는 주 너희 하나님의 이름을 함부로 부르지 못한다. 주는 자기의 이름을 함부로 부르는 자를 죄 없다고 하지 않는다.
④ 안식일을 기억하여 그 날을 거룩하게 지켜라.
⑤ 너희 부모를 공경하여라. 그래야 너희는 주 너희 하나님이 너희에게 준 땅에서 오래도록 살 것이다.
⑥ 살인하지 못한다.
⑦ 간음하지 못한다.
⑧ 도둑질하지 못한다.
⑨ 너희 이웃에게 불리한 거짓 증언을 하지 못한다.
⑩ 너희 이웃의 집을 탐내지 못한다. 너희 이웃의 아내나 남종이나 여종이나 소나 나귀나 할 것 없이, 너희 이웃의 소유는 어떤 것도 탐내지 못한다.

십계명은 사람들이 흔히 생각하듯이 엄격한 법조문이나 무거운 도덕적 요구가 아니다. 십계명은 하나님과 그 백성 이스라엘 사이의 언약covenant이다. 무자비하고 엄격한 율법적 요구가 아니라 하나님의 사랑의 행위가 앞서고 그에 대한 이스라엘 백성의 응답을 요청하는 사랑의 말씀이다. 이러한 정신이 잘 드러나 있는 것이 바로 십계명의 전문이다. 거기서 하나님은 자신을 해방자로 묘사하시면서 왜 십계명을 주셨는지 설명한다. 말하자면, 이스라엘 백성이 진실로 자유를 누리며 사는 백성이 되려면 어떻게 하나님을 믿고, 어떻게 사회생활을 할지 알려주신 것이다. 십계명은 억압하기 위해서가 아니라 자유롭게 하려고 주어진 것이다.

우리는 십계명이 지닌 종교적, 윤리적 의미를 다음과 같이 간략하게 정리할 수 있겠다.

■ 첫 번째 계명은, 하나님 한 분만을 절대적으로 섬길 것을 명령한다.

하나님께서 여러 나라 백성 중 오직 이스라엘 백성만을 사랑했듯이 이스라엘 백성도 여러 신들 가운데 오직 하나님 한 분만을 사랑하길 요구하신다. 사랑의 배타성에 기초한 유일신 신앙이다. 이 계명은 하나님을 우리 삶에 있어 최고의 가치요, 결정적인 척도로 삼고 살아야 한다는 의미로 해석할 수 있다. 하나님 이외의 어떤 것 예를 들면, 이데올로기나 돈이나 권력을 절대화하는 일은 우상숭배가 된다.

■ 두 번째 계명은, 하나님의 신상을 만들거나 섬기는 것을 금한다.

이 계명은 인간이 하나님을 어떤 물건이나 사상체계로 형상화시킴으로써 신이시며 영(靈)이신 하나님의 절대적 자유를 제한하는 것을 금한다. 인간은 자신의 고정된 경험이나 사상체계를 통해 하나님을 규정함으로써 하나님을 통제하고 조종하려는 유혹을 받는다. 그러나 창조주 하나님은 모든 존재의 근원이기 때문에 어떤 피조물의 형상과도 비교될 수 없다. 하나님의 형상으로 지음받은 인간 역시 그분처럼 자유롭기 때문에 대상화되거나 수단화되어선 안 된다.

■ 세 번째 계명은, 신성모독을 금지한다.

본래 '이름'이란 한 인간을 다른 사람과 바꿀 수 없는 유일한 개별적 존재임을 확정해 준다. 우리가 어떤 사람의 이름을 부를 때, 그의 고유한 개성, 생활태도, 취미, 장단점 등을 포함하는 존재를 우리 눈앞에 현존하게 만든다. 말하자면, 우리가 하나님의 이름을 부른다고 하는 것은 그 분의 현존을 확인하고 그 분과 만남과 사귐을 갖는 것이다. 따라서 우리가 하나님의 이름을 부를 때에는 겸손하고 신중하며 진실해야 한다.

■ 네 번째 계명은, 안식일의 성별을 명령한다.

일과 휴식은 둘 다 하나님의 명령이며 상호 밀접히 관련되어 있다. 인간은 생계를 유지하고, 자아를 실현하고, 공동체의 유지를 위해 일해야 한다. 그러나 인간은 또한 쉬어야만 하는 존재다. 인간은 노동을 통해서만이 아니라 쉼을 통해서도 자아를 계발하고 삶의 의미를 깨닫는다. 하나님께서도 엿새 동안 일하시고, 제 칠일에는 쉬셨다. 안식일은 단순히 육체적인 휴식만을 의미하지 않고 보다 적극적으로 종교적 성회에 힘쓰는 날이다. 인간은 안식일을 서룩히 지내며 하나님께 감사를 드림으로써 자신이 하나님의 피조물이며, 삶의 궁극적 목적이 안식에 있음을 깨닫는다.

■ 다섯 번째 계명은, 부모 공경의 명령이다.

이 계명은 젊은 세대에게만 주시는 계명이 아니라 모든 세대에게 주시는 명령이다. 이 계명의 초점은 세대 간의 밀접한 상호연대성에 있다. 이스라엘사회에 있어 부모 공경은 곧 하나님 공경과 같이 중요하게 다루어졌다. 왜냐하면, 부모란 가정 안에서 하나님의 권위를 대신하는 존재이기 때문이다. 부모를 공경한다는 것은 부모의 권위와 위신을 세워주는 것이며, 물심양면으로 봉양하고, 그 말씀을 기꺼이 따른다는 의미다.

■ 여섯 번째 계명은, 살인과 불법적 살생을 금지한다.

다른 사람의 목숨을 함부로 빼앗지 않는 일은 공동체 존립의 필수 조건이다. 모든 생명이 존엄한 이유는 그것이 하나님의 것이기 때문이다. 인간의 목숨만이 아니라 모든 생물체의 생명은 다 같이 소중하고 존엄하다. 이 계명은 생명을 빼앗는 일만 아니라 작고 사소한 폭력행위도 금지한다. 직접적이고 조직적인 폭력만 아니라 간접적이고 우발적인 폭력도 금지한다. 더 나아가 인간의 생명만 아니라 자연생태계의 생명의 가치도 소중하게 보전되어야 한다.

■ 일곱 번째 계명은, 성과 결혼의 중요성을 명령한다.

유대사회에서 간음은 상대방뿐만 아니라 공동체에 대한 범죄요, 하나님께 대한 범죄로 이해되었다. 가부장적 사회였던 유대사회는 물론 이후 기독교의 역사 속에서도 성은 남성중심적으로 이해되었고, 죄의 근본 원인으로 의심을 받기도 했다. 하지만 오늘날 이에 대한 반동으로 성은 지나치게 과장되고 있다. 성에 대한 책임보다는 자유와 쾌락이 더 강조되고 있다. 그러다 보니 성 담론이 넘쳐나도 사람들은 여전히 불행하고, 성에 대한 관심은 기껏해야 테크닉에 대한 관심으로 전락하고 만다. 성은 두 사람의 친밀함과 신실함, 헌신에 기초한 인격적 행위이기에 책임적이어야 한다.

■ 여덟 번째 계명은, 도둑질을 금지한다.

고대 유대사회에서 사적 소유권 개념은 없었으며 대신 공동체적 소유관념이 강했다. 그런 사회에서 이 계명의 목적은 공동체의 재산을 사유화하는 것을 금지하는 데 있었다. 공동의 소유를 사유화할 경우 남의 재산권을 침해할 뿐만 아니라 공동체의 결속을 위태롭게 만들기 때문이다. 성서는 도둑질 금지의 대상이 물건이나 재산만 아니라 사람, 곧 인신매매까지 포함한다. 말하자면, 소유권의 문제를 개인적 관점에서만 아니라 공동체적 관점에서 폭 넓게 해석하고 있다.

■ 아홉 번째 계명은, 거짓 증거를 금하고 있다.

이 계명의 배경은 고대 이스라엘 사람들의 재판정이다. 당시에는 과학적 수사기법이 발전하지 않았고, 거짓말 탐지기도 없었으므로 재판에서의 증언 여하에 따라 피의자의 생명이 좌우되었다. 따라서 거짓 증언을 하지 말라는 이 계명은 재판에서의 위증을 금지할 뿐만 아니라 동포인 이웃의 명예, 권리를 존중해야 한다는 것을 말한다. 정의를 보전하고 진실을 수호해야 할 법정에서조차 거짓이 난무한다면 어떻게 사회정의를 이룰 수 있겠는가.

■ 마지막 계명은, 다른 사람의 소유를 탐내지 말 것을 명령한다.

탐심은 살인, 도둑질, 간음과 같이 십계명에 나오는 여러 죄악들을 불러오는 직접적 원인이 된다. 탐심이란 영원히 채울 수 없는 욕망이다. 우리는 올바른 욕구와 옳지 못한 욕구를 구분할 줄 알아야 하며, 옳지 못한 욕구를 통제할 수 있는 도덕성을 갖도록 힘써야 한다. 그렇지 못할 경우 인간은 아무리 많이 가지고 있어도 만족할 수 없고, 물질적으로 풍요롭게 살아도 행복할 수 없다.

연구 및 토의 주제

1. 인간에게 자유란 왜 중요하며, 현대사회에서 인간의 자유를 억압하는 요소들은 무엇인지 생각해 보자.

2. 현대인이 숭배하는 가짜 신(우상)은 어떤 것들인가?

참고도서

소형근, 『우리시대를 위한 하나님의 열가지 말씀. 십계명의 영성과 윤리』 서울 : 동연, 2015

V 이스라엘 역사와 예언자 : 시대와 증언

1. 들어가는 말

· 영화 이야기

제목 : 〈로메로〉 (존 두이건 감독, 1993)

내용 : 라틴아메리카 엘살바도르의 군사독재정권에 저항한 가톨릭 신부 오스카 로메로의 일대기를 그린 작품이다. 그는 가난한 민중의 자유와 권리를 옹호하다가 군부에 의해 암살을 당한다. "저는 자주 죽음의 위협을 느꼈습니다. 그러나 그들이 저를 죽일 때 저는 엘살바도르 사람들의 가슴에 다시 살아날 것입니다. 제가 흘린 피는 자유의 씨앗이 되고 희망이 곧 실현되리라는 신호가 될 것입니다. 사제는 죽을지라도 하나님의 교회인 민중은 영원히 죽지 않을 것입니다."

2018년 교황 프란치스코는 오스카 로메로 신부를 성인으로 추대했다.

2. 왕정시대의 대두

히브리인들이 노예살이 하던 이집트에서 해방되어, 40여년간의 광야생활을 끝내고, 가나안 땅에 정착하였을 때 그들의 정치체제는 부족동맹체제였다. 야곱의 열두 아들에게 각각 일정한 분량의 토지가 할당되었으며, 각 부족은 종교와 군사를 제외한 정치, 경제, 사회적으로 독립적 체제를 유지했다. 이러한 지파동맹체제에서는 카리스마적 지도자가 지도력을 행사했지만, 그 권위는 특별지역에 국한되고 시간적으로도 제한적인 것이었다. 후기에는 대제사장이 지도력을 행사했지만 그것 역시 문제를 지니고 있었다.

이스라엘 백성들이 왕 제도를 요구하게 된 데는 두 가지 원인이 있다고 보인다.

하나는, 내부적인 요인으로서 당시 제사장 엘리의 아들들만이 아니라 그 뒤를 이은 사무엘의 아들들마저도 사사가 되었으나 바른 정치를 하지 못했다는 점이다(사무엘상 8:3). 엘리와 사무엘의 아들들이 제사장의 직권을 남용하고 백성들을 위해 정당한 재판을 행하지 않자, 지도력에 대한 불신이 커져 갔다.

한편, 외부적 요인으로는 블레셋(지금의 팔레스타인)의 침략이 결정적이었다. 블레셋과의 전투에서 법궤를 빼앗김으로써 민족의 장래에 대한 위기감이 커지고 강력한 지도력에 대한 필요성이 대두되었다. 그래서 백성들은 블레셋과 같은 강력한 왕권제도를 요청하기에 이른다(사무엘상 8:20). 당시 블레셋은 해양민족으로서 다른 가나안의 도시국가와는 달리 철제무기를 이용하여 기동성 있는 군사력을 갖추고 있었다. 하지만 이스라엘은 상비군이 없었고, 유사시 각 지파에서 동원된 민병대가 연합하여 방어를 담당하는 허약한 체제였다. 군사적으로 강력한 블레셋의 힘에 대항하기 위해서 어쩔 수 없이 이스라엘도 사사중심의 부족연합체에서 왕권중심으로 체제 변화가 모색되었다.

하지만 왕을 세워달라는 요구에 대하여 사무엘은 "지상의 왕을 요구하는 것은 참 왕 되신 야훼를 거역하는 것"이라고 거절한다. 이는 전통적으로 내려오는 신정통치theocracy사상에 위배된다는 이유였다. 백성들이 이에 아랑곳하지 않고 계속해서 왕을 요구하자 사무엘은 왕정체제가 가져올 위험성을 들어 백성들을 설득하려 한다.

> 당신들을 다스릴 왕의 권한은 이러합니다. 그는 당신들의 아들들을 데려다가 그의 병거와 말을 다루는 일을 시키고, 병거 앞에서 달리게 할 것입니다. 그는 당신들의 아들들을 천 부장과 오십 부장으로 임명하기도 하고, 왕의 밭을 갈게도 하고, 곡식을 거두어들이게도 하고, 무기와 병거의 장비도 만들게 할 것입니다. 그는 당신들의 딸들을 데려다가, 향유도 만들게 하고 요리도 시키고 빵도 굽게 할 것입니다. 그는 당신들의 밭과 포도원과 올리브 밭에서 가장 좋은 것을 가져다가 왕의 신하들에게 줄 것이며, 당신들이 둔 곡식과 포도에서도 열에 하나를 거두어 왕의 관리들과 신하들에게 줄 것입니다. 그는 당신들의 남종들과 여종들과 가장 뛰어난 젊은이들과 나귀들을 끌어다가 왕의 일을 시킬 것입니다. 그는 또 당신들의 양 떼 가운데서 열에 하나를 거두어 갈 것이며, 마침내 당신들까지 왕의 종이 될 것입니다.(사무엘상 8:11-17)

하지만 사무엘의 이러한 설득으로도 백성들의 생각을 바꾸지 못하고, 결국 백성들의 간청에 못 이겨 사무엘은 왕을 세우기로 결심하고, 사울을 왕으로 선택하기에 이른다(사무엘상 8:4-22). 사울은 야곱의 열두 아들 가운데 막내인 베냐민 지파의 사람이다. 사사시대 말기에 지파 간의 전쟁으로 인하여 베냐민 지파는 이스라엘 지파 중 가장 약한 지파였고, 사울은 그 중에서도 가장 약한 문중 출신이었다(사무엘상 9:21). 왕을 이렇게 약한 문중에서 뽑은 것은 어쩌면 왕권을 견제할 목적이었는지도 모른다.

비록 왕정제도가 도입되었으나 전통적으로 신정통치theocracy사상이 강했던 이스라엘에서 왕권은 절대적이 아니라 제한적인 권한만을 지니고 있었다.

첫째, 이스라엘의 왕은 예언자에 의해서 임명되었고 또한 폐위당하기도 하였다. 고대근동에서는 왕권이 세습에 의해 승계되었는데 비해 이스라엘에서는 왕의 임명과 폐위가 종교지도자에 의해 이루어졌다. 예를 들어, 사울은 예언자 사무엘에 의해 왕으로 임명받았으나 후에 사무엘은 사울에 대한 지지를 철회하고 다윗을 새로운 왕으로 임명하게 된다. 이러한 제한된 왕권의 개념은, 후에 예언자들에게 계승되어 엘리사는 예후를 왕으로 세워 이스라엘 최고의 폭군인 아합정권을 전복시키기도 한다.

둘째, 왕의 권한은 군사적 임무로 제한되었다. 예컨대, 사울은 왕이라기보다는 블레셋에 대항하기 위한 군사적 총사령관의 임무를 가지고 있을 뿐이었다.

셋째, 전쟁을 선포하는 것도 왕의 권한이 아니라 종교지도자의 권한이었다. 블레셋과의 전쟁터에서 사울은 사무엘을 일주일간이나 기다렸으나, 그가 오지 않자 군대는 뿔뿔이 흩어지기 시작했다. 사울은 더 이상 기다릴 수 없어서 제사를 지내고 전쟁을 시작했는데, 이것은 단순히 제사 권한을 침범한 것만이 아니라 전쟁을 선포할 수 있는 종교지도자의 권한을 범한 것으로 해석되었다. 이 사건으로 말미암아 사무엘은 사울 왕에 대한 지지를 철회하게 된다.

넷째, 왕의 통치는 철저하게 하나님의 법에 근거해야 한다. 고대근동의 왕들은 그들 자신이 입법자이기 때문에 왕의 통치 근거가 자신에게 있었다. 그러나 이스라엘의 모든 법은 철저하게 야훼 하나님께로부터 나오기 때문에 하나님에게 통치의 근거가 있다.

> 왕위에 오른 사람은 레위 사람 제사장 앞에 보관되어 있는 이 율법책을 두루마리에 옮겨 적어, 평생 자기 옆에 두고 읽으면서, 자기를 택하신 주 하나님 경외하기를 배우며, 이 율법의 모든 말씀과 규례를 성심껏 어김없이 지켜야 합니다.(신명기 17:18-19)

이처럼 이스라엘이 부득이하게 왕정으로 전환하긴 하였으나 외국의 왕정을 그대로 받아들인 것은 아니었다. 자기들 나름대로의 평등사회의 경험을 살려나가며 왕정과 절충을 시도한 독특한 왕권의 개념이었다. 그러나 후대에 왕들은 이러한 하나님의 뜻을 지켜나가지 못했고, 결국 이방 왕국과 다름없이 백성에 대한 억압과 착취의 체제로 전락하고 말았다.

3. 왕권의 발전과 몰락

사울의 뒤를 이은 다윗은 뛰어난 군사 전략가일 뿐만 아니라 정치적으로도 뛰어난 행정가였다. 그는 국내적으로 각 부족으로 나뉘어 있던 정치적, 군사적 힘을 하나로 결집하여 강력한 통일국가를 이루려 하였다. 다윗은 통일국가를 공고히 하기 위해 수도를 헤브론에서 예루살렘으로 옮겼다. 만약 남부에 있던 헤브론을 수도로 고집했다면 북부의 이스라엘 사람들이 반발했을 것이고, 반대로 수도를 북부로 옮겼다면 남부의 유다 사람들이 반발했을 것이다.

다윗은 예루살렘을 정치의 중심지로 삼았을 뿐만 아니라 종교적 중심지로 발전시켰다. 그는 실로에 있던 언약궤를 예루살렘에 안

치함으로써 모든 이스라엘 백성의 마음을 한 곳으로 집중시키는 데 성공했다. 언약궤는 그들이 신앙하는 하나님의 임재를 상징하는 상자로서 그 안에는 모세에게 주셨던 십계명 돌판, 아론의 싹이 난 지팡이 그리고 광야에서 조상들이 먹었던 만나가 보관되어 있었다.

한편, 대외적으로 다윗은 주변국들에 대한 정복전쟁을 통하여 여러 부족국가들을 이스라엘의 통제 하에 종속시키는 데 성공했다. 그는 이러한 정복전쟁을 통해 중요한 자연자원을 확보하고, 유리한 무역로를 장악함으로써 경제적 발전도 이룩했다.

하지만 다윗은 참모들의 충고에도 불구하고 이스라엘에 대한 인구조사를 통해 보다 강력한 통치력을 행사하고자 하는 실수를 저질렀다. 인구조사의 목적은 군사력을 점검하고 세금과 노동력을 확보하는 데 있었다. 이것은 결국 왕권에 의한 억압정치의 시도로 해석되었다(사무엘하 24:10-17). 뿐만 아니라 다윗은 전쟁기간 중 전쟁터에 나가지 않고 왕궁에 머물러 있다가, 자기 수하의 장군인 우리아의 아내를 탈취하는 잘못을 범하기도 했다. 이때 예언자 나단이 등장하여 그의 잘못을 지적하였고, 그는 겸손히 회개함으로써 그의 인간적 잘못과 실수에도 불구하고 이후 오랫동안 이스라엘사회의 이상적인 왕으로서 추앙되게 되었다.

다윗의 아들 솔로몬은 강력한 이스라엘의 국력을 과시하기 위해 왕궁과 성전을 새로 건축하는 토목사업을 벌여 무려 20여년의 시간을 투자하게 된다. 그는 상업활동에도 능력을 발휘해서 이집트에서 말과 전차를 사다가 북쪽 나라들에 되파는 중개무역을 통해 막대한 이득을 얻었다. 그는 군사력을 강화시키고 여러 도시들을 요새화하는 데 힘을 쏟았다. 그리고 왕권의 안정을 도모하기 위해 이집트 공주와 정략적인 국제결혼을 하기도 했다. 그의 궁전생활이 얼마나 화려했던지 성경의 기록에 의하면, 왕궁에서의 하루 식사를 위해 가는 밀가루 30석, 굵은 밀가루 60석, 살찐 소 10마리, 초장의 소 20마리, 양 100마리 그리고 그 외에 숫사슴, 노루, 암사슴, 살찐 새들이 소용되었다고 한다(열왕기상 4:22-23).

하지만 오랜 기간 동안의 왕궁과 성전 건축을 위한 무거운 세금과 부역, 그리고 강력한 군사력을 유지하기 위해 백성들을 강제로 동원하는 과정에서 민심이 좋지 않게 되었다. 게다가 정략결혼으로 인해 외국의 여인들을 데려오고, 그들의 이방종교들이 왕실을 중심으로 퍼져나가게 되자 종교지도자들로부터 강력한 저항에 직면하게 되었다. 이러한 사회적 분위기는 결국 다윗과 솔로몬이 속한 유다 지파와 다른 지파들 사이의 갈등의 원인이 되었다.

솔로몬의 뒤를 이어 르호보암이 왕위를 계승하자 그동안 불만이 많았던 북쪽의 이스라엘 지파들이 조직적으로 반대하기 시작했다. 그리고 그 중심에는 솔로몬시대에 반란을 일으키고 이집트로 도망쳤던 여로보암이란 사람이 있었다. 르호보암이 즉위한 얼마 후 북쪽 이스라엘 지파들은 대표들을 보내어 세금과 부역을 줄여 줄 것을 청원하였다. 그러나 르호보암은 그러한 요구를 거부하고 보다 더 강압적인 정책을 시행할 것을 공언하게 된다. 그러자 북쪽 이스라엘의 10지파는 여로보암을 자기들이 왕으로 삼음으로써 르호보암을 왕으로 하는 남쪽의 유다와 북쪽의 이스라엘로 통일왕국이 분열하게 된다. 이리하여 다윗 이후의 통일왕국은 남유다와 북이스라엘로 분열되었다가, 이후 북이스라엘은 기원전 722년에 앗시리아에 의해 멸망을 당하고, 남유다는 기원전 587년에 바빌로니아에 의해 각각 멸망을 당하고 만다.

4. 예언자의 등장과 활동

왕국의 분열 이후 북이스라엘이 앗시리아에, 남유다가 바빌로니아에 의해 각각 멸망하기 이전까지 수많은 왕들이 역사 속에 등장하였다. 그 가운데에는 하나님을 두려워하고 백성을 올바로 섬긴 어진 왕들도 등장하지만, 대부분은 백성들에게 억압적인 정책을 실시하고, 자신들의 통치권을 위해 야훼종교를 어용화하거나 이방종교와 타협하는 등 수많은 문제를 일으켰다. 이런 어두운 시대에 예언자들이 등장하여 하나님의 심판을 외치고 회개를 호소했다. 절대왕권이나 권력자들에 대한 예언자들의 비판은 당연히 왕권이나 권력자들과의 잦은 충돌의 원인이 되었다.

본래 성경에서 말하는 '예언(預言)자' 혹은 선지자는 장래 일을 점치는 '점쟁이'란 의미(豫言)가 아니다. '예' 자는 미리 말한다는 예(豫) 자가 아니라, 맡았다는 예(預)가 사용된다. 예언자란 '여호와께서 이같이 말씀하셨다'라고 선포했던 사람들로서, 하나님의 말씀을 대신하여 전달하도록 부름 받은 자다. 잘 알려진 예언자로는 이사야, 예레미야, 에스겔, 아모스, 호세아, 미가, 스바냐, 나훔, 학개, 요엘, 요나, 하박국, 스가랴, 오바댜, 말라기 등이다. 이들이 주로 활동하던 시대는 기원전 8세기에서 기원전 4세기에 이른다.

그런데 하나님의 말씀 즉, 진리를 말하는 것은 죄악 된 세상에서 매우 위험스러운 일이었다. 그것은 때로 죽음을 각오하는 엄청난 일이었다. 그래서 많은 예언자들이 좋은 이야기만 해주기 바라는 민중들에게서 버림을 받았을 뿐만 아니라, 절대권력을 추구하던 권력자들에 의해서 고난과 핍박을 받아야 했다. 예레미야 같은 예언자는 그 고통을 이렇게 표현한다.

내가 입을 열어 말을 할 때마다 폭력을 고발하고 파멸을 외치니, 주님의 말씀 때문에 나는 날마다 치욕과 모욕거리가 됩니다.(예레미야 20:8)

예언자들의 가르침과 활동의 특징 가운데 하나는 사회비판적이라는 사실이다. 그들은 절대왕권을 비판했고, 재판관과 같은 사회지도층이나 제사장 같은 종교지도자들에게까지 비판적이었다. 그러나 그들을 일반적인 사회개혁가나 운동가, 혹은 정치적 야망을 지닌 행동가와 동일시 할 수 없는데, 이는 그들의 관심이 사회개혁 자체에 있다기보다는 하나님의 뜻을 헤아리는 데에 있었기 때문이다. 그들은 정치 이데올로기 대신에 하나님과 이스라엘 백성들 사이의 계약신앙에서 출발했다. 그래서 겉으로 드러난 사회적 불의와 부조리의 현상도 보다 근원적인 문제인 하나님과 인간의 잘못된 관계에 있다고 분석하였다. 따라서 그들이 제시한 해결책도 정치적 수단이라기보다는 근원적으로 하나님과의 관계를 회복하는 데 있었다.

권력 엘리트집단들에 대한 예언자들의 비판은 다음의 예들에서 조금 엿볼 수 있다

■ 예언자 스바냐의 사회지도층에 대한 비판

망하고야 말 도성아, 반역하는 도성, 더러운 도성, 억압이나 일삼는 도성아, 주님께 순종하지도 않고, 주님의 충고도 듣지 않고, 주님을 의지하지도 않고, 하나님께 가까이 가지도 않는구나. 그 안에 있는 대신들은 으르렁거리는 사자들이다. 재판관들은 이튿날 아침까지 남기지 않고 먹어 치우는 저녁 이리 떼다. 예언자들은 거만하며 믿을 수 없는 자들이고, 제사장들은 성소나 더럽히며 율법을 범

하는 자들이다(스바냐 3:1-4).

■ 예언자 미가의 파워 엘리트에 대한 비판

악한 궁리나 하는 자들, 잠자리에 누워서도 음모를 꾸미는 자들은 망한다! 그들은 권력을 쥐었다고 해서, 날이 새자마자 음모대로 해치우고 마는 자들이다. 탐나는 밭을 빼앗고, 탐나는 집을 제 것으로 만든다. 집 임자를 속여서 집을 빼앗고, 주인에게 딸린 사람들과 유산으로 받은 밭을 제 것으로 만든다(미가 2:1-2).

■ 예언자 이사야의 재판관에 대한 비판

불의한 법을 공포하고, 양민을 괴롭히는 법령을 제정하는 자들아, 너희에게 재앙이 닥친다! 가난한 자들의 소송을 외면하고, 불쌍한 나의 백성에게서 권리를 박탈하며, 과부들을 노략하고, 고아들을 약탈하였다(이사야 10:1-2).

■ 예언자 아모스의 종교 비판

나는 너희가 벌이는 절기 행사들이 싫다. 역겹다. 너희가 성회로 모여도 도무지 기쁘지 않다. 너희가 나에게 번제물이나 곡식제물을 받친다 해도 내가 그 제물을 받지 않겠다. 너희가 화목제로 바치는 살찐 짐승도 거들떠보지 않겠다. 시끄러운 너의 노랫소리를 나의 앞에서 집어치워라. 너의 거문고 소리도 나는 듣지 않겠다. 너희는 다만 공의가 물처럼 흐르게 하고 정의가 마르지 않는 강처럼 흐르게 하여(아모스 5:21-24)

공산주의 이론가인 칼 마르크스K. Marx는 기독교를 가리켜 '민중의 아편'이라고 비난했다. 자본주의가 무르익던 19세기 유럽, 자본에 의한 노동의 착취는 극에 달했다. 방법은 오직 노동자들의 의식화를 통해 자본을 타도하는 길뿐이었다. 그럼에도 불구하고 당시의 종교인 기독교는 '이 세상'의 불의와 억압에 눈을 감은 채 오직 '저 세상'에서의 영적 행복만을 강조함으로써 노동자들로 하여금 현실의 억압과 불의를 참고 견디게 함으로써, 아편과 같은 역할을 하였다고 보았다. 그래서 공산주의에서 종교는 반드시 극복되어야만 할 악이었다.

그러나 구약성서의 예언자들에게서 보듯이, 하나님은 가난한 자와 함께 하는 분, 가난한 자들의 권익을 옹호하는 분으로 묘사되고 있다. 이러한 생각은 무엇보다 예언자들의 가르침과 행동을 통해 보다 분명한 형태로 구체화했다. 예언자들은 분명 민중의 아편이 아니라 민중을 깨우고 의식화시키는 선구자들이었다.

연구 및 토의 주제

공부한 내용에 기초하여 다음 물음에 대해 논의해 보자.

1. 우리 시대의 가난한 자, 소외된 자, 약한 자, 억압받는 자는 누구인가?

2. 정치와 종교의 관계는 어떠해야 하는가? 만약 종교가 정치에 참여해야 한다면 어떤 방법이 좋을까?

참고도서

1. 서인석, 「성서의 가난한 사람들」 서울 : 분도 출판사, 1981
2. A. 헤셸, 「예언자들」 서울 : 종로서적, 1988

VI 구약성서와 현대인의 삶

성서 속의 문학과 지혜 : 인생관의 변화

1. 문학으로서의 성서

성서는 하나님과 인간의 관계를 다룬 문학작품이다. 여기에서 하나님은 초월적인 존재이자 인간의 모든 문제에 대해 궁극적인 해답을 주시는 분 즉, 구원자로 묘사된다. 반면에 인간은 하나님과의 관계에서만 진정한 삶의 의미를 가질 수 있는 존재로 표현된다. 따라서 성서라는 문학작품의 진정한 주인공은 인간이 아니라, 하나님이라고 할 수 있다.

성서에 의하면, 하나님은 인간이 느끼거나 체험할 수 있는 존재지만, 눈으로 보거나 손으로 만질 수 있는 물질적인 존재는 아니다. 그러기 때문에 성서는 하나님을 표현할 때 상징적인 언어를 사용하며, 하나님과 인간의 관계를 묘사할 때에도 추상적인 표현을 사용하기도 한다. 이것은 하나님을 느끼고 경험한 사람들이 하나님을 이렇게 제한된 방식으로밖에 나타낼 수 없었다는 것을 의미한다. 그리고 성서를 읽는 우리도 상상력을 동원하여 상징적인 언어들과 추상적인 표현들을 이해해야 한다는 것을 의미한다.

예를 들면, 구약성서의 시편 23편은

주님은 나의 목자시니, 내게 부족함이 없어라.

> 나를 푸른 풀밭에 누이시며 쉴만한 물가로 인도하신다.
> 나에게 다시 새 힘을 주시고, 당신의 이름을 위하여 바른 길로
> 나를 인도하신다.(시편 23:1-3)

노래하면서 하나님을 양을 치는 선한 목자에 비유한다. 이 시를 통하여 시인은 자신이 체험한 하나님을 나타내며, 우리로 하여금 하나님이 누구인지를 상상하게 한다. 즉, 하나님은 선한 목자가 양을 인도하는 것처럼 우리의 삶을 인도하시기 때문에, 우리는 고단하고 피곤한 삶 속에서 하나님이 주시는 은총을 체험하면서 새로운 삶의 용기와 희망을 가지고, 정의롭고 바르게 사는 것을 추구할 수 있다는 것이다.

성서는 언어를 표현매체로 하는 예술작품이라는 점에서 일반 문학작품과 공통점을 지닌다. 그러나 성서는 구원자 하나님을 전제하고, 그와의 관계 속에서 모든 문제를 바라보기 때문에 일반문학과 다른 특성을 나타낸다. 예를 들면, 우리가 순수문학이라고 부르는 일반 문학작품은 인간의 실존적인 문제를 심층적이고 심미적으로 분석하고 묘사하는 데 집중한다. 여기에는 문제제기만 있을 뿐, 문제해결 방식이나 구원의 제시는 없다. 설령 문제해결이 있다 해도 그것은 하나의 가능성을 암시이거나 독자의 몫으로 돌려놓는다. 그러나 성서는 문제해결의 방법이나 내용을 하나님과의 관계에서 제시한다. 모든 인간에게는 구원의 길이 분명히 있다는 메시지를 성서는 나타내기 때문이다. 따라서 성서를 읽는 사람은 하나님의 역할을 주의 깊게 관찰해야 하고, 구원의 길이 어떻게 펼쳐지는가를 파악해야 한다.

2. 옛 시인의 노래

구약성서에는 시 형태의 내용이 많다. 고대사회에서 시는 노래로 불렸기 때문에 구약성서의 시들도 아름다운 가락과 함께 노래로 불려졌다. 시편에 나오는 "셀라"나 "믹담"이라는 단어가 음악 용어로 알려져 있다는 것과 시편의 표제에 "다윗의 노래", "고라 자손의 노래" 등이 붙어 있다는 것은 이러한 주장을 뒷받침한다. 그러나 구약성서의 시에 붙은 모든 곡조는 전승과정에서 잊혔기 때문에 오늘날 이 시들이 어떻게 노래로 불렸는지는 알 수 없다. 옛 시인들이 부른 노래는 그 내용에 따라 여러 가지 형태로 구분할 수 있다. 예를 들면, 하나님을 찬양하는 찬양시, 하나님께 감사하는 감사시, 인간의 고통을 아뢰는 탄원시, 바른 삶을 가르치는 교훈시, 하나님이 주신 지혜를 찬양하는 지혜시 등이다. 이제 그들이 부른 노래의 내용이 무엇인지 몇 개만 살펴보자.

2-1. 풀과 같은 인생, 영원하신 하나님

이사야 40장에서 예언자는 하나님과 그의 말씀의 영원함을 인간의 연약함과 비교하면서 찬양한다. 인간의 삶은 풀과 꽃처럼 덧없는 것이지만, 하나님의 말씀 혹은 약속은 그냥 사라지지 않고 반드시 이루어진다는 것이다.

모든 육체는 풀이요,
그의 모든 아름다움은
들의 꽃과 같을 뿐이다.
주님께서 그 위에 입김을 부시면,

풀은 마르고 꽃은 시든다.
그렇다.
이 백성은 풀에 지나지 않는다.
풀은 마르고 꽃은 시드나,
우리 하나님의 말씀은
영원히 서 있다.(이사야 40:6-8)

시편 90편을 지은 시인도 인생의 덧없음을 영원한 하나님과 비교하며 노래하고 있다. 짧은 인생을 하나님의 영원함과 비교해 볼 때, 한 순간의 꿈과 같고 아침에 피었다가 저녁에 시들어버리는 꽃과 같다는 것이다.

주님께서는 사람을
티끌로 돌아가게 하시고
"죽을 인생들아, 돌아가거라"
하고 말씀하십니다.
주님 앞에서는 천년도
지나간 어제와 같고,
밤의 한 순간과도 같습니다.
주님께서 생명을 거두어 가시면,
인생은 한 순간의 꿈일 뿐,
아침에 돋아난 한 포기 풀과 같이
사라져 갑니다.
풀은 아침에는 돋아나서
꽃을 피우다가도,
저녁에는 시들어서 말라 버립니다.(시편 90:3-6)

2-2. 악에서 구하소서

무고한 자신을 해치려는 사람들 앞에서 아무도 구하여 줄 사람이 없을 때 인간은 하나님을 전적으로 의존하게 된다. 이때 하나님은 항상 정의의 편에 서 계시어 의인을 구원하시며 악인을 멸하신다는 신앙은 하나님께 도움을 구하는 힘이 된다. 시편 140편을 지은 시인은 이러한 심정을 다음과 같이 하나님께 탄원하고 있다.

> 주님, 악인에게서 나를 건져 주시고,
> 포악한 자에게서 나를 보호하여 주십시오.
>
> 그들은 속으로 악을 계획하고,
> 날마다 전쟁을 준비하러 모입니다. …
>
> 주님, 악인의 욕망을 이루어 주지 마시고,
> 그들이 우쭐대지 못하도록,
> 그들의 계획이 성공하지 못하게 해주십시오. …
>
> 주님이 고난받는 사람을 변호해 주시고,
> 가난한 사람에게 공의를 베푸시는 분임을,
> 나는 알고 있습니다. … (시편 140)

2-3. 사랑과 정의와 평화

시편 85편에서 시인은 인간이 하나님의 진리를 따라 살 때에 진정한 사랑과 정의와 평화가 있다고 노래한다. 이것은 인간의 삶에 참된 평화가 있기 위해서는 진리를 따라 살아야 한다는 것을 깨우쳐 준다.

… 주님께서는,
주님의 백성 주님의 성도들이
망령된 데로 돌아가지 않는다면,
진정으로 평화를 주실 것입니다.
참으로 주님의 구원은
주님을 경외하는 사람에게
가까이 있으니,
주님의 영광이
우리 땅에 깃들 것입니다.

사랑과 진실이 만나고,
정의는 평화와 서로 입을 맞춘다.
진실이 땅에서 돋아나고,
정의는 하늘에서 굽어본다.
주님께서는 좋은 것을 내려 주시니,
우리의 땅은 열매를 맺는다.
정의가 주님 앞에 가며,
주님께서 가실 길을 닦을 것이다.(시편 85:8-13)

3. 지혜자의 깨달음

어느 문화나 사회에서건 우주적 진리를 찾고자 하는 인간의 노력은 끝임 없이 진행되었다. 인간의 경험과 사색 그리고 다른 사람들과 토론을 통하여 얻어지는 지혜는 인생을 행복하고 성공적으로 사는 데 도움을 주었다. 고대 이스라엘사회에서도 지혜로운 삶을 추구했던 지혜자들은 이 우주에 숨겨져 있는 진리를 찾고, 그것이 하나님과 어떻게 연관되어 있는지를 알고자 했다. 그들이 발견한 삶의 원리는 크게 두 가지로 요약될 수 있다.

첫째는, 인과응보의 법칙이다. 하나님은 정의롭고 부지런하며 성실하게 사는 사람들에는 복을 주시지만, 그렇지 않은 사람들에게는 벌을 내리신다는 것이다. 이것은 인간이 도덕적, 윤리적으로 바른 삶을 추구해야 성공적인 삶에 도달할 수 있다는 것을 가르쳐준다.

둘째는, 이러한 인과응보의 법칙에 대한 회의론이다. 이것은 복을 받아야 할 의인이 고통을 받고 벌을 받아야 할 악인이 잘 사는 사회적인 현실을 보면서 나온 것이다. 그러나 이러한 회의론에도 불구하고, 지혜자들은 인과응보의 법칙을 포기하라고 권고하지 않는다. 오히려 하나님의 정의의 영역에는 인간이 깨달을 수 없는 비밀이 있다고 한다. 따라서 인간은 하나님 앞에서 삶을 더욱 진지하고 겸손하게 살아야 한다고 가르친다. 이제 지혜자들이 남긴 지혜문학의 내용을 살펴보자.

3 1. 우주의 질서란 무엇인가?

지혜자들은 하나님이 우주를 창조할 때 정해 놓은 창조질서 혹은 우주의 질서가 있다고 생각했다. 그리하여 낮과 밤, 계절의 변화, 탄생과 죽음 등이 끝임 없이 이어진다고 보았다. 그들은 이러한 창조질서가 자연계뿐만 아니라 인간의 일상적인 삶에서도 발견될 수 있다고 생각했다. 그리고 이 질서에 순응하면서 살 때에 인간에게는 행복과 성공이 있다고 가르쳤다. 잠언서는 그 내용을 격언, 속담, 경구 등의 형태로 담고 있다.

〈의인과 악인〉

정의에 굳게 서는 사람은 생명에 이르지만,
악을 따르는 사람은 죽음에 이른다.(11:19)

〈부지런한 자와 게으른 자〉

부지런한 사람의 손은 남을 다스리지만,
게으른 사람은 남의 부림을 받는다.(12:24)

가난하지 않으려면 잠을 좋아하지 말고,
먹거리를 풍족히 얻으려면 깨어 있어라.(20:13)

〈부모와 자녀〉

의인의 아버지는 크게 기뻐할 것이며,
지혜로운 자식을 둔 아버지는 크게 즐거워할 것이다.
너의 어버이를 즐겁게 하라.
특히 너를 낳은 어머니를 기쁘게 하여라.(23:24-25)

〈친구와 혈육〉

사랑이 언제나 끊어지지 않는 것이 친구이고,
고난을 함께 나누도록 태어난 것이 혈육이다.(17:17)

〈언어생활〉

비뚤어진 말을 하는 사람은 다툼을 일으키고,
중상하는 사람은 친한 벗을 이간시킨다.(16:28)

〈선행〉

남에게 베풀기를 좋아하는 사람이 부유해 지고,

남에게 마실 물을 주면 자신도 갈증을 면한다.(11:25)

〈보증〉
모르는 사람의 보증을 서면 고통을 당하지만,
보증서기를 거절하면 안전하다.(11:15)

〈부부관계〉
남의 아내와 간음하는 사람은 생각이 모자라는 사람이다.
자기 영혼을 마치려는 사람만이 그런 일을 한다.(6:32)

〈음녀와 순결〉
음행하는 여자의 입술에서는 꿀이 떨어지고,
그 말은 기름보다 매끄럽지만,
그것이 나중에는 쑥처럼 쓰고
두 날을 가진 칼처럼 날카롭다.(5:3-4)

3-2. 고통이란 무엇인가?

인간은 왜 고통을 당하는가? 이 문제는 동서고금을 막론하고 끊임없이 제기되는 질문이다. 일반문학에서도 고통의 문제는 중요한 주제이며 작가들은 그 원인이 무엇인가에 대해서 씨름하고 있다. 성서에서 고통의 문제를 직접 다루는 책은 욥기서인데, 성서문학의 정수로 여겨진다.

욥기에 의하면, 주인공 욥은 의롭고 행복한 인생을 보내고 있었다. 그에게는 부와 명예 그리고 좋은 아내와 자녀들이 있었으며, 하나님도 그를 의인이라고 칭할 만큼 바르게 사는 사람이었다. 그러던 그에게 재난이 닥쳐왔다. 하루아침에 재산을 빼앗기고, 자녀들과 아내도 잃었으며, 자신의 건강마저도 위태롭게 되었다. 그의 처참한 모습은 그를 위로하려고 찾아온 친구들의 입을 막을 정도였다. 시간이 흐르고 욥과 친구들의 대화가 시작되자, 그들은 왜 욥이 고통을 당하는가에 대해서 토론을 했다.

친구들은 욥이 하나님께 조금이라도 잘못이 있기 때문에 그 죄값으로 이러한 고통을 받는 것이라고 주장하면서 욥에게 철저한 회개를 촉구했다. 그러나 욥은 자신의 과거를 되돌아 볼 때, 이러한 고통을 죄값으로 받기에는 너무나 큰 재앙이라고 반박했다. 이 대화를 통해서 욥은 자신이 고통을 당하는 이유를 찾지 못했다. 그러나 그가 폭풍우 속에서 하나님을 체험하면서, 인간이 우주의 신비와 하나님의 비밀을 다 알기에는 얼마나 제한적인 존재인지를 깨달았다. 그리고 이 체험을 통하여 욥은 고통의 원인에 대한 구체적인 해답이 없어도 다시금 하나님께 머리를 숙일 수 있었다.

3-3. 인생이란 무엇인가?

인간은 어디에서 와서 어디로 가는가? 인간이 추구하는 지혜나 지식은 정말로 인간에게 행복을 보장해 주는가? 의인이나 악인, 부자나 가난한 자, 왕과 종도 결국에는 모두 죽는데 그들이 추구한 것의 의미는 무엇인가? 왜 어떤 사람은 부자로 태어나고 어떤 사람은 노예로 태어나는가? 우리 인생은 대답하기 어려운 수많은 질문들이 내포되어 있다. 그리하여 인생의 의미를 논할 때, 사람들은 쾌락주의자나 회의주의자 혹은 염세주의자가 되기 쉽다. 인생은 짧고 뜻한 바대로 되지 않기 때문에 주어진 세월동안 즐거움을 추구하는 것이 현명하다고 생각하는 사람들은 쾌락주의자가 되고, 너무

짧은 인생이 그저 허무하다고 생각하는 사람들은 회의주의자나 염세주의자가 될 수 있다.

인생의 의미를 논하는 전도서는 인간의 삶이란 "헛되다"고 한다. 여기에서 "헛되다"는 말은 "쓸모없다" 거나 "허망하다" 거나 "허무하다"는 것이 아니다. 오히려, 인생이란 "순간적인 것이다"는 말이다. 인생이란 "잡으려 해도 실체가 없어서 마치 바람을 잡으려는 것과 같다"는 뜻이다. 인간이 보내는 시간, 즉 인생이란 순식간에, 그리고 눈 깜작할 사이에 지나가기 때문에, 마치 바람을 잡으려는 것과 같이 실체가 없다는 것이다.

인생은 실체가 없다는 말은 인생은 물질적인 것이 아니요, 눈으로 볼 수 있는 것이 아니라는 말이다. 따라서 우리의 인생을 눈으로 보면서 어떤 실체가 있는 것처럼 평가하거나 어떤 물건을 보고 값을 매기며 평가하듯이, 인생에 값을 매기려 하고 인생을 평가하지 말라는 것이다. 마치 물질적이 아닌 사랑을 돈으로 환산할 수 없는 것처럼, 우리 인생도 돈이나 물질적인 기준에 의해서 평가하거나 환산할 수 없다는 것이다. 그러므로 전도서는 주어진 삶에 충실하라고 권고한다. 왜냐하면 우리 인생을 판단할 분은 오직 하나님 한 분이시기 때문이다. 그리고 그분이 있기 때문에 인생에 의미가 있다고 가르친다.

연구 및 토의 주제

1. 잠언의 내용이 우리 생활에 어떻게 적용되는지 몇 가지 주제(우정, 언어생활, 보증, 게으름, 선행 등)를 정하여 살펴보자.
2. 두 그룹으로 나누어 한편에서는 쾌락주의자를 변호하고 다른 한편에서는 염세주의자를 변호하면서 상대편을 반박해 보자.
3. 고통의 문제를 다루는 소설이나 영화를 하나 정하여 토론하면서 그 작품들에 나타난 고통의 원인이 무엇인지 찾아보자.

참고문헌

1. 윌리엄 S. 라솔 외/박철현 역, 「구약개관」 서울 : 크리스챤 다이제스트, 1997
2. 이날, 선사무엘, 「성서 문학의 세계」 대전 : 한남대학교 출판부, 2005

제3부

신약성서와 현대인의 삶

I 신약성서와 현대인의 삶

예수의 등장

1. 신약성서 구성

구약성서에 이어 신약성서를 공부하기로 한다. 신약성서New Testament는 AD 1세기 중반에서 2세기 중반에 걸쳐50-150년 약 100년 동안 기록되었다. 하나님과 이스라엘 민족 역사이야기를 다룬 구약성서와는 달리, 신약성서는 하나님의 아들 예수의 탄생을 시작으로 하여, 예수의 생애, 그리고 예수의 제자들이 세워나가는 교회의 이야기를 담고 있다.

신약성서는 총 27권으로 구성되어 있다. 하지만 장르에 따라 다음과 같이 4개의 부분으로 분류할 수 있겠다.

- 복음서 : 마태복음, 마가복음, 누가복음, 요한복음
- 역사서 : 사도행전
- 서신서 : 로마서, 고린도전후서, 갈라디아서, 에베소서, 빌립보서, 골로새서, 데살로니가전후서, 디모데전후서, 디도서, 빌레몬서, 히브리서, 야고보서, 베드로전후서, 요한 1, 2, 3서, 유다서
- 묵시서 : 요한계시록

이와 같이 신약성서는 다양한 책으로 구성되어 있지만, 이러한 27권을 관통하는 중심 인물은 바로 예수Jesus이다. 신약성서 전체는 예수 그리스도의 생애와 교훈에 근거하고 있으며, 예수에 대한 믿음을 가진 사람들이 일구어내는 놀라운 사역들을 기록하고 있기 때문이다. 그러므로 신약성서를 온전히 이해하기 위해서는 먼저 예수가 어떤 존재인지를 아는 것이 필요하다.

신약성서 전체 27권 중 예수의 이야기를 직접적으로 서술하고 있는 부분은 신약성서 처음에 등장하는 4개의 복음서이다. 4복음서 모두 동일한 예수의 이야기를 다루고 있다. 하지만 4명의 저자(마태, 마가, 누가, 요한)들은 각자 자신만의 신학적 관점을 토대로 예수의 모습을 조금씩 색다르게 표현하고 있다. 네 개의 복음서를 각각 하나씩 읽어가는 것은 예수의 모습을 조금 더 포괄적으로 그리고 입체적으로 이해할 수 있는 좋은 방법이 된다. 복음서가 표현하고 있는 예수를 충분히 이해하기 위해서는 먼저 당시의 시대적 상황에 대해서 이해할 필요가 있다.

2. 예수 탄생 당시 상황

우리 모두는 성탄절(12월 25일)을 예수가 태어난 날로 알고 있다. 예수 탄생을 기념하는 성탄절은 지금 우리에게 있어서 매우 낭만적이고 행복한 시즌이 되곤 한다.

하지만 성서가 이야기하는 예수 탄생 당시의 상황은 매우 혼란스럽고 암울했다. 예수가 태어날 당시 유대땅은 종교적, 정치적, 사회적으로 복잡한 상황이었다. 정치적으로는 로마의 압제를 받으며, 종교적으로는 다양한 유대교 종파들의 헤게모니 쟁탈전이 벌어지고, 경제적으로는 세금 수탈로 인하여 곤궁한 상태가 지속되었다.

외세의 침략과 더불어 정치 혼란으로 인해 민생은 너무나도 어려웠다. 하층민들에게 있어서는 의식주조차도 해결이 안 되는 어려운 상황이 지속되었다. 사람들은 너무 힘들었고, 누군가가 나타나서 구원해 주기를 기다리게 되었다. 아무런 희망도 이 땅 위에서는 찾을 수 없다고 생각하며 하나님나라 도래를 바라고 있었으며, 자신들을 구원해 줄 메시아를 간절히 기다리고 있었다. 이때 하나님은 그분의 아들 예수를 이 땅에 보내게 된다.

3. 예수의 탄생

예수는 분명 "하나님의 아들"이다(마가복음 1:1). 하지만 이 땅에 탄생하는 순간 인간의 모습으로 태어난다. 여느 젊은 부부의 아들이 태어나듯 만삭이 된 한 여인을 통해 예수는 어린 아기의 모습으로, 지극히 평범한 인간의 모습으로 태어난다. 외모만 봐서는 도저히 신(神)이라고 눈치 채기 어려울 정도의 평범한 인간의 모습으로 태어나게 되는 것이다. 이처럼 세상을 창조하신 하나님의 아들이 1세기 팔레스틴 지역에 거주하는 일반적인 유대인의 외양을 갖춘 남자의 모습으로 세상에 등장하는 것이다. 바로 이것이 우리가 알고 있는 성탄의 신비로움이다. 특히 주목할 점은 예수는 마리아라는 처녀의 몸을 통해서 태어나게 된다는 것이다. 그래서 우리는 예수의 탄생을 동정녀(童貞女)로 인한 탄생이라고 말하곤 한다.

예수의 탄생이야기는 신약성서 중 두 곳(마태복음과 누가복음)에 기록되어 있다. 이 본문들에서 예수를 맞이한 두 부류의 사람이 등장한다.

첫째, 동방박사들이다. 그들은 가장 귀한 3가지 선물(황금, 유향, 몰약)을 들고 아기 예수를 찾아온다. 그리고 유대인의 왕으로 태어난 예수를 경배한다. 이것은 예수가 왕 같은 메시아a kingly Messiah로 오셨다는 것을 암시한다.

둘째, 목자들이다. 누가복음에는 목자들이 밤에 양을 지키고 있을 때 천사들이 예수의 탄생을 그들에게 알림으로써 예수가 말구유에서 태어난 것을 보게 된다는 내용이 나온다. 이것은 예수가 소외된 사람들에게 겸비(謙卑)한 모습으로 오셨다는 것을 말해준다. 목자들은 당시 유대사회에서 가장 낮은 계층에 속하는 사람들이었다. 예수는 유대인의 왕으로서 최고의 경배를 받아야 마땅한 존재이지만, 그분이 이 세상에 오신 진정한 이유는 가장 낮은 자까지도 품기 위함이라는 것이다. 예수는 힘있는 특권 계층, 특정 민족을 위한 존재가 아닌, 모든 부류의 사람들 더 나아가 온 인류를 위한 메시아로 탄생하셨다는 것이다.

예수의 탄생은 새로운 세상의 도래를 알린다. 예수 탄생 직전 예수의 어머니 마리아는 이런 노래를 한다 : "제왕들을 왕좌에서 끌어내리시고 비천한 사람을 높이셨습니다."(누가복음 1:52) 마리아의 노래는 예수의 탄생이 기존 세상에 지각변동을 일으킬 것임을 암시한다. 실제로 예수는 당시의 수도 예루살렘이 아닌 변방 나사렛에서 유년시절을 보내게 된다. 그리고 수도 예루살렘에서 멀리 떨어진 갈릴리에서 활동을 시작한다. 이처럼 변방이 중심이 되는 세상이 열리는 것이다. 낮은 자가 높아지고 높은 자가 낮아지는, 그리고 변방이 거대한 역사의 중심이 되는 새로운 세상의 질서가 시작되는 것이다.

4. 예수의 사역

4-1. 세례

예수가 하나님의 아들로서 공적으로 사역을 감당한 것을 공생애 public ministry라고 부른다. 예수가 본격적으로 사역을 시작한 나이는 30세로 추정된다.

예수께서는 이 사역을 시작하기 전에 세례와 시험을 받았다. 특별히 예수의 세례는 매우 중요한 의미를 담고 있다. 예수는 요한에게 세례를 받음으로써 공생애를 시작할 준비를 갖추게 된다. 예수의 세례에 관해 마가는 다음과 같이 기록하고 있다.

> 그 무렵에 예수께서 갈릴리 나사렛에서 오셔서, 요단강에서 요한에게 세례를 받으셨다. 예수께서 물속에서 막 올라오시는데, 하늘이 갈라지고, 성령이 비둘기 같이 자기에게 내려오는 것을 보셨다. 그리고 하늘로부터 소리가 났다. 너는 내 사랑하는 아들이다. 내가 너를 좋아한다.(마가복음 1:9-11)

세례를 통하여 예수는 하나님의 아들로서 확증되고, 본격적으로 자신의 사역을 시작하게 된다.

4-2. 제자들

예수는 자신의 본격적인 사역을 위해 제자를 부른다. 성경은 그 제자가 총 12명이었다고 한다: 베드로, 안드레, 야고보, 요한, 빌립, 바돌로매, 도마, 마태, 야고보(알패오의 아들), 시몬, 다대오,

가룟유다(마태복음 10:2-4). 예수는 그들과 함께 다니며 여러 사역을 하였었고, 또한 그들에게 다양한 능력을 부여해서 수많은 이적(축귀, 치유)을 행하게 하였다. 물론 그들도 인간으로서 부족한 면모를 많이 가지고 있었던 사람들이었다. 하지만 예수의 제자들은 예수의 사역기간 동안 그림자처럼 동행하면서 예수의 일을 돕고, 또 예수에게서 배운 진리들을 훗날 다른 사람들에게 전파하는 역할까지도 감당하는 중요 인물들로서 자리매김한다.

4-3. 치유

예수는 본격적으로 갈릴리에서 그분의 사역을 시작하신다. 그런데 그 사역 중 가장 눈에 띄는 점은 예수께서 많은 병자를 치유했다는 것이다. 복음서를 읽다 보면 흡사 예수가 의사로 여겨질 정도로 많은 병자를 치유하는 사건이 일어난다. 마가복음은 첫 장부터 예수의 병자 치유를 중요한 기사로 다룰 정도이다. 그렇다면 예수 당시 왜 그렇게 많은 병자들이 있었을까? 일단 당시 열악한 사회복지와 의료환경이 수많은 병자들을 양산해냈음을 주목해야 한다. 그런 상황에서 예수가 병을 고친다는 소문이 여러 곳에 퍼지면서 수많은 사람들이 병고침을 위해 예수께서 거하시는 곳에 문전성시를 이루게 되었다고 성경은 기록한다.

> 해가 져서 날이 저물 때에, 사람들이 모든 병자와 귀신 들린 사람을 예수께로 데리고 왔다. 그리고 온 동네 사람이 문 앞에 모여들었다.(마가복음 1:32-33)

병자들의 삶은 늘 고단했다. 특히 병자를 단순한 육신적 질병으로 보는 것이 아닌, 개인 또는 그 가족이 지은 죄로 인해 받는 징벌적 고통으로 보는 율법주의적 사고는 그들을 더욱 힘들게 만들었다. 이와 같은 시선들은 육신의 질병으로 고통받는 자들에게 정신적 고통까지 가중시키고야 말았다. 이런 자들을 향해 예수는 찾아간다. 예수가 행한 다양한 질병 치유 사건들이 있는데, 그 중 두 이야기를 살펴보자.

첫째, 나병환자 이야기이다. 본문은 이와 같이 기록한다.

> 나병 환자 한 사람이 예수께로 와서, 그 앞에 무릎을 꿇고 간청하였다. '선생님께서 하고자 하시면, 나를 깨끗하게 해주실 수 있습니다.' 예수께서 그를 불쌍히 여기시고, 손을 내밀어 그에게 대시고 말씀하셨다. '그렇게 해주마. 깨끗하게 되어라.' 곧 나병이 그에게서 떠나고, 그는 깨끗하게 되었다.(마가복음 1:40-42)

사실 이 이야기는 매우 놀라운 이야기이다. 당시 나병은 가장 비참한 병으로 인식되고 있었고 나병환자는 가장 경멸받는 존재였다. 옛날부터 이 병에 걸린 환자는 큰 죄를 지어 하나님으로부터 징벌을 받은 것이라 여겨졌다. 구약의 레위기 법전에 의하면 나병환자는 마을 안에서 살지 못했을 뿐만 아니라, 사람들과 마주치더라도 늘 거리를 유지해야 했다. 그래서 다른 사람들이 자신에게 접근하지 못하도록 스스로 알려야 하는 존재였다. 이 질병은 일상적인 사회생활을 할 수 없게 만드는 치명적인 병이었다. 다시 말해 인간으로서의 존엄성을 상실한, 불량품과 같은 존재로 하루하루 연명하며 살게끔 만드는 무서운 병이었다. 그런데 예수께서는 손을 내밀어 그 병자를 만져준다. 그리고 그 환자를 하나의 고귀한 생명체로, 소중한 존재로 인정한다. 이 사건은 단순히 병자를 치유하는 차원을 벗어나 한 인간을 '진정한 인간'으로 여기는 예수의 따스함을 엿보게 하는 사건이다.

둘째, 맹인 치유 사건이다. 예수께서 고친 병자 중에는 상당수의 맹인들이 있었다. 한 사람이 시력장애로 맹인이 되었다는 것 역시도 징벌적인 결과로 생각하는 경향이 있었다. 가령 실로암 맹인(요한복음 9:1-12)의 경우, 제자들이 "이 사람이 눈먼 사람으로 태어난 것이 누구의 죄 때문인가?"라고 물을 정도였다. 즉 자신의 죄 때문이든 부모의 죄 때문이든, 분명한 것은 죄에 대한 벌로서 눈이 멀게 되었다고 생각하고 있었다는 것이다. 세상을 육안으로 볼 수 없다는 것도 서러운 일인데 이런 취급까지 받아야 했으니 얼마나 힘들었겠는가? 그런데 놀라운 것은 그런 자들을 향해서 예수께서는 위로를 전한다. 그리고 맹인의 눈에 손을 대고 그 눈을 고쳐준다(마가복음 8:22-26 참고). 눈이 열린 사람들은 그때부터 예수를 따르게 된다(마가복음 10:52). 놀라운 일이 벌어지게 되는 셈이다.

나병환자, 맹인뿐만 아니라 성경은 수많은 종류의 병자들이 예수로 인해 나음을 얻게 되었음을 설명한다. 예수는 병고침을 통하여 육신의 건강회복 및 마음과 정신까지도 회복시켰다. 예수는 단순한 질병 치료자로 한정되어서는 안 된다. 예수의 치유행위는 일반 외과의사들이 하던 치료와는 본질적으로 다른 영역의 일이었기 때문이다. 예수는 병자들을 고치면서 그들의 아픈 마음을 어루만졌고, 그들에게 위로를 전했고, 희망을 전했으며, 더 나아가 죄사함과 더불어 하나님나라를 선포하면서 새로운 희망의 메시지를 전했다.

4-4. 이적

예수는 이 땅에서 사역하는 동안 수많은 기적들을 행하였다. 치유와 더불이 예수가 행한 기적들도 단순한 초자연적인 현상으로 국한시켜서는 안 된다. 그 기적들은 단순히 예수의 신적 권위를 기반으로 초월적인 힘을 과시하는 사건들이 아니라, 그 자체로 하나의 메시지를 담고 있는 사건들이었다. 복음서에 나오는 수많은 이적들 중 우리는 두 가지를 살펴보기로 한다.

첫째, 오병이어 사건은 4복음서에 공통적으로 들어있을 정도로 유명한 사건이다. 떡 5개와 물고기 2마리로 남자 어른만 5천 명을 먹인 사건이다. 여자 및 아이들까지도 포함한다면 그 숫자는 1만 명을 훌쩍 뛰어넘는 거대한 숫자가 된다. 수많은 사람들이 그 음식을 먹기 위해 왔다는 것은, 그만큼 당시 일반 서민들의 삶이 어려웠다는 반증이기도 하다. 하루 세 끼 해결 자체가 곤란한 사람들이 많았다는 것이다.

하지만 예수께서 그들에게 식사문제를 해결해 주었다는 것은, 단순한 노상 무료급식 차원 그 이상의 의미를 내포하고 있다. 예수께서는 삶의 고단함 속에 놓여있는 수많은 백성들의 필요를 채워주고 그들의 지친 삶을 달래준다. 예수는 사람들의 갈급함과 필요를 채워주는 분이다. 그리고 한걸음 더 나아가 예수 자신이 생명의 떡이 되어서 그들에게 영원한 생명을 허락하시는 구주이심을 이 사건을 통해서 선포한다. 예수는 스스로를 다음과 같이 설명한다 : “나는 하늘에서 내려온 살아 있는 빵이다. 이 빵을 먹는 사람은 누구나 영원히 살 것이다. 내가 줄 빵은 나의 살이다. 그것은 세상에 생명을 준다.”(요한복음 6:51)

둘째, 예수가 행한 기적 중 또 하나 눈여겨볼 사건은 죽은 사람을 살린 사건이다. 나사로라는 사람이 죽어서 무덤 속에 있었다. 그런데 이때 예수는 나사로를 살린다. 이는 단순한 생명연장 차원이 아니다. 예수는 죽은 사람을 살림으로써 당신이 이제 곧 부활이요 생명의 주가 될 것임을 선포한다 : "나는 부활이요 생명이니, 나를 믿는 사람은 죽어도 살고, 살아서 나를 믿는 사람은 영원히 죽지 아니할 것이다. 네가 이것을 믿느냐?"(요한복음 11:25-26) 그리고 그 선포를 들은 마르다는 다음과 같이 고백한다 "예, 주님! 주님은 세상에 오실 그리스도이시며, 하나님의 아들이심을, 내가 믿습니다."(요한복음 11:27)

죽은 사람을 살렸다는 것은 기적 그 이상의 높은 차원의 메시지를 내포하고 있다. 물론 모든 인간은 나사로처럼 언젠가 죽음을 맞이하게 될 것이다. 하지만 나사로처럼 예수를 믿는 자는 언젠가 부활하게 될 것임을 선포하는 것이다. 예수께서 바로 그 부활의 주인이 될 것임을 이야기 속에서 증언하고 있기 때문이며, 그것을 믿는 자 역시도 부활의 경이로움을 훗날 경험하게 된다는 것이다.

이와 같이 예수의 기적 이야기는 단순한 초자연적 사건 그 이상의 거대한 메시지를 담고 있는 사건들이다. 예수는 이와 같은 이적을 통해서 그 자신이 누구인지를 그리고 우리가 어떤 삶을 살아야 할 것인지를 가르쳐 주고 있다.

5. 예수는 누구인가?

예수는 수많은 이적, 치유 사건을 행하셨다. 하지만 이와 같은 사역을 통해 예수 본인이 누구인지 그 정체를 분명하게 드러내지는 않는다. 외모상 일반 유대인과 다를 바 없는 예수를 목격한 사람 중, 예수가 어떠한 존재인지 그 진정한 정체성을 눈치 챈 사람은 많지 않았다. 하지만 이때 베드로가 용감하게 고백한다. “살아 계신 하나님의 아들 그리스도십니다”(마태복음 16:16) 베드로의 이 답변에 예수는 칭찬을 하며, 이러한 고백을 토대로 새로운 예수운동공동체(교회)가 세워져야 할 것임을 선포한다.

베드로의 고백은 예수의 중요한 정체성 두 가지를 드러낸다. 먼저, 예수는 하나님의 아들이다. 이는 복음서에서 일관되게 강조되는 표현이다. 하나님의 아들로서 이 땅에 인간의 모습을 입고 오셔서 하나님나라를 선포하는 분이다.

두 번째로, 예수는 그리스도이다. 그리스도(히브리어로 메시아)라는 칭호는 “기름 부음을 받은 자”를 의미한다. 당시 수많은 사람들이 그리스도(메시아)를 고대했었고, 그런 사람들의 기대심리를 역이용해서 자칭 그리스도(메시아)임을 자처하는 거짓선동가들이 있을 정도였다. 하지만 예수는 진정한 그리스도가 되어 세상을 구원하고 하나님나라를 이 땅 가운데 세워나가는 역할을 감당하게 될 것이다. 하나님의 아들 그리스도 예수는 이처럼 다양한 행적을 통해 스스로를 증거한다.

연구 및 토의 주제

1. 예수 탄생 당시 상황과 지금 이 시대의 상황을 비교해 보자. 과연 예수가 지금 한국사회에 오신다면 어떤 곳을 먼저 찾아가실까?

2. 예수의 기적 이야기가 현대사회에 주는 의미는 무엇이라고 생각하는가?

참고문헌

이달 공역. 『새로운 신약성서개론』 서울 : 대한기독교서회, 2004

II 신약성서와 현대인의 삶

예수의 가르침 그리고 죽음

1. 가르침

예수는 사람들을 대상으로 끊임없이 가르치고 교훈을 주었다. 예수의 가르침의 내용은 매우 방대해서 우리가 다 다룰 수는 없겠지만, 주요한 핵심적인 가르침을 본장에서 요약적으로 다루기로 한다.

1-1. 회개와 용서

마가복음은 예수가 세상을 향해 처음으로 선포한 메시지를 다음과 같이 서술하다 : "때가 찼다. 하나님나라가 가까이 왔다. 회개하여라. 복음을 믿어라"(마가복음 1:15) 왜 예수는 사람들을 향해 처음부터 회개를 강조했었을까? 회개는 잘못을 뉘우치고 새로운 삶의 방향을 정한다는 의미를 가지고 있다. 이것은 모든 인간은 하나님을 떠나 있으며 자유의지를 잘못 사용하여 죄를 짓고 있다는 것을 전제하고 있다. 실제 당시 유대인들이 예수에게서 '회개'에 대한 꾸짖음을 들을 만큼 잘못된 삶을 살고 있었던 것도 사실이다. 하지만 중요한 것은 회개할 때 하나님은 언제나 용서와 사랑을 베풀 준비가 되어 있다는 점이다. 예수는 회개를 선포했지만, 그 요구는 단순한 질책성이 아니었다. 오히려 회개를 통해 하나님께로 돌아와

서 새롭게 변화된 삶을 살기를 요청하는 선한 의도였다. 그리고 회개하고 돌아오는 자에게 하나님은 그들을 용서하시고 한없는 사랑으로 그들을 품어주신다.

회개하는 자를 용서하시는 하나님의 사랑을 보여주는 대표적인 예를 탕자의 비유(누가복음 15:11-24)에서 발견할 수 있다. 탕자의 비유는 아버지에게 유산을 미리 받아 타지로 떠나 허랑방탕한 삶을 산 둘째 아들에 관한 이야기다. 그는 가진 모든 것을 탕진하고 의지할 데 없는 몸이 되어서야 제정신이 들어 아버지에게로 돌아올 결심을 하였다. 그러나 아버지가 그를 용서하고 받아줄 것이라고 생각하지 못한 채 다음과 같은 독백을 하였다 : "나는 더 이상 아버지의 아들이라고 불릴 자격이 없으니, 나를 품꾼의 하나로 삼아 주십시오"(누가복음 15:19) 그러나 아버지는 아들을 이미 용서하였고 언제나 아들을 기다리고 있었다. 그래서 아버지는 아들이 돌아오는 것을 멀리서 보고 "측은히 여겨서, 달려가 그의 목을 껴안고 입을 맞추었다"(누가복음 15:20)고 한다. 아버지는 그의 용서와 사랑을 확실하게 보여주고자 종들에게 "가장 좋은 옷을 꺼내서 그에게 입히고, 손에 반지를 끼우고, 발에 신을 신겨라. 그리고 살찐 송아지를 끌어내다가 잡아라. 우리가 먹고 즐기자. 나의 이 아들은 죽었다가 살아났고, 내가 잃었다가 되찾았다"(누가복음 15:22-24)고 말하면서 잔치를 벌였다.

이 비유에서 아버지는 하나님을 가리킨다. 탕자는 자신의 잘못을 깨닫고 뉘우치는 모든 인간에 해당된다. 탕자의 비유에서 보는 것처럼, 회개는 자신에게 아무런 희망도 없다는 것을 깨닫고 하나님을 향한 새로운 삶의 방식을 선택하는 행위를 말한다. 그리고 이렇게 회개하는 모든 사람에게 하나님은 항상 용서와 사랑을 베풀어 주신다.

그러므로 예수의 용서에 대한 가르침은 우리에게도 그대로 적용된다. 우리는 과연 누군가를 용서하는 삶을 살고 있는가? 이와 관련 용서에 대한 예수의 또 다른 가르침을 눈여겨볼 필요가 있다. 용서할 줄 모르는 종의 비유(마태복음 18:21-35)를 예로 들 수 있다. 이 비유는 베드로가 일곱 번 정도 형제를 용서하면 충분한가라는 질문에 대해 예수께서 일흔 번씩 일곱 번이라도 용서해야 한다고 하는 대답을 배경으로 등장하고 있다. 비유의 줄거리는 다음과 같다 : "어떤 왕에게 만 달란트 빚진 종이 있었다. 왕이 빚을 갚을 것을 준엄하게 명령하자, 그 종은 갚을 때까지 참아줄 것을 애원하였다. 갚을 수 없는 빚인 것을 아는 왕은 그 종을 불쌍하게 여겨서 빚을 없애주었다. 그런데, 그 종이 자기에게 백 데나리온 빚진 동료를 만나서는 그가 간청함에도 불구하고 무자비하게 감옥에 집어넣었다. 이 소식을 들은 왕은 그 종을 불러 만 달란트의 빚을 갚도록 판결하였다." 이 비유에서 만 달란트를 빚진 종은 바로 하나님 앞에 선 모든 인간을 의미한다. 그런데 우리 인간들은 자기 동료 인간이 지은 사소한 잘못도 용서하지 못하는 현실을 고발한다. 이 비유는 도저히 용서받을 수 없는 죄를 지은 우리는 하나님의 무조건적인 용서를 통해 새로운 삶을 허락받았으므로, 동료 인간에 대한 용서를 실천하는 것이 마땅하다는 것을 말하고 있다.

우리는 이 비유 마지막에서 예수께서 하신 말씀처럼, "진심으로 형제자매를 용서해 주지 않으면 하나님께서도 우리를 용서하지 않으실 것이다"라는 교훈을 깨닫고 실천하는 사람들이 되어야 할 것이다.

1-2. 사랑

예수 가르침의 핵심 중 하나가 바로 사랑이다. 어느 날 한 율법교사가 예수께 모든 계명 가운데서 가장 으뜸되는 것이 무엇이냐고 물은 적이 있었다. 예수는 이 질문에 대해 하나님을 사랑하고 이웃을 사랑하는 것이라고 요약하였다(마가복음 12:29-31). 예수가 가르친 사랑의 대상은 바로 '하나님' 그리고 '이웃'이다.

예수의 삶과 가르침은 하나님의 사랑을 가르치고, 그 사랑을 삶으로 보여주고, 그리고 전하는 것에 집중되었다. 사실 당시 예수의 말씀을 듣던 주요 청중 유대인들은 나름 하나님을 사랑하고 있다며 자부했던 사람들이었다. 하지만 문제는 유대인들이 '자신들의 이웃을 진정으로 사랑하는가?'였다. 물론 유대인 자신들은 이웃도 사랑한다고 생각했을런지도 모른다. 하지만 그들이 생각했던 '이웃'은 매우 제한적이었다. 그들이 생각하는 '이웃'에 이방인(非유대인)들은 제외되었고, 유대인 중에서도 율법을 지키지 못하는 죄인들, 병자들, 그리고 사회적으로 소외된 자들 역시도 제외되었다. 예수는 그런 제한적 이웃개념을 반박한다. 그리고 보편적인 이웃사랑을 강조한다.

예수의 이웃사랑에 대한 가르침을 가장 잘 보여주는 가르침은 선한 사마리아인 비유(누가복음 10:29-37)이다. 한 율법교사가 계명을 잘 지킨 것을 뽐내고자 "내 이웃이 누구입니까?"라고 질문하였다. 예수는 이에 대해 선한 사마리아인을 내세워 대답하고 있다. 한 유대인이 예루살렘에서 여리고로 내려가다가 강도를 만났는데, 그를 도와줄 위치에 있던 제사장과 레위 사람이 그를 피해 지나갔다. 그러나 유대인과 적대관계에 있던 한 사마리아 사람이 강도를 당한 사람을 극진히 보살펴 주었다. 예수는 이 비유를 통해 누가 우리의 이웃인가보다는 내가 누군가의 이웃이 되어 주는 삶을 사는 것이 중요하다는 윤리적 교훈을 보여주었다. 그리고 그런 이웃을 사랑할 수 있는 자가 되어야 함을 강조한다. 하나님을 사랑하는 것만큼 이웃을 사랑해야 한다는 것이다. 특히 그 이웃의 상황이나 처지에 상관없이 사랑해야 한다. 바로 이때 하나님에 대한 사랑의 진정성이 확증되는 것이다.

1-3. 보편성

예수가 강조했던 이웃사랑은 인종적 차별을 극복하는 주제로 이어진다. 당시 유대인들은 자신들이 하나님으로부터 특별하게 선택된 백성이라는 의식, 즉 선민의식(選民意識)이 강하였다. 선민의식이 주는 적절한 책임감과 긴장감을 고려할 때, 선민의식은 그 자체로서 충분히 가치가 있는 것이겠지만, 선민의식이 초래한 과도한 자민족 우월주의는 非유대인 즉, 이방인(異邦人)에 대한 무시와 멸시로 이어지게 되었다는 점을 간과해서는 안된다.

그런 상황 가운데에서 예수는 이방인에게까지도 하나님의 은혜가 임하게 될 것임을 선포한다. 예수의 탄생은 그 자체로 모든 이방사람들에게까지도 비춰지는 복된 소식이었다(누가복음 2:32). 사실 구원의 기쁜 소식은 유대인만 독점하는 것이 아니라 이방인을 포함한 모든 사람들이 공유해야 할 보편적인 은혜의 선물이기 때문이다. 실제로 예수는 유대지역뿐만 아니라 이방지역으로도 다니면서 하나님나라를 선포한다. 그리고 이방인 역시도 그런 예수에게 자신들의 믿음을 고백한다. 가령 예수가 십자가에 달려 죽을 때, 예수를 하나님의 아들로 고백한 유일한 사람은 다름 아닌 이방인 로마 백부장이었다는 점은 주목할 부분이다(마가복음 15:39).

1-4. 하나님나라

예수 가르침의 가장 큰 핵심은 바로 하나님나라이다. 하나님나라(마태복음에서는 하늘나라로 표현됨)는 예수의 모든 선포를 가장 집약적으로 보여주는 개념이다. 하나님나라는 영토적인 개념이라기보다는 통치적인 개념으로 볼 수 있다. 즉, 하나님이 다스리는 나라를 의미한다. 하나님나라는 현실 속에 존재하는 이 세상 나라를 대치하는 최종적이고 종말적인 성격을 가진다. 하지만 예수는 그 하나님나라가 먼 미래만의 이야기는 아님을 설명한다. 예수는 그 나라가 이미 시작되고 있다고 선포한다(누가복음 17:21). 다시 말해 예수께서 수많은 병자들을 고치고, 이적을 행하고, 말씀을 선포하고, 사람들이 회개하고 하나님께로 돌아오는 과정을 통해서 이미 조금씩 시작되고 있다는 것이다.

그렇다면 예수가 꿈꾸고 가르치는 하나님나라는 어떠한 모습일까? 그 나라는 누구를 위한 나라인가? 그리고 그 나라에서는 어떤 일이 일어나는 것일까? 이와 같은 질문에 대한 힌트를 예수께서 가르쳐 주신 8복 선언을 통해서 우리는 유추해볼 수 있다.

마음이 가난한 사람은 복이 있다.
하늘나라가 그들의 것이다.
슬퍼하는 사람은 복이 있다.
하나님이 그들을 위로하실 것이다.
온유한 사람은 복이 있다.
그들이 땅을 차지할 것이다.
의에 주리고 목마른 사람은 복이 있다.
그들이 배부를 것이다.

자비한 사람은 복이 있다.
하나님이 그들을 자비롭게 대하실 것이다.
마음이 깨끗한 사람은 복이 있다.
그들이 하나님을 볼 것이다.
평화를 이루는 사람은 복이 있다.
하나님이 그들을 자기의 자녀라고 부르실 것이다.
의를 위하여 박해를 받은 사람은 복이 있다.
하늘나라가 그들의 것이다.(마태복음 5:3-10)

예수가 선포한 복(福)은 현실의 낡은 질서와 기존의 가치관을 뒤엎는 유쾌한 전복의 메시지다. 비록 현실 속에서는 인정받지 못했던 사람들, 힘든 삶을 하루하루 감내해야 했던 낮은 자들, 그럼에도 예수의 가르침을 현실 속에서 실현해 내고자 묵묵히 한걸음씩 걸어갔던 사람들, 예수를 믿는다는 이유 하나만으로 박해를 받더라도 꿋꿋이 감당하며 견딘 사람들, 바로 그런 사람들 모두가 복받는 세상, 그런 사람들이 주인되는 세상을 예수께서는 제시하고 있다. 특히 8복 선언의 마지막 구절은 의를 위해 박해를 받는 사람이 주인되는 세상이 바로 하늘나라라고 선포한다.

현실을 극복하고 새로운 희망을 제시하는 예수의 메시지는 하나님나라에 대한 비전을 통해서 수많은 사람들에게 전해졌다. 이와 같은 가르침은 초기 기독교인들로 하여금 현실을 극복하고 미래를 소망하게 만드는 종말론적 신앙의 소유자가 되게 만드는 기폭제가 되었다.

2. 예수의 죽음

2-1. 죽음의 서막

예수의 사역은 일반 백성들에게는 매우 커다란 호응을 얻는 사역들이었다. 하지만 그 이면에는 어두운 그림자가 드리우고 있었다. 예수가 제시하는 새로운 세상, 새로운 질서에 거부감을 가졌던 유대 지도자들은 예수에 대한 적대감을 지속적으로 표출하였다. 예수의 공생애 초기부터 바리새파 사람들과 헤롯 당원들은 안식일에 기적을 행한 예수가 율법을 범했다고 보고 예수를 없앨 모의를 한 것을 알 수 있다(마가복음 3:6). 유대인들은 예수가 신성모독죄를 범했다는 이유를 들어 예수를 죽이려고 하였다(요한복음 5:18). 신성모독(神聖冒瀆, blasphemy)은 하나님의 거룩함을 모독하는 일을 의미한다. 유대인들 시각에서는 지극히 초라해 보이는 예수가 거룩한 하나님의 아들을 사칭하고 다니면서, 하나님의 거룩한 이름에 누를 끼친다고 생각했던 것이다. 이는 지극히 종교적인 영역의 일이긴 하지만, 유대종교적 풍토에서는 충분히 사형을 언도할 수 있는 명분이 되었다.

예수의 존재는 로마제국에도 매우 위협적이었다. 예수 당시 유대 지역은 로마제국의 식민 지배를 받고 있었다. 계속된 외세의 지배 속에서 유대 백성들은 메시아를 대망하게 되었고, 메시아가 와서 그들을 외세에서 해방시키고 자유롭게 신앙생활을 하게 되기를 소원하였다. 그런데 예수라는 사람이 유대의 메시아 즉, 왕이라는 소문을 듣게 된 로마제국의 당국자들은 골칫거리를 어떻게 처리할 것인지 궁리하지 않을 수 없었다. 특히 우려했던 점은 예수라는 메시아가 많은 기적을 행하며 백성들 편에서 하나님나라에 대한 복음을 전함으로써 백성들의 환영을 받고 있으며, 예수를 메시아로 믿는 사람들이 많아지고 있었다는 것이었다. 예수가 권력자들을 두려워하지 않고, 유대종교를 개혁하는 일에 있어서 물러서지 않는 모습 또한 예사롭지 않았다. 이때 유대 지도자들이 예수를 체포하여 심문하여 십자가에 매달아 죽이자는 음모를 제안해 온 것을 로마인들이 내심 환영하지 않을 이유가 없었다. 왜냐하면 로마총독에게 있어서 강점기의 정치적 안정은 최대의 과제였기 때문이었다.

2-2. 수난과 죽음

예수는 자신의 죽음을 미리 알고 있었다. 예수는 죽음을 준비하여야 했다. 예수는 제자들과 함께 최후의 만찬을 먹을 때, 떡을 떼어 주면서 "받아라. 이것은 내 몸이다"(마가복음 14:22)라고 말하며, 잔을 주면서 "이것은 많은 사람을 위하여 흘리는 나의 피, 곧 언약의 피다"(마가복음 14:24)라고 말하였다. 지금까지 성만찬 의식으로 지켜지고 있는 이 최후의 만찬을 통해 예수는 당신이 어떤 존재인지, 그리고 어떤 일을 맞이하게 될 것인지를 가르친다.

예수에 대한 사형선고가 내려지자, 로마총독 휘하에 있던 군인들이 일사천리로 형을 집행하였다. 로마군인들은 예수에게 십자가 틀을 지고 형장으로 가도록 했다. 이렇게 하여 예수는 십자가에 못 박혔다.

십자가형은 당시 교수형, 화형, 짐승에게 찢겨 죽이는 형벌보다 더 처참하고 치욕스러운 형벌이었다. 십자가형은 야만적이고 잔인한 형벌이었다. 십자가형은 십자가 형틀에 못 박혀 매달린 사형수가 근육경련과 질식현상으로 수 시간 내에 혼수상태에 빠지게 하여 고통스럽게 죽게 하는 공개처형이었다. 사형수들은 벌거벗겨진 상태에서 처형되었다. 이렇게 고통스럽고 치욕적인 십자가형을 당하면서도 예수는 평온함을 잃지 않았고 죽음의 목적을 잊지 않았다. 그는 자신에게 구원을 요청하는 우편에 달린 강도를 향해 "너는 오늘 나와 함께 낙원에 있을 것이다"(누가복음 23:43)라고 자비를 베풀 정도였다. 하나님의 뜻을 "다 이루었다"(요한복음 19:30)라는 말씀을 하며 결국 예수는 죽음을 맞이한다.

2-3. 어린양

예수의 죽음은 단순한 죽음은 아니었다. 십자가에 달린 비참한 죄인의 죽음이 아니라는 것이다. 복음서는 예수의 죽음을 어린양의 죽음으로 이해할 것을 요구한다. 그렇다면 왜 어린양일까? 과거 유대인들은 자신들이 죄를 지으면 어린양을 죽이고 제사를 드림으로써 자신들의 죄로부터 자유로워 졌었다. 어린양은 희생양과 동일한 의미를 가진다.

예수의 죽음도 마찬가지다. 예수의 죽음은 온 인류를 향한 죽음이다. 모든 사람은 죄를 짓는다. 그리고 죄에 대한 댓가는 죽음이다. 하지만 예수의 죽음은 온 인류의 죄를 대신하는 어린양과 같은 희생적 죽음이었다. 그러므로 그 죽음은 결코 헛된 죽음이 아니다. 그 죽음은 세상 가장 고귀하고 거룩한 죽음이다. 그 죽음을 통해 하나님께서 그 아들을 세상에 보낸 선한 목적이 완성되기 때문이다. 즉, 인류 구원의 역사가 이루어지기 때문이다.

연구 및 토의 주제

1. 예수의 가르침 중 21세기 한국사회에 가장 중요한 메시지는 무엇이라고 생각하는가?

2. 예수의 8복 선언의 현대적 의미를 토의해 보자.

참고문헌

1. 리차드 버릿지, 손승우 역, 『복음서와 만나다』 서울 : 비아, 2017
2. 필립 얀시, 김성녀 역, 『내가 알지 못했던 예수』 서울 : IVP, 2004

신약성서와 현대인의 삶

III 교회의 탄생 및 바울의 선교

1. 예수의 부활

1-1. 부활

교회는 예수에 대한 부활신앙을 근거로 해서 세워지게 된다. 그 부활신앙은 바로 예수 그리스도의 부활을 통해 얻게 되는 믿음이었다.

제자들은 자신들이 메시아로 믿고 따랐던 예수가 힘없이 십자가 처형을 당하자 한편으로 두렵고 한편으로 절망하여 뿔뿔이 흩어졌다. 하지만 예수는 죽음에서 부활한다. 죽은 지 사흘만에 다시 살아난 것이다. 부활이라는 거대한 사건은 예수에 대해 회의적이었거나, 의심했던 모든 자들의 생각을 바꾸는 획기적인 순간이 된다.

죽었던 자가 어떻게 부활할 수 있을까? 도저히 믿겨지지 않는 소식에 제자들은 놀라게 된다. 특히 도마는 강한 의심을 하며 부활의 소식에 부정적 반응을 보인다. 하지만 부활한 예수는 그런 제자들이 모인 곳으로 찾아온다. 의심 많은 도마에게 나타나 "네 손가락을 이미 내밀어서 내 손을 만져보고, 네 손을 내 옆구리에 넣어 보아라. 그래서 의심을 떨쳐버리고 믿음을 가져라"(요한복음 20:27)라고 말했다. 그리고 부활하신 자신의 모습을 직접 제자들에게 보여주신다.

1-2. 부활 이후

부활은 예수 제자들의 사고와 가치관 및 신앙관을 완전히 바꾸는 거대한 사건이 되었다. 부활 이후 예수는 제자들과 함께 하며 사십일을 이 땅 위에 더 머물렀다. 이때 제자들은 새로운 사람들이 된다. 사실 과거 예수께서 살아계실 때 제자들의 모습은 매우 부족한 모습이었다. 예수의 가르침을 정확히 이해하지도 못하는 무지한 모습이었고, 예수의 정체성에 대해 오해하기도 하였었고, 또 두려움으로 가득차서 예수를 떠나 도망가기도 했던 자들이었다.

그런데 부활하신 예수를 다시 만나게 되면서 그들은 새롭게 변화한다. 자신들이 과거 따랐던 예수가 진정한 그리스도임을 확신하게 되면서 자신들이 진정 따르고 전파해야 할 존재에 대한 확신을 갖게 된 것이다. 더 나아가 부활하신 예수의 모습은 제자들의 죽음에 대한 이해까지도 완전히 바꾸어 놓았다. 제자들은 예수의 부활 이전에는 죽음을 그저 두려워하기만 했었으나 부활을 경험하고 난 뒤에는 죽음 앞에 당당히 맞설 수 있게 되었다. 왜냐하면 육체적인 죽음이 마지막이 아니라는 것을 믿게 되었기 때문이다. 그래서 부활한 예수를 만나고 나서 담대하게 예수의 부활을 증인했다. 핍박도 순교도 두려워하지 않았다.

예수는 그 사십 일의 시간 동안 하나님나라에 관한 일을 제자들에게 가르친다. 그리고 마지막으로 승천(昇天, Ascension)하신다. 그런데 승천 직전 제자들에게 마지막 선물을 하나 약속하신다. 바로 성령(聖靈, Holy Spirit)이다. 사실 제자들의 스승이었던 예수가 하늘로 떠나버린다면, 남겨진 제자들은 허탈감과 허무감으로 인해 무너질 수도 있는 상황이었다. 예수는 제자들이 고아와 같은 상황이 되는 것을 원하지 않았다(요한복음 14:18). 예수는 제자들에게 새로운 힘을 선물하신다. 바로 그것이 성령이다.

2. 성령

예수는 승천하면서 제자들에게 예루살렘에서 하나님께서 약속한 능력을 받을 때까지 머물러 있으라고 말했다(누가복음 24:49). 그리고 예수는 승천하기 직전 다음과 같이 명령한다 : "성령이 너희에게 내리시면, 너희는 능력을 받고, 예루살렘과 온 유대와 사마리아에서, 그리고 마침내 땅 끝에까지 이르러 내 증인 이 될 것이다."(사도행전 1:8) 이 말씀에 따라 백이십 명 정도 되는 제자들은 한 곳에 모여 기도하면서 예수의 약속이 이루어지기를 기다렸다. 오순절 절기가 되었을 때, 기도하던 제자들이 하늘로부터 성령의 능력을 충만하게 체험하게 되는 사건이 드디어 일어났다.

성령의 임재는 예수의 탄생과 더불어 기독교 역사에 있어서 거대한 획을 긋는 중요한 사건이다. 성령을 받기 전에 제자들의 상태는 그저 같은 신앙을 공유한 사람들의 작은 모임에 불과했다. 하지만 성령을 통해 그들은 이제 믿음의 공동체로 승화된다. 이때부터 제자들은 담대하게 하나님나라의 복음을 전하게 되었고, 이러한 과정을 통해 교회는 시작된다.

예수가 하나님의 약속을 기다리라고 한 것은 제자들이 하게 될 일이 그들의 힘으로 할 수 없는 일이었기 때문이다. 그들에게는 세계 각처에서 복음의 증인이 되어야 할 책임이 주어졌다. 이러한 하나님의 구원 계획은 오직 하나님의 능력 즉, 성령의 충만한 능력으로만 가능한 일이었다.

2-1. 성령이 일으킨 새로운 변화

성령을 받은 제자들의 행동은 이후 급격하게 변화된다. 대표적인 사건이 베드로가 행한 기적이다. 베드로는 성전 문에서 구걸하던 한 병자와 조우하게 된다(사도행전 3:2). 그는 출생시부터 걷지 못하던 장애우였다. 그런데 성령의 능력을 받은 베드로는 놀라운 능력을 발휘한다. 그의 오른손을 잡아 일으켜서 세운다. 기적같은 일이 벌어졌다. 과거 예수가 하던 기적을 이제 성령받은 제자들이 수행하게 된 것이다. 베드로를 통해 일으킴을 받은 자는 뛰어 서서 걸으며 하나님을 찬송하게 된다(사도행전 3:8). 이 사건은 성령을 받은 사람만이 할 수 있는 거대한 표징이 된다. 그리고 성령받은 제자들이 앞으로 펼치게 될 활약상에 대한 예고편이 된다.

성령의 충만을 경험한 제자들은 이전에 없던 담대함을 가지고 복음을 전하기 시작하였다. 그들의 메시지를 통하여 수많은 사람들이 개종을 하게 되었다. 특히 베드로는 성령의 능력에 힘입어 예루살렘에서 설교를 하게 되는데, 그 설교를 듣고 믿게 된 자들이 자그마치 남자만 오천 명이었다고 성경은 기록한다(사도행전 4:4). 마치 예수가 떡 다섯 개와 물고기 두 마리로 남자만 오천 명을 먹였던 것처럼, 이제 예수의 제자들이 놀라운 능력을 발휘하게 된 것이다. 기적과 같은 일이 벌어진 것이다. 이것이 바로 성령의 능력이었다.

그렇게 모인 사람들을 통해 이제 교회가 세워지게 된다. 그들은 모여서 함께 말씀을 나누고 기도하고 또 찬양하며 신앙생활을 영위하게 된다. 당시 교회는 독립된 건물에서 모인 것이 아니라 개인 가정이나 성전의 행각 같은 곳에서 모였다. 초대 교회의 특징 중 하나는 자기 소유를 자기 것이라고 주장하지 않고 공동으로 사용했다는 점이다(사도행전 2:43-47; 4:32-37). 이처럼 초대 교회는 물질적인 소유에 관해서 매우 새로운 삶의 태도를 보여 주었다. 서로 물건을 통용했고, 경제적 여유가 있는 사람들은 그들이 가진 재산과 소유의 일부를 팔아 함께 사용하였다. 이러한 상황에서 경제적 여유가 있는 사람들이 가난한 사람들과 함께 자신의 물질을 공유하려고 결심한 것은 큰 용기가 필요한 일이었을 것이며, 초대 교회의 발전에 큰 도움이 되었을 것이다. 당시 사회의 구성원들은 이러한 교회의 모습을 보면서 칭찬을 아끼지 않았고, 이렇게 하여 교회는 성장해 갈 수 있었다.

2-2. 확대되는 교회

예루살렘은 예수의 십자가 죽음과 부활이 일어난 장소이다. 동시에 예수의 제자들이 성령을 받고, 교회가 시작된 곳이기도 하다. 그런 면에서 기독교 역사에서 예루살렘의 중요성은 아무리 강조해도 지나치지 않을 것이다. 초기 교회는 그런 예루살렘에 뿌리를 내리고 신앙공동체를 형성해 나갔다. 하지만 예루살렘에 교회가 뿌리를 깊이 내린다는 것은 하나의 함정이 될 수 있었다. 한 곳(예루살렘)에 안주하는 상태로 고착될 수 있었기 때문이다. 예수는 사도들이 예루살렘을 시작으로 하여 땅 끝까지 복음을 전해야 한다고 명령했었다(사도행전 1:8). 그러나 안타깝게도 예루살렘교회는 바깥세상으로 복음을 전하기 위해 자발적으로 나가지 못하고 있었다.

그러던 무렵 예루살렘에서 시작되던 교회에 박해의 칼날이 들이닥치게 된다. 유대교 전통에서 벗어나 새로운 종교운동으로 확산되던 예수운동을 말살시키려던 정통 유대인들의 핍박이 시작된 것이다. 유대인들의 핍박은 위협에서 그친 것이 아니라 예수를 따르는 자에 대한 살해로 확대된다. 그렇게 순교(殉敎)한 대표적 인물이 스데반이다(사도행전 6:8-8:3). 스데반은 돌에 맞아 죽었다. 교회의 최초 순교자가 된 것이다. 그런데 스데반의 순교는 단순한 비극으로 끝나지 않는다. 오히려 거센 박해가 교회에 닥치자, 교회가 세상으로 더 넓은 공간으로 흩어지는 일들이 벌어진다. 공교롭게도 고난과 박해는 교회의 지경이 넓혀지며 성장하는 계기로 작용한다. 사도행전에서 복음이 세계로 확산되어 나가게 된 기폭제는 스데반의 순교였다.

스데반의 순교 이후 제자들은 유대와 사마리아 지방으로 흩어지게 되었다. 교인들은 박해 받던 예루살렘을 떠나 소아시아 지방(지금의 터키 서부)을 비롯한 전 세계로 흩어지기 시작한다. 예루살렘을 떠난 자들 중 어떤 이는 북쪽으로 가서 안디옥Antioch에 이르렀다. 이곳에서 그들은 지금까지 유대인에게만 전하였던 복음을 이방인들에게까지도 전하게 되었다(사도행전 11:19-20). 이방인에게도 복음을 전했다는 것은, 드디어 교회가 모든 인류를 품는 보편적 종교로 성장하게 되었다는 증거가 된다. 그들의 전도를 통해 많은 사람들이 예수를 믿게 되고, 기독교인이 되었다. 이로 인해 시리아의 수도 안디옥에는 강력한 교회가 탄생하게 되었고, '그리스도인'이라는 이름도 여기서 처음으로 생겨나게 되었다(사도행전 11:26). 그리스도인Christians이라는 표현은 초기 교회 교인들의 정체성을 굳건히 세우는 키워드가 되었다. 이 단어 안에는 그들이 늘 마음에 새겼던 믿음의 공식, 즉 '예수=그리스도'의 메시지가 내포되어 있다. 이제 자신들 스스로를 그리스도인이라 부르며 그들은 더욱 힘을 내어 복음을 전파한다.

이후 안디옥교회는 해외선교의 전초기지 역할을 감당하게 된다. 안디옥교회는 유럽 지역을 향해 계속해서 선교사를 파송하는 선교의 허브hub교회로서의 임무를 수행하게 된다. 안디옥교회의 열심과 노력 덕분에 예수를 따르는 무리들이 유럽 지역에도 점차 늘어나게 된다. 복음이 세계 각 곳으로 전파되고 이로 인해 교회가 성장한 것에 대한 기록은 사도행전과 바울서신에 가장 잘 나타나 있다. 사도행전에서 복음이 세계로 확산되어 나간 과정은 다음과 같다 :

예루살렘에서의 복음 확장(1:1-6:7)

유대와 갈릴리와 사마리아에서의 복음 확장(6:8-9:31)

베드로를 중심한 복음 확장(9:32-12:24)

바울을 중심으로 한 복음 확장(12:25-16:5)

유럽에서의 복음 확장(16:6-19:20)

땅 끝까지의 복음 확장(19:21-28:31)

3. 바울

3-1. 바울의 회심

복음이 전 세계로 확대되는 데 있어서 가장 중요한 역할을 한 인물은 바울Paul이다. 바울은 교회 역사에서 가장 중요한 인물 중 하나다. 바울은 기독교를 세계종교로 성장시킨 위대한 선교사요 사상가였다. 바울은 기독교의 복음을 유럽에까지 소개하였고, 예수 그리스도에 대한 신앙을 논리적으로 체계화함으로써 이후 생겨난 각종 이단들로부터 기독교의 정체성을 유지할 수 있도록 노력한 사람이다. 신약성서의 서신 21권 중 바울서신이 13권이나 된다. 바울은 초기 기독교의 전파와 신학에 주춧돌을 놓은 사도로서 기독교의 교리 체계화에 지대한 기여를 하였다.

바울은 기독교 역사에 있어서 거대한 업적을 남겼지만, 그의 삶은 한편의 드라마와도 같다. 그는 정통 유대인으로서, 어려서부터 엄격한 유대식 종교교육을 받으며 성장했다. 원래 그는 사울Saul이라는 이름을 가지고 있었으며, 예수 믿는 사람을 핍박하는 사람이었다. 바울은 "율법의 의로는 흠 잡힐 데가 없는 사람"(빌립보서 3:6)이라고 자신을 소개하기도 했다. 유대교를 열정적으로 믿는 그의 눈으로 볼 때 기독교는 하나의 이단 분파에 지나지 않았으며, 기독교도들의 발본색원이야말로 하나님을 올바로 섬기는 길이라고 생각했다. 바울의 박해는 예루살렘에 국한되지 않았다. 바울은 예루살렘에서 멀리 떨어진 다마스쿠스(다메섹)에까지 가서 박해를 피해 신앙을 지키고자 했던 기독교인들을 남녀를 가리지 않고 체포하여 예루살렘으로 호송하려고 하였다.

그렇다면 이처럼 기독교를 박해한 사람이 어떻게 예수를 따르는 '사도'apostle가 될 수 있었을까? 그것은 바울에게 획기적인 사건이 일어났기 때문이었다. 바울이 회심한 것이다. 바울은 다메섹으로 가던 도중 예수를 경험하게 된다. 예수를 통해 바울은 자신이 어떤 존재인지, 앞으로 어떤 삶을 새롭게 살아야 할 것인지 깨닫게 된다. 즉, "이방사람들과 임금들과 이스라엘 자손들 앞에 가지고 갈, 예수께서 택한 그릇"(사도행전 9:15)으로서의 새로운 인생을 시작하게 된다.

바울은 기독교도가 되기 전 즉, 유대교를 열심히 신봉하고 있을 때에도 하나님을 믿는 믿음에 있어서는 동일하였다. 바울은 단지 그리스도를 메시아로 믿는 기독교인들이 잘못된 신앙을 가지고 있다고 확신한 것뿐이었다. 그래서 하나님의 뜻을 모른 채 박해에 적극적이었던 것이다. 하지만 바울은 회심을 통하여 기독교로 돌아섰다. 바울은 이방인에게 복음을 전하는 소명을 받았던 것이다.

바울의 회심은 전적으로 하나님께서 주도한 부르심에 근거한다.

유대교에서 기독교로 개종한 바울은 그가 핍박했던 예수 그리스도에 대해 전파하기 시작했다. 기독교를 핍박하던 자가 기독교를 앞장서서 전파하는 전도자로 변한 것이다. 처음에는 기독교인들조차 이런 바울의 갑작스런 변화를 반신반의할 정도였다. 하지만 바울은 굳건히 자신의 새로운 소명을 받아들이고 한 걸음씩 전진한다.

3-2. 선교여행

기독교인이 된 바울이 본격적으로 자신의 존재를 알리게 된 곳은 앞서 언급된 안디옥교회였다. 안디옥교회는 당시 계속해서 유입되던 이방인들에게 복음을 전할 적임자가 필요한 상황이었다. 마침 바울은 헬라문화권에서 자라났고 로마시민권까지 소지한 자로서 지중해 그레코-로만 문화에 정통한 사람이었다. 지중해 일대의 공용어와도 같던 헬라어에 능통한 사람이었기에 그는 안디옥교회로 유입되던 헬라권 이방인을 대상으로 하는 신앙교육에 있어서 최고의 적임자였다. 그는 그곳에서 열심히 사역을 감당했다. 그리고 한 걸음 더 나아가 소아시아 지역과 유럽 지역으로 가서 복음을 전하는 선교사 역할까지 감당하게 된다.

바울은 바나바와 함께 사역을 했던 안디옥교회를 근거지로 삼아 모두 세 차례에 걸쳐 선교여행을 수행하였다. 안디옥교회는 바울과 바나바를 선교사로 파송하고 후원함으로써 기독교의 세계화를 이루기 위한 전초기지의 역할을 하였다.

바울의 선교여행은 매우 위험스럽고 고통스러운 긴 여정이었다. 당시에는 교통이 발달하지 않은 곳도 많이 있었으며 여행객에 대한 안전도 보장되지 않았다. 게다가 바울은 유대인 회당에서 선노알 때마다 자신에게 적대적인 유대인들을 상대해야 했다. 유대인 지도자들은 지역민을 선동하여 바울의 선교를 방해하거나 그가 활동하던 도시에서 그를 추방하도록 압력을 넣기도 했다. 바울은 예수 그리스도를 전하면서 감옥살이와 매질과 죽을 고비와 파선과 여러 위험에 직면하였다(고린도후서 11:23-27 참조). 이러한 바울의 선교활동을 통해 기독교는 비로소 예루살렘으로부터 소아시아 그리고 그리스와 로마 지역으로까지 확장되어 세계종교로 발돋움할 수 있었다.

3-3. 바울의 공헌

바울의 이야기는 그가 쓴 편지들을 통해 지금까지도 교회에서 읽혀지고 있다. 바울은 선교여행을 다니면서 끊임없이 편지를 썼다. 그 편지는 각각 필요에 따라 훈계, 권면, 교육 등을 위해 교회를 대상으로 기록된 것이다. 하지만 그 편지에 담겨져 있는 높은 수준의 신앙적 지식과 메시지들은 수많은 교회들에게 감동을 주었고, 훗날 그가 쓴 13개의 편지가 신약성서 안에 채택되어 지금에까지 이르고 있다. 그가 쓴 편지는 대략 AD 50-60년 사이에 기록되었으며, 그 편지들은 다음과 같다 : 로마서, 고린도전후서, 갈라디아서, 에베소서, 빌립보서, 골로새서, 데살로니가전후서, 디모데전후서, 디도서, 빌레몬서.

바울이 쓴 편지는 초기 교회의 발전과 기독교 교리의 체계화에 지대한 영향을 미쳤다. 그의 공헌은 다음 두 가지로 정리해 볼 수 있다.

첫째, 바울은 구원에 대한 새로운 패러다임을 제시했다. 당시 유대교는 전통적으로 율법 준수 행위를 통한 구원에 강조점을 두었었다. 하지만 바울은 이와 같은 주장이 이방인 선교에 오히려 장애가 될 수 있음을 지적하며, 예수를 그리스도로 믿는 '믿음에 의한 구원'을 제시했다(로마서 1:16-17; 갈라디아서 2:16). 바울은 예수를 모든 인류의 보편적 구원자로 정립했다.

둘째, 바울은 교회공동체가 실제로 부딪히게 되는 다양한 문제점들에 대한 구체적인 답변들을 제시함으로, 교회들을 더욱 건강하게 세우는 공헌을 하였다. 당시 대부분의 교회들은 기초가 약한 상태에서 세워졌기 때문에 수많은 난관들에 봉착하곤 했었다. 가령 고린도교회에 쓴 편지에 보면 하나의 교회 안에 수많은 문제점들이 있었음을 알 수 있다(교인 간의 분열, 은사에 대한 논쟁, 우상의 제물에 대한 논쟁, 교회 내 여성 지위의 문제, 종말에 대한 논쟁 등). 바울은 그런 문제점들에 대해, 교회를 사랑하는 마음으로 성실하게 답변을 한다. 그 답변들이 그가 쓴 편지 가운데 상세히 드러난다. 바울이 제시한 명쾌한 답변들은 교회에 커다란 도움이 되었고, 교회가 난관을 극복하고 한 단계 더 성숙하게 되는 귀한 초석들이 되었다. 당시 교회들이 비슷한 문제들로 인해 씨름하고 있었음을 고려한다면, 바울의 편지들은 수많은 교인들 사이에서 회람되면서 많은 교회들을 올바르게 세워나기기 위한 최고의 가이드북 역할을 하였음을 추측해볼 수 있다.

이처럼 바울은 엄청난 일들을 일구어냈다. 바울은 냉철한 이성과 풍부한 지식을 토대로 신학적, 교리적 답변들을 거침없이 제시한다. 하지만 동시에 바울은 따뜻한 마음을 가진 사람이었다. 교회의 어려움을 자신의 아픔으로 여기며 함께 마음 아파하는 사람이었다. 사랑으로 교회를 돌보며 사랑으로 따뜻한 마음을 전하는 귀한 사람이었다. 기독교 역사에 있어서 1세기 초반부가 예수의 탄생과 활동의 시대였다면, 1세기 중후반부는 바울의 활동과 선교가 주요 사건이라고 볼 수 있겠다.

연구 및 토의 주제

1. 바울의 전도여행 경로를 지도를 통해 확인해 보자.

2. 바울의 회심 경험이 우리에게 주는 의미에 관해 이야기해 보자.

참고문헌

이달, 『사도행전』 서울 : 한국장로교 출판사, 2013

IV 신약성서와 현대인의 삶

기독교와 신약성서

1. 율법과 선교

바울의 선교사역은 교회의 눈부신 성장과 발전을 보여주는 증거이다. 하지만 당시 교회가 극복해야 했던 여러 가지 장애물 역시 간과해서는 안 될 것이다. 초기 교회가 당면했던 가장 큰 과제는 교회 내 유대 율법에 대한 의견 조율이었다.

예루살렘에 처음 교회가 세워질 당시 초기 기독교인들은 대부분 유대인들이었다. 예수도 유대인이었고, 예수의 열두 제자도 그리고 심지어 바울까지도 유대인이었음을 고려한다면 이는 당연한 점이라 할 수 있겠다. 그래서 당시 교회 교인들은 히브리 성경(구약)을 주요 경전으로 사용하였고, 율법과 종교적 전통을 받아들이고 있었으며, 메시아의 도래와 종말론적 구원의 구속사적 세계관과 유일신 신앙을 유대교와 공유하고 있었다. 교회의 교인들 역시도 기존 유대교인들처럼 성전과 회당을 중심으로 하루에 세 번 기도하였고 일주일에 두 번 금식하였다. 세례와 성찬은 유대교 전통으로부터 영향을 받은 예식이었다. 그리고 예수를 따르는 자신들 교회공동체가 유대교의 한 분파라고 이해했다.

하지만 안디옥교회를 중심으로 하는 적극적인 해외선교를 통해 유대인들이 주류였던 교회에 점차 많은 이방인들이 유입되었다. 새롭게 교회에 정착한 이방 기독교인들은 높은 수준의 교육을 받은 헬라권 사람들이었고, 대체로 헬라어를 사용하였고, 지중해 동쪽 세계의 넓은 문화에 속해 있던 사람들이었다.

이러한 상황 속에서 교회 안에는 크게 두 부류의 사람들이 형성되었다. 첫째, 유대교 전통을 여전히 지키려는 유대 기독교인 Jewish Christians/Hebrew Christians, 둘째, 새롭게 기독교공동체로 들어온 이방 기독교인Gentile Christians이다. 전자에 속하는 사람들은 후자의 기독교인들 역시 유대교 전통에 따라 율법을 준수해야 한다고 생각했다. 하지만 이미 자유로운 헬라문화권에 익숙했던 이방 기독교인들에게 율법 준수를 강요하는 것은 결코 쉬운 일은 아니었다. 이방선교사 바울 역시도 이러한 이방인들의 상황을 잘 알기에, 이방인들에게 전도를 하면서 전통적 율법을 강요하지 않고, 오직 예수에 대한 믿음만을 강조하였다. 오히려 바울은 유대 기독교인들이 강조하는 율법이 복음 전파에 걸림돌이 된다고 생각하기까지 했었다. 물론 이러한 바울의 자유로운 전도 스타일은 이방선교에 있어서 획기적인 패러다임을 제시하긴 했지만, 전통을 중시하는 1세대 유대계 기독교인들에게서는 커다란 반발을 살 수밖에 없는 것이었다. 그리고 이러한 점은 자칫 교회 내에 갈등이 씨앗이 되어 교회를 분열시키는 위험 요소가 될 수 있었다.

초기 교회가 이러한 문제로 분열된다는 것은 절대 있어서는 안 될 일이었다. 결국 예루살렘에서 사도들이 모두 모여서 회의를 하였고, 그들은 드디어 중대한 합의를 보게 되었다. 그 내용은 선교사역의 역할 분담이었다. 즉, 예루살렘교회는 기존의 신념대로 유대적 전통에 입각해서 유대인들을 대상으로 집중적으로 전도를 하고, 반면 안디옥교회는 자유롭게 이방인들을 대상으로 율법을 강요하지 않고 오직 믿음만 강조하면서 전도를 하기로 결정을 한 것이다(갈라디아서 2:9). 이러한 극적인 합의로 교회는 위기를 슬기롭게 극복하고 한걸음 더 성장할 수 있게 되는 계기를 마련했다.

2. 유대교와 기독교

바울을 중심으로 교회는 그 영역을 계속해서 넓혀 나갔다. 그리고 교회는 계속해서 성장해 나간다. 초기 예수를 따르던 교인들은 스스로를 유대교의 한 분파 정도로 여겼을 정도로 스스로에 대한 독립적 정체성이 약했었다. 하지만 교회가 점차 세력을 얻어가고 교회가 믿음이 더 굳건해지면서 날로 수가 많아져 갔다(사도행전 6:7, 9:31, 12:24, 16:5, 19:20). 사도행전에 나오는 표현대로, 교회는 담대하게 거침없이 성장해 나갔다(사도행전 28:31). 상황이 이렇게 되면서 유대 전통을 뿌리로 해서 시작된 교회운동은 이제 독립된 종교로 즉, 기독교Christianity라는 하나의 체계를 갖춘 새로운 종교로 성장해 나가기 시작했다.

기독교는 유대교와 여러모로 비슷한 것이 많다. 하나님을 믿고, 또 구약의 전통을 그대로 수용한다는 것에서는 분명 동일하다. 하지만 다양한 차이점을 지니고 있다. 가장 중요한 차이는 예수에 대한 이해 문제이다. 유대교는 여전히 예수를 선지자 또는 랍비 정도로만 이해하려고 했지만, 기독교는 예수를 메시아 즉, 그리스도로 인정했다. 더 나아가 초대 교회가 유대인의 경계를 넘어 이방인들에게 복음을 전하고, 적극적으로 해외선교에 나섰다는 점은 기독교와 유대교의 결정적인 차이점이라 할 수 있겠다. 유대교는 부분적으로 이방인들에게 문호를 열어놓기는 했지만 폐쇄적이었고, 따라서 전도에 힘을 기울이지도 않았다. 그러나 기독교는 박해와 죽음의 위협 속에서도 열정적으로 선교하였고, 이는 당시의 종교적 상황에서 매우 이례적인 일이었다. 적극적인 선교로 말미암아 기독교는 매우 빠른 속도로 로마제국 지역에서 특히 도시를 중심으로 광범위하게 확장되어 나갔다.

유대교와 기독교의 또 다른 결정적인 차이를 언급하자면, 유대교는 유대인이라는 하나의 민족에 한정된 종교인 반면 기독교는 예수의 십자가 사건을 중심으로 모든 인류를 지향하는 보편적인 종교였다는 점이다. 유대인들은 하나님께서 자신들에게만 허락하신 율법을 어떻게 준수할 것인가에만 집착하고 있었던 반면, 기독교는 하나님의 은혜는 예수를 통해 새롭게 임했고 그 은혜는 유대 지역에 한정되는 것이 아닌 온 인류 전 세계로 퍼져 나가야 하는 것임을 강조했다.

3. 박해

1세기 기독교는 날로 성장해 간다. 하지만 이렇게 성장해 나가는 기독교는 커다란 암초를 만나게 된다. 바로 로마의 박해였다. 기독교인이 로마제국으로부터 핍박받은 가장 큰 이유는 황제숭배를 거부했기 때문이다. 기독교인들은 황제숭배 자체를 우상숭배와 동일시했다. 로마인에게는 눈에 안 보이는 신을 믿는 기독교인들의 모습이 무신론자로 보였을 수도 있다. 게다가 로마제국의 수호신인 황제에 대한 숭배를 거부하는 것은 곧 제국의 안녕을 위협하는 반국가적 행위로 여겨졌다. 당시 로마제국에서는 국가의 존속과 안정을 저해하는 자들에게는 최고 사형까지 내릴 수 있는 법적 토대까지도 갖추고 있는 상태였다. 하지만 그럼에도 기독교인들은 의연하게 자신들의 신앙(오직 예수를 믿는 신앙)을 견고히 하려 했다. 이런 이유 때문에 자연히 로마에 재난이 발생할 때마다 기독교인은 비난의 대상이 될 수밖에 없었다.

기독교 박해로 유명한 황제는 네로였다. 주후 64년 로마에서 일어난 대화재와 관련하여, 이의 책임을 그리스도인들에게 전가하며 기독교인들을 박해한 장본인이 바로 네로 황제였다. 로마의 화재는 6박 7일간 지속될 만큼 큰 불이었고, 화재의 원인은 다양한 설이 있지만, 분명한 것은 이를 구실 삼아 기독교인들을 극심하게 박해했다는 것이다.

또 다른 황제 도미티아누스 역시 기독교공동체에 극심한 박해를 가했다. 그는 로마의 전통을 회복하기를 추구하였고 자신을 '주님'과 '신'으로 인정하며 황제에 대한 절대적 충성을 요구하였다. 이를 거부하는 기독교인들에 대하여 대대적인 박해가 이어졌다. 하나님을 믿고, 또 예수를 그리스도로 믿는 기독교인들에게 이러한 요구는 도저히 받아들일 수 없는 것이었다. 이러한 상황 가운데서 신자들이 취할 수 있는 선택은 무력으로 저항하든가, 로마제국의 압력에 굴복하든가, 아니면 순교와 같은 소극적 저항을 통해 하나님의 손에 맡기든가 하는 것이었을 것이다. 당시 초기 교회지도자들은 순교를 하더라도 신앙을 끝까지 지키는 길을 강조하였다. 예수가 죽음을 극복하고 부활을 했음을 믿는 기독교인들은 죽음까지도 불사하며 기독교를 전파했다.

교회는 계속해서 치열한 전쟁터와도 같은 환경 속에서 자신의 길을 만들어 갔다. 하지만 교회를 향한 계속되는 박해는 점차 많은 배교자를 양산하기에 이르렀다. 대부분의 초기 기독교인들이 목숨을 내놓으면서까지도 예수를 믿을 정도의 독실한 신앙인은 아니었기 때문이다. 박해를 당하면서까지 꼭 교회를 다녀야 하는가에 대한 의문이 그들의 마음을 흔들기 시작했고, 결국 그들로 하여금 교회를 떠나게 만들었다는 것이다.

이러한 상황에서 흔들리는 기독교인들의 마음을 바로 붙잡고 신앙의 심지를 굳건히 세울 신앙교육이 필요하게 되었다. 즉, 왜 우리가 이러한 박해를 받고 있는 것인지, 왜 우리가 이런 어려움을 극복해야 하는지, 그리고 이 고난을 극복하면 우리에게 어떠한 보상이 기다리고 있는지, 이러한 질문들에 대한 답을 줄 필요가 있었다. 다시 말해 흔들리는 기독교인들을 위로하고 격려하고 권면할 교육자료가 필요했던 것이다. 그래서 많은 교회지도자들이 격려와 힘을 불어넣는 글들을 쓰기 시작했다. 대표적인 것이 우리가 신약성서에서 읽게 되는 히브리서이다. 히브리서는 믿음을 강조한다(히브리서 11:1-2; 12:1-2). 그 믿음은 현실에서 만나게 되는 환난과 연단을 극복하는 믿음이다. 이러한 맥락에서 요한계시록도 비슷한 메지지를 전한다.

요한계시록 본문 대부분은 당시 기독교인들만 알아볼 수 있는 은어(隱語)로 기록되어서 오늘날 우리가 이해하기 매우 어려운 책이지만, 그 내용 속에는 로마제국이 지금 막강한 힘을 가지고 횡포를 부리고 있지만, 이 상황을 잘 견디어내면 기독교인들이 언젠가 영광의 승리를 반드시 거둘 것이라는 희망적인 메시지를 선포하고 있다. 이러한 글들은 초기 기독교인들에게 희망의 증거가 되었고, 그들은 이러한 문헌들을 읽으면서 용기를 얻고 덕분에 교회는 환난 속에서 소멸되는 것이 아니라 오히려 계속해서 확장할 수 있게 된 것이다.

4. 신약성서의 출현

교회는 이러한 다양한 상황을 겪으면서 기독교인들에게 교훈을 주고 권면을 주고 또 양육을 시킬 수 있는 문헌의 필요성을 느끼게 된다. 물론 당시 교회에 좋은 신앙교육 자료가 전무했던 것은 아니다. 앞서 언급했듯, 초기 교회는 처음에 구약성서를 경전으로 보고 있었다. 하지만 새롭게 성장해 나가는 교회에 있어서 추가적인 경전이 필요하게 되었다. 즉, 예수의 삶과 사역, 그리고 교회 태동의 내용을 다룬 기독교만의 경전을 필요로 하게 되었다는 것이다. 그래서 새로운 경전 신약성서가 등장하게 되는 것이다. 그렇다면 우리가 알고 있는 신약성서는 어떻게 형성되었는가?

4-1. 형성과정

우리가 알고 있는 신약성서가 예수 생존 당시 기록된 것은 아니다. 예수는 책을 쓰신 일이 없으며, 제자들에게도 자신의 사역을 기록할 것을 명한 적은 없다. 초기 기독교인들은 구약성서에 그리스도 사건을 더해서 믿은 사람들이다. 구약성서는 이미 텍스트로 존재하는 문서화된 성서였지만, 그리스도의 사건은 그들에게 있어서 생생한 산 역사였기 때문에 처음부터 기록으로 존재한 것은 아니었다. 다만 구전oral traditions형태로 예수이야기가 전달되었다. 초기 그리스도인들은 부활 이후 하늘로 승천한 예수가 곧 다시 세상에 오셔서 심판하고 새로운 세상을 완성할 것이라는 확신이 있었다. 그 일이 머지 않아 이루어질 것이라고 믿었다. 그래서 더더욱 기록의 필요성을 느끼지 못했었다. 하지만 그들이 기다리던 예수는 오지 않았다. 그리고 시간이 지나가면서 예수 사건을 직접 목격했던 증언자들이 노환으로 죽어가기 시작했다. 그리고 시간이 지나면서 인간 기억력의 한계라는 것 때문에 당시 구전되던 예수이야기의 정확성과 신빙성에 의문을 갖게 되었다. 결국 예수의 사역과 가르침에 대해 더 이상 구전이 아닌, 문서로 기록으로 남겨야할 필요성이 제기된다. 구전 기간은 무한히 연장될 수 없었다. 구전은 생동감 있게 사건을 전달해 줄 수 있는 장점은 있지만, 정확성과 영구성의 측면에서 보면 문제가 있었기 때문에 언제까지 기억에만 의존할 수는 없었을 것이다.

물론 성서라는 것이 처음부터 완성된 한 권의 책 형태로 기록된 것은 아니다. 그렇다면 어떻게 지금의 형태로 만들어졌을까? 가령 복음서의 경우 그 형성과정은 이러하다. 먼저 단편적인 에피소드 단위로 예수이야기가 기록되었다. 그러다가 그 단편적 이야기들을 하나의 흐름을 가지고서 연결하는 작업이 이어진다. 즉 예수의 탄생부터 죽음 및 부활까지 모든 내용을 물흐르듯 시간 순서대로 자연스럽게 편집하는 작업이 진행된 것이다. 그렇게 해서 만들어진 책들을 우리는 복음서Gospel라고 부른다. 다양한 복음서들이 생산되었지만 그 중 우리는 네 개의 복음서(마태, 마가, 누가, 요한)를 신약성서에서 만나게 된다.

예수이야기뿐만 아니라 교회의 태동과 발전과 역사까지도 기록으로 남길 필요가 있었다. 그래서 만들어진 책이 바로 사도행전이다. 아울러 사도행전에서 서술되고 있는 바울의 눈부신 사역 가운데, 그가 교회들에게 보냈던 편지 역시도 귀중한 가치를 지니게 되었다. 그래서 바울이 기록했던 편지들까지도 수집이 되었다. 이처럼 복음서, 사도행전, 바울서신, 또 다양한 익명의 서신들이 기독교공동체 내에서 회람되기 시작했고 이러한 책들은 초기 기독교인들의 신앙을 증진시키고 성숙시키는 데 있어서 중요한 도구가 되었다.

당시 교회 내에서 함께 읽혀지던 그 기록들은 헬라어로 기록되었다. 예수를 믿고 따르던 사도들과 기독교인들은 예루살렘을 비롯하여 지중해 일대 다양한 지역에서 신앙생활을 영위하고 있었다. 하지만 다양한 지역의 다양한 토착 언어가 공존했었기 때문에, 모든 사람들이 쉽게 읽고 이해할 수 있는 공용어로 기록하는 것이 필요했다. 지역에 따른 언어 소통의 불편을 덜기 위한 수단으로 고대 그리스어의 한 형태인 코이네Koine 헬라어를 사용했다. 기독교가 세계선교를 비전으로 삼았던 것을 고려한다면, 당시 지중해 일대에서 공용어와도 같았던 헬라어를 본문 언어로 사용한 것은 전혀 이상한 일이 아니었다. 지금 우리에게 전해져 오고 있는 신약성서의 원전은 모두 코이네 헬라어로 기록된 것이며, 이를 한글로 번역해서 우리가 읽고 있는 것이다.

4-2. 정경화 작업

2세기부터 수많은 기독교 기록들이 공동체 내에서 읽혀지고 있었다. 물론 그 모든 기록은 교회를 발전시키고 기독교 신앙을 전수하는 데 있어서 중요한 도구가 되는 것들이었다. 하지만 때로는 그 기록들 중에서 오류가 있거나 내용상 문제가 되는 기록들도 있었다. 심지어 교인들이 읽으면 도움이 되기는커녕 오히려 혼란을 가중시킬 수 있는 기록들도 있었다. 당시 기독교 문헌을 기록함에 있어서 내용, 신학적 측면을 통제 하는 공식적인 제도적 장치가 없었기에 어쩌면 이런 상황은 필연적인 것이었을 수도 있다.

결국 구약성서가 그러했던 것처럼 새로운 기독교 문서에 대한 정경화 작업이 진행된다. 정경canon은 기독교에서 하나님의 영감으로 기록된 가장 권위 있고 표준이 되는 경전을 일컫는 용어다. 새로운 정경 즉, 신약성서의 문서화 단계에서는 예수 그리스도의 구원 사건을 기록한 많은 글이 생겨났는데, 이 중에서 권위를 가진 정경으로 인정된 것은 일정한 기준에 합한 것으로 한정되었다. 그 기준은 사도적인 저작이어야 하고, 내용이 정경성을 가져야 하며, 교회에서 폭넓게 수용되어야 하는 것이었다.

마침 313년에 로마황제 콘스탄티누스가 밀라노 칙령으로 종교의 자유를 선포하며 기독교가 로마제국 안에서 하나의 종교로서 공인되는 사건이 일어났다. 이를 통해 교회는 오랜 박해의 세월을 종식하고 평안과 안정을 되찾게 되었고, 삼위일체(三位一體)라는 교리까지 확립되면서 균형있고 체계적인 종교가 되어 가고 있는 상황이었다. 이러한 상황에서 397년 카르타고 공의회를 통해 신약 27권이 최종적으로 결정된다. 우리가 지금 보고 있는 신약성서가 바로 이러한 과정을 통해서 확정된 것이다.

5. 신약성서의 의의

신약성서는 기독교라는 새로운 공동체 구성원들의 삶과 사역 가운데 교훈과 신앙을 주는 귀한 도구가 되었다. 신약성서 속에는 예수의 생애, 그리고 죽음과 부활이 기록되어 있다. 또한 예수의 승천 이후 이 땅 가운데 임한 성령, 그리고 성령받은 사도들이 일구어가는 교회이야기가 등장한다. 그리고 교회가 전 세계로 퍼져 나가면서 기독교가 성장하는 이야기가 전개 된다.

신약성서는 그 자체로는 교회의 산 역시이야기지만, 21세기를 살아가고 있는 우리는 이런 신약성서를 읽으면서 신약성서 저자들이 기대했던 교훈과 신앙을 또한 배울 수가 있다. 예수의 가르침과 예수가 가졌던 이상은 지금 이 시대에도 여전히 유효하다. 바울이 수많은 교회들을 다니면서 가르치고 선포하고 권면했던 내용들은 지금 우리 삶 가운데에서도 여전히 의미가 있다. 더 나아가 신약성서가 묘사하는 교회의 어려움과 환난은 21세기 현대 한국교회에서도 비슷하게 반복되는 일이다. 이런 맥락에서 볼 때 신약성서가 제시하는 당시의 정황은 우리네 삶과 사회와 종교의 모습을 반추하게 만든다.

신약성서를 읽어가면서 그 안에 어떤 내용이 포함되어 있는지 살펴보는 것은 물론 중요하다. 하지만 동시에 신약성서를 통해 우리 자신을 읽고 우리 사회를 읽으려는 자세 역시 필요하다. 그러므로 신약성서는 이 시대를 살아가는 우리에게 있어서는 특히 기독교인들에게 있어서는 커다란 교훈과 메시지를 주고 있는 보고와도 같은 책이라 할 수 있겠다.

연구 및 토의 주제

1. 초기 기독교 박해 이야기를 다룬 영화, 동영상을 찾아본 후 서로 소감을 나누어 보자.

2. 신약성서가 현대 우리 사회에 주는 의미에 대해 토의해 보자.

참고문헌

1. 민경식, 『신약성서, 우리에게 오기까지』 서울 : 대한기독교서회, 2013
2. 이날/진사무엘. 『성서문학의 세계』 대전 : 한남대학교출판부, 2005

제4부

기독교와 현대인의 삶

I

기독교와 현대인의 삶

자아개념과 행복 찾기

자아는 관찰하는 자아와 관찰당하는 자아로 분리된다. 다음과 같이 실험할 수 있다. 아동에게 얼굴을 닦아주는 척하면서 코에 살짝 붉은 물감을 묻히고 거울을 보여준다. 이때, 코를 닦거나 다시 거울 앞에 서서 코를 닦는 행동을 하는 아동은 시각적 자기상을 형성한 것이다. 그런데 이 행동은 15개월 이전의 아동에서 나타나지 않는다. 18개월에서 2살 사이의 아동 4분의 3에서 나타난다. 이 실험을 통과하면, 그 아동은 시각적 자기상과 감각적 자기 경험을 결합하면서, 자아에 대한 분리가 명확해진다. 즉, 대상으로서의 자기와 관찰하는 주체로서의 자기가 분리된다. 그리고 스스로 자신에 대한 개념 즉, 자아개념을 구성하게 된다.

자아개념은 복합적이다. 대상으로서의 자기와 관찰하는 자기는 완전히 분리되지 않는다. 관찰하면서 자기에 대한 개념은 증가하고, 이것은 관찰하는 능력의 발달로 이어진다. 그리고 타인에 대한 개념도 발달한다. 타인도 자기 자신처럼 독특하게 느끼고 관찰하는 존재라는 개념도 획득하게 된다. 즉, 타인의 심리적 상태에 대해 추론할 능력을 형성한다. 그리고 타인도 나를 관찰하고 평가하는 존재이기 때문에, 타인의 시선을 의식하게 된다. 이러한 타인의 평가도 내 자아개념에 영향을 준다. 결국, 자아개념은 다양한 요인들로부터 계속 영향을 받는다.

자아개념의 복합성 중에서 극단적 형태는 서로 대립되는 자아가 동시에 존재하는 것이다. 특히 급속하게 변화하는 사회에서 서로 모순되는 자아가 공존한다. 서로 대립되는 자아가 함께 존재하면서 동시에 작동하게 되면, 갈등과 혼란을 겪게 된다. 이것을 잘 처리할 때 행복을 경험할 가능성이 높다.

주변에서 쉽게 발견할 수 있는 상호대립적 자아로 5개의 쌍을 살펴본다. 그것은 수직적 자아와 수평적 자아, 관계적 자아와 독립적 자아, 화합적 자아와 경쟁적 자아, 불안회피 자아와 불안수용 자아, 그리고 욕망억압 자아와 욕망추구 자아다. 그리고 이 대립된 자아를 완화하고 행복을 추구하는 방법으로 자아의 유동성과 통합성을 살펴본다.

1. 대립적 자아

1-1. 수직적 자아와 수평적 자아

수직적 자아는 기성세대에서 더 자주 드러난다. 다른 용어로 표현하면, 갑을관계라고 말할 수 있다. 연령이나 직급과 같은 서열을 의식하는 상황에서 주로 나타난다. 상급자와 하급자를 명확하게 구분하고, 그에 따라 구별된 태도와 행동으로 구성된다. 상급자 태도의 극단적 행태가 "갑질"하는 행동이다. 그리고 하급자의 극단적 행태는 "영혼이 없이" 복종하거나 아부하는 행동이다.

수평적 자아는 학교나 직장의 동기들 사이에서 주로 드러난다. 참여자들이 서로 상급자나 하급자로 규정하지 않기 때문이다. 결국, 수평적 자아는 자신이나 타인을 그냥 사람으로 이해한다. 인간 자체에 관심을 둔다. 그러므로 인간관계에서 상대방에게 긴장하지 않고 자신의 감정을 표현한다. 그리고 인간적 배려를 하고 상대방의 의견을 존중한다. 누구의 의견도 사소하지 않기 때문에, 평가절하나 무시가 나타나지 않는다.

1-2. 관계적 자아와 독립적 자아

관계적 자아는 집단소속감으로 구성된다. 자기가 속한 가족이나 집단의 특성을 자기 자신으로 느낀다. 단지 집단구성원들 중의 한 명이라고 느끼는 것이 아니다. 그냥 소속집단을 자신으로 경험한다. 그러므로 집단에 소속하고 그것에 정당성을 부여하는 과정에 계속 관심을 둔다. 우선, 집단 자체를 높이 평가하고 인간적 고독을 잘 견디지 못한다. 그래서 사람을 평가할 때 친구가 적을수록 그 사람을 낮게 평가한다. 그리고 동료들의 행동과 반응을 자세하게 관찰한다. 그것과 일치할 때 평안하고 그렇지 않으면 불편하기 때문이다. 그리고 우리 편이 아닌 사람에 대해 느끼는 불편함이 크다. 심지어 이유도 없이 적대감이나 혐오감을 갖고 배척하는 경우도 있다.

독립적 자아는 자신을 포함해서 각 개인의 생명, 이익, 그리고 복지를 절대적 가치로 생각한다. 그것을 각 소유자의 동의가 없으면 소속집단이나 동료들도 침해할 수 없다고 간주한다. 즉, 소속집단을 자신의 이익을 증진하기 위해 자신의 선택으로 이루어진 일시적 연합체로 간주한다. 심지어, 가족조차도 영원한 관계가 아니라 성인이 되면 떠나는 공동체로 이해한다. 부모자녀의 관계도 운명적 관계로 생각하지 않는다. 단지 유전적 동일성과 성장과정에서 형성된 친밀성에 근거한 관계로 이해한다. 사랑하는 사람과의 관계도 단지 선택과 계약을 근거로 유지되는 관계로 이해한다. 그런데 개인적 선택을 근거로 행동과 태도를 구성하기 때문에, 과거와 현재의 언행 사이에 일관성이 높다.

1-3. 화합적 자아와 경쟁적 자아

화합적 자아는 화목한 인간관계를 추구한다. 생산성이나 결과에 부정적 효과를 주더라도 대인관계에 손상을 주지 않으려고 한다. 즉 동료에 대한 공감과 소통에 관심이 많다. 그러므로 합의를 통한 의사결정을 선호한다. 그리고 상대방이나 동료의 부정적 의견에 민감하다. 성취에 근거한 칭찬보다 동료의 감정을 상하게 해서 받는 욕설에 더 민감하다. 그리고 동료에 대한 부정적 의견도 표현하지 않는다. 그리고 결과의 동등성을 추구한다. 그러므로 결과적 불평등을 수용하지 않는다.

경쟁적 자아는 경쟁의 불가피성을 인정하고 절차적 공정성에 주로 관심을 둔다. 구성원들 사이에서 이루어지는 갈등과 경쟁을 촉진하거나 추구한다. 그러므로 만장일치제와 같이 구성원의 합의를 인위적으로 추구하는 제도를 선호하지 않는다. 오히려 탁월성을 추구한다. 탁월한 결과를 성취하기 위해 의사결정의 방법은 상황에 따라 적절하게 변경하기도 한다. 화합에 관심이 없고 그것을 절차의 공정성에 종속시킨다. 그러므로 절차의 공정성만 담보되면 타인과의 공감이나 소통은 중요하지 않다. 그리고 경쟁을 추구하기 때문에 결과적 불평등을 수용한다.

1-4. 불안회피 자아와 불안수용 자아

불안회피 자아는 불확실성을 견디는 능력이 낮다. 항상 정답이 존재해야 한다. 그러므로 정답이나 해결책이 존재하지 않는 상황을 견디지 못한다. 이 경우, 불안을 경험한다. 그래서 해결책이 없이 애매모호한 상태가 지속되지 않도록 바쁘게 행동하고 그것을 바로 제시하도록 사회적 제도를 구성한다. 정답을 제시하는 권위의 존재에 대한 확신이 높다. 예를 들어, 전문가나 지식인을 존경한다. 그리고 일상적 대화나 사고방식에서도 정답이나 해결책을 포함하는 경우가 많다.

불안수용 자아는 정답에 대해 관심이 없다. 해결책이 없이 애매모호한 상태가 계속 진행되어도 괴롭지 않다. 오히려 해결책을 구성하는 과정에 시간이 필요하기 때문에 안달복달하는 하는 것은 손해라고 생각한다. 그리고 아무리 노력해도 정답이 없는 경우가 많다고 생각한다. 우리가 할 수 있는 대책은 완전하지 않기 때문에 장점과 단점이 공존하고 잠정적이라고 간주한다. 단지, 단점을 축소하고 장점을 확대하는 선택을 할 뿐이라고 생각한다. 그리고 불안을 피하기 위해 호들갑을 피우면 피울수록 더 큰 문제를 초래할 수 있다고 생각한다.

1-5. 욕망억압 자아와 욕망추구 자아

욕망억압 자아는 삶의 쾌락과 그것에 대한 욕망을 부정적으로 인식한다. 이것을 공동체 의식을 훼손하는 요인으로 생각한다. 혹은 미래에 대한 준비를 방해하는 요인으로 이해한다. 즉, 육체적 쾌락과 그것에 대한 욕망의 통제 불능에 대한 두려움을 갖고 있다. 그래서 쾌락을 중독으로 규정하는 경향이 있다. 그래서 새로운 쾌락의 기계나 현상이 나타날 때마다, 그것을 중독으로 규정한다. 예를 들어, 인터넷이 확산되면 인터넷 중독이 등장하고, 최근에 스마트폰이 필수품이 되면서 스마트폰 중독이 등장했다. 먹방 중독도 등장할 수 있다.

욕망추구 자아는 현재의 쾌락과 그것에 대한 욕망에 긍정적 가치를 부여한다. 공동체를 위한 쾌락의 억압을 인정하지 않는다. 미래의 성공을 위한 쾌락과 만족의 포기도 인정하지 않는다. 현재 누릴 수 있는 신체적 쾌락과 만족을 포기하지 않는다. 그리고 변화를 선호하지 않는다. 그것이 발전이나 향상이라는 결과를 생산하더라도 개인적 불편이나 불쾌를 초래하기 때문이다.

2. 행복 찾기 : 대립적 자아를 초월하기

행복은 만족과 몰입으로 이루어진다. 만족은 자신의 욕망이 채워지거나 이루어지는 것이다. 즉, 쾌락 혹은 성취이다. 그리고 몰입은 자기 목적 경험이다. 그것은 과정 그 자체를 보상으로 삼는 행동에 대한 주관적 경험이다. 즉, 몰입은 성장 혹은 헌신이다.

대립적 자아는 만족을 방해한다. 만족의 목표와 과정이 서로 다르기 때문이다. 예를 들면, 수직적 자아에서 의사소통의 목표는 상급자의 관심영역에 국한된 정보교류이다. 그리고 그 과정은 보고와 지시이다. 그러나 수평적 자아에서 의사소통의 목표는 상호관심사의 교환이다. 그리고 그 과정은 토론이다.

대립적 자아는 몰입도 방해한다. 특히, 자발성을 억압하는 자아는 몰입을 방해한다. 사회적 안정을 위해 개인의 사적의견의 표현이나 욕망의 추구를 억압하거나 불안을 회피하면 할수록 몰입의 가능성은 낮아진다.

자아의 내적 모순성을 완화하는 방법으로 자아의 유동성과 통합성을 살펴본다. 자아의 유동성은 자아의 변화를 수용하고, 그것을 능동적으로 추구한다. 그리고 통합성은 자아의 복잡성과 일관성을 함께 추구한다.

2-1. 자아의 유동성

공존하는 대립적 자아의 부정적 효과를 악화시키는 요인에 자아의 경직성이 존재한다. 그것은 자아의 동일성에 대한 극단적 집착이다. 자아를 구성하는 요인들은 각각 계속 변화한다. 물론, 그들이 변화하는 양태는 동일하지 않지만, 지속적으로 그리고 빠르게 변화한다. 그런데 자아가 경직되면, 자아의 대립성을 처리하는 능력이 손상된다. 자신의 모순적 모습을 지각하지 못하고 부인한다. 의식하면 괴롭기 때문이다. 외면하고 동일한 자아라는 환상에 집착해서 얻는 편안함에 안주한다.

예를 들어, 대학생활을 시작해서도 친구관계를 고등학교 동창생에게만 국한히고 새로운 친구를 형성하지 않는다. 낯선 사람들과 만나야 하는 동아리활동이나 기숙사생활을 거부한다. 그리고 수업만 참여하고 학과활동도 최소로 참여한다. 새로운 관계에 대한 불편과 불안이 존재하기 때문이다.

새로운 대인관계의 형성은 자아의 유동성을 촉진한다. 대인관계는 단순히 언어적 대화에 포함되어 있는 정보의 교환만 이루어지는 것이 아니다. 이 정보의 의미를 촉발하고 이해하기 위해 상대방의 관심을 이해하고 상대방의 어투와 억양 등을 이해할 필요가 있다. 즉, 자신이 익숙한 자아개념을 확장하는 경험을 포함한다. 특히, 낯선 옷차림, 화장, 태도 등의 비언어적 정보를 해독할 때 자아는 활성화되고 도전을 받는다.

자아의 유동성은 대립적 자아를 능동적으로 재구성하도록 돕는다. 대립적 자아가 불편하기 때문이다. 자신이 선호하는 자아를 선택해서 반대 자아를 배제할 수 있다. 혹은 선호하는 자아를 중심으로 반대 자아를 통합할 수도 있다.

2-2. 자아의 통합성

통합된 자아는 없다. 내적 모순이 존재하지 않고 완전하게 통합된 자아는 없다. 개인 안에 모순적 측면은 항상 존재한다. 예를 들어, 열렬한 신앙을 갖고 있는 사형 집행인이 있다. 이 경우, 생명존중이라는 종교적 가치와 사형 집행이라는 직업적 역할이 서로 모순된다. 만일, 이 모순을 민감하게 느끼면 그 직업을 포기할 가능성이 있다. 현대사회가 복잡할수록 현대인들은 서로 모순되는 활동에 동시에 관여될 가능성이 있다. 이 경우, 이 모순을 처리하는 가장 쉬운 방법은 자아의 모순성에 대한 지각을 막는 것이다. 즉, 모순성을 의식하지 않도록 모순되는 부분들을 서로 단절한다. 즉, 모순되는 부분들을 동시에 지각하지 않는다. 그러나 이것은 오히려 불안만 증폭시킬 수 있다. 억압된 부분에 무의식적으로 더 집착하게 되기 때문이다.

자신의 경험에 대한 반성은 자아의 통합을 촉진한다. 자신이 현재 여기에서 경험하는 신체적 감각, 생각, 감정, 타인의 기대에 대한 지각, 그리고 자신의 과거 사건에 대한 기억을 하나의 경험으로 이해한다면, 대립된 자아에 대해 능동적으로 접근할 수 있다. 자신에게 존재하는 대립된 자아를 지각하고, 그것과 상황의 관련성을 구체화하면서 반성하면 자신의 자아를 선택할 수 있다. 그리고 그것을 중심으로 통합할 수 있다. 그리고 관련을 찾을 수 없는 부분들도 점진적으로 관련성을 찾을 수 있다. 즉, 대립된 자아를 재구성하는 것이다. 이 재구성이 누적이 되면 눈에 띄는 결과가 나타난다.

연구 및 토의 주제

1. 대립하는 자아의 5쌍 중에서 가장 심각한 것은 무엇인가?

2. 행복을 구성하는 자신의 방법은 무엇인가?

II 기독교와 현대인의 삶

건강한 가정관 : 사랑과 결혼

대학생은 이성에 대해 관심이 높다. 이 관심은 생물학적 기반을 갖고 있기 때문에 피하기 어렵다. 이 보편적 관심은 행동의 차이에서 나타난다. 이성적 관심을 갖고 있는 대상과 만나는 경우, 더 신경을 쓴다.

사랑은 생물학적 관점에서 짝짓기의 현상에 수반되는 현상이다. 그런데 짝짓기는 협동보다 경쟁으로 구성된다. 물론, 치열한 경쟁을 선호하지 않는 개인도 있지만, 사랑은 선택이기 때문에 경쟁을 피할 수 없다.

사랑에 성차가 있다. 전략과 목표에 남성과 여성은 서로 다르다. 그것의 기반은 생물학적 차이에 있다. 여성은 남성보다 자녀의 출산과 양육에 더 많은 투자를 한다. 그리고 여성의 가임기간은 길다. 이와 같은 차이 때문에 여성은 선택과 결정에 남성보다 훨씬 더 신중하다. 그러나 결혼이나 출산이 아니라 연애에만 초점을 두면, 선택의 신중성은 감소한다.

사랑은 개인적 만족을 기반으로 형성한다. 사랑을 운명으로 생각하고 일방이 희생으로 그것이 완성되고 친밀한 인간관계가 유지된다는 생각도 남아 있다. 그러나 이제 개인적 선택과 가치가 기준이기 때문에, 자신의 만족과 이익을 기대하고 사랑을 한다. 그리고 동일한 이유 때문에 친밀한 인간관계를 형성하고 발전시킨다. 친밀하고 따뜻한 인간관계는 장점이 있다. 간섭을 받지 않는 생활도 편리하지만 사랑하는 사람과 함께 지내는 것도 따뜻하다. 친밀한 인간관계를 유지할 때 신체적, 심리적, 사회적, 그리고 경제적 유익이 발생한다.

인간관계는 책임을 포함한다. 결혼과 같은 명시적 계약은 법적 책임도 포함한다. 상대방에 대한 상호책임이 존재한다. 그런데 둘 사이의 책임만 존재하는 것이 아니다. 결혼 당사자의 원가족원들에 대한 책임도 발생한다. 물론 이들이 결혼 당사자를 지원하는 존재이지만, 참견하고 부담을 주는 존재가 될 수도 있다. 더구나 자녀를 출산하면 새로운 책임과 부담이 발생한다. 자녀에 대한 부담이 크기 때문이다. 일반적으로, 자녀를 출산하면 행복의 수준은 저하된다. 그리고 자녀가 사춘기에 도달하면 최저점에 이르게 된다.

인간관계에서 발생하는 책임에 대한 부담이 느껴지는 배경에는 도움이 필요한 사람에 대한 사회적 지원의 부족이 존재한다. 필요한 지원을 주로 가족과 같은 관계인에게 요구할 때, 인간관계에서 친밀감은 사라지고 부담감이 높아진다.

더구나 우리 인간관계에서 정서적 친밀감보다 도구적 친밀감이 더 높다. 가족의 경우에도, 현실적 문제에 관심을 집중한다. 자산관리나 자녀양육의 성공을 중심으로 대화가 이루어진다. 가족원들이 함께 시간을 보내고 공동의 활동을 하면서 즐겁게 시간을 보내는 과정에 대한 관심이 적다. 이를 반영하는 예는 고등학교의 야간자율학습이다. 가족관계를 포함한 인간관계의 정서적 친밀감을 소중하게 여긴다면, 대화의 시간을 빼앗는 제도에 대해 사회구성원들이 동의하지 않기 때문이다.

남성과 여성의 차이, 사랑, 정서적 친밀감의 촉진 방법, 그리고 갈등완화의 방법을 살펴본다.

1. 남성과 여성

남성과 여성의 차이는 관심의 대상이다. 그러므로 검색을 하면, 많은 정보를 얻을 수 있고 흥미로운 실험의 영상을 찾을 수 있다. 성차 중에서, 대학생이 속한 성인 초기의 사랑과 관련이 높은 생물학적 차이는 호르몬과 생식능력의 차이이다. 호르몬 중에서 남성호르몬인 테스토스테론이 지배성, 충동성, 그리고 반사회성을 촉진한다. 테스토스테론의 수준이 높은 사람이 더 지배적이고, 더 폭력적이다. 그리고 규칙위반을 더 많이 한다. 그리고 음주나 마약 사용의 빈도가 더 높다. 더 많은 사람과 성관계를 맺고, 성장과정에서 인간관계 문제가 발생하는 가능성이 더 높다. 결혼의 가능성은 더 낮고, 결혼을 하더라도 이혼의 가능성이 더 높다. 그리고 외도와 가족학대의 가능성은 더 높다. 여성이 많이 갖고 있는 호르몬은 보살핌을 촉진하는 옥시토신이다. 이것은 이완과 진정을 촉진하기 때문에 공포를 감소시키고 사회적 유대를 강화한다. 이것의 수준이 높으면 공격성이 낮다. 그리고 배우자로부터 더 많은 지지를 받는다. 다른 사람에 대해 공감하는 능력도 증가하고, 낯선 타인에 대한 신뢰도 높다.

생식능력에서 남성과 여성의 차이는 사랑과 결혼에 대한 접근법의 차이를 유발한다. 여성은 가임기간이 길고, 임신과 양육에 더 많은 자원을 투입한다. 그래서 신중한 전략을 사용한다. 즉, 최고의 배우자를 선택하고 그 관계를 유지하는 전략을 사용한다. 결국 최고의 남성을 확인할 때까지 관계나 임신에 대한 결정을 보류한다. 이때, 여성이 기대하는 남성의 특성은 탁월한 유전적 능력, 임신과 양육의 기간 동안 보살펴주는 관대함, 부인과 자녀를 보살피는 관대함, 경제적 능력, 지위 등이다. 그리고 친밀한 인간관계가 형성한 이후에 발생하는 질투의 주 이유에도 생물학적 기반이 존재한다. 여성은 타인에게 '마음을 줬다'는 것에 불안하다. 타인과 감정적 유대의 형성해서 자신과 자녀를 버리는 것에 대한 불안이 질투의 핵심이다.

남성의 전략은 다르다. 여성과 달리, 남성은 전 생애 동안 생식이 가능하다. 그리고 임신과 양육에 대한 투자도 훨씬 더 적다. 그래서 성적 기회의 극대화 전략을 사용한다. 가능하면 많은 상대방과 성관계를 한다. 결국 남성은 바람둥이이다. 그리고 남성의 이상형은 임신능력이 높은 여성이다. 여성의 임신능력은 젊음과 건강으로 나타나는데, 건강은 미와 신체적 매력으로 드러난다. 남성의 핵심 불안은 '내가 남의 자녀를 키우는 것이 아닐까?'이다. 그러므로 남성이 질투하는 주 이유는 상대방의 성적 부정행동이다.

남성과 여성의 생물학적 특성은 절대적이지 않다. 문화는 이 특성을 보완하거나 재구성한다. 예를 들어, 남성호르몬의 지배성과 충동성을 제한하는 법과 제도가 구성되어 있다. 법은 배우자나 자녀를 억압하기 위한 폭력의 행사를 금지한다. 그리고 그것이 발생하는 경우에 개입한다. 그리고 자녀가 성인이 될 때까지 자녀양육의 책임을 부모 양자에게 부담하도록 한다. 생물학적 특성을 재구성하는 문화적 요인의 개입도 더 증가하고 있다.

남성과 여성 사이에 차이가 존재한다. 그러나 차이가 차별이 되지 않도록 한다. 차이는 존중하지만, 그 차이도 개인의 선택에 종속된다. 그러므로 생물학적 차이를 근거로 타인의 선택을 무시하거나 타인에게 해를 끼칠 수 없다. 남성과 여성은 생물학적 존재가 아니라 문화적 존재이다.

2. 사 랑

사랑을 구분하면, 열정적 사랑과 반려적 사랑으로 나눌 수 있다. 물론, 열정, 친밀감, 그리고 헌신으로 분류하기도 한다. 그러나 헌신은 희생이라는 특징이 강하기 때문에 개인적 선택과 계약을 기반으로 형성되는 친밀한 인간관계에서 제외한다. 그래서 2개 분류를 사용한다. 그런데 양자 모두 친밀한 인간관계에 중요하다.

열정적 사랑은 높은 수준의 흥분과 상대방에 대한 매혹이 특징이다. 새로운 친밀한 인간관계의 초기 단계에 나타난다. 다르게 보면, 이 사랑 때문에 우리는 새로운 관계를 시작할 수 있다. 상대방을 선택하고 상대방과 새로운 관계를 형성하는 과정은 쉽지 않다. 현재 진행되는 관계와 일상에서 새로운 관계에 빠져드는 강한 동기가 필요하다. 이 동기를 제공하는 것이 열정적 사랑이다.

열정적 사랑은 격렬하다. 신체의 흥분체계와 보상체계를 활성화한다. 자신에 대해 정의하는 자아개념과 현재의 자신을 평가하는 자아존중감에도 변화를 초래한다. 그리고 행복과 기쁨과 같은 긍정적 정서를 촉진한다. 그리고 관심을 집중적으로 흡수하기 때문에 다른 대상에 눈을 돌릴 여유가 사라진다.

반려적 사랑은 상대방과의 동질성에 기반한다. 이것은 친밀감과 유대의 관계이다. 관심과 경험을 공유하면서 생기는 감정이다. 이 경험은 만족일 뿐만 아니라 몰입도 포함한다. 우리말의 정과 같다. 고운 정만 있는 것이 아니라 미운 정도 있다. 이것이 친밀한 인간관계를 형성하고 그것에서 발생한다.

3. 정서적 친밀감

어떻게 정서적 친밀감이 높은 인간관계를 유지할 수 있을까? 이것이 건강한 가정의 핵심이다. 주변에서 정서적 친밀감이 높은 인간관계는 동창생들과의 관계이다. 서로 만나면, 상대방이 좋아하거나 힘이 되는 말을 한다. 상대방이 싫어하는 말을 하지 않는다. 상대방을 고치려고 하지 않는다. 상대방이 거절하면 그것을 더 이상 하지 않는다. 상대방이 좋아하고 나도 좋아하는 것을 함께 한다. 그리고 서로 부담이 되지 않도록 한다. 대화 자체가 즐겁고 행복하다.

정서적 친밀감을 증가시키려면 일상에서 긍정적 정서의 경험이 도움이 된다. 그것을 촉진하기 위해, 다음과 같은 방법을 사용할 수 있다.

첫째, 상대방이 관심을 갖고 있는 주제나 영역에 대해 자신도 시간을 투자해서 정보와 경험을 확대한다. 예를 들어, 여러분은 상대방이 좋아하는 웹툰을 알고 있나? 그리고 그것에 관심을 갖고 읽고 있나? 그리고 상대방의 불안과 공포를 갖고 있는 주제나 영역에 대해 조심한다.

둘째, 상대방의 가치나 영향력에 대해 감동한다. 예를 들어, 여러분은 상대방의 작은 노력에 대해 감동을 받고 그것을 표현한 적이 있나?

셋째, 상대방의 정서적 필요에 대해 민감하게 반응한다. 예를 들어, 상대방이 놀랐을 때 그것을 알아차리고 진정될 때까지 함께 있으며 대화를 한다.

긍정적 경험이나 가치와 이상을 공유하면 정서적 친밀감은 촉진될 수 있다. 함께 역경을 극복하거나 목표를 성취하는 경험은 정서적 친밀감의 발달에 도움이 된다. 그리고 꿈과 이상을 공유하고 함께 추구하는 경험을 축적하면 도움이 된다. 예를 들어, 상대방이 자신의 꿈을 실현하는 과정에 참여한 적이 있는가?

4. 갈등의 감소

현대인은 자기 주장이 분명하다. 자신의 선택을 중시하고, 그것을 표현한다. 그러므로 개인과 개인이 관계를 형성하면, 갈등을 피할 수 없다. 갈등이 없는 관계는 단지 일방의 억압이나 희생의 관계에 불과하다. 인간관계에서 정서적 친밀감을 높이려면, 갈등을 감소시키는 능력이 필요하다.

인간관계의 갈등을 완화하기 위해 다음과 같은 방법들을 사용할 수 있다.

첫째, 분노를 진정시킨다. 자신과 상대방의 분노를 진정시킨다. 그리고 불안과 공포도 진정시킨다. 심호흡을 하거나 속으로 숫자를 세는 것이 도움이 될 수 있다. 혹은 긴장이 높아지면, 대화를 일시 중지하고 쉬는 것도 도움이 된다. 그리고 강한 부정적 감정의 표현 금지의 원칙을 준수하면 도움이 된다.

둘째, 상대방과 협상한다. 자신이 입장을 고수하지 않고 양방에게 이익이 되는 해결책을 찾기 위해 협상을 하면 갈등은 감소한다. 이 경우, 부드러운 협상의 접근을 사용한다. 상대방의 요구에 양보를 해서 대치상태를 풀고 상대와의 관계향상에 초점을 둔다.

셋째, 의사소통을 통해 오해를 푼다. 그러나 이 방법은 위험성이 높다. 의사소통 과정에서 일방이라도 미움, 거부, 짜증, 협박을 표현하거나 했으면 갈등이 격화될 수 있다. 이 경우, 의사소통을 통한 오해풀기가 아니라 협동적 규범의 구성과 상호신뢰의 증진을 목표로 삼으면 도움이 된다.

넷째, 상대방에게 먼저 협동의 양식을 사용한다. 협동은 양방이 모두 만족할 수 있는 해결책을 찾기 위해 노력하는 방식이다. 이것에 대해 상대방이 협동적으로 반응하면, 즉각 협동으로 반응한다. 그러나 상대방이 적대적으로 반응하면, 물러서서 기다린다.

다섯째, 갈등을 당사자에게 국한한다. 편드는 사람이 생기면 갈등은 확대된다. 양자의 갈등이 양자의 가족이나 친구의 갈등으로 확산될 수 있다. 그러면 갈등은 악화된다. 갈등의 완화시키려면, 주변 사람들은 당사자의 요청이 있는 경우에만 개입한다. 그리고 당사자가 문제와 관계에 집중해서 협동적 시도를 하고 협상하도록 돕는다.

연구 및 토의 주제

1. 정서적 친밀감을 촉진하는 방법 중에 선호하는 것은?

2. 갈등을 완화하는 방법 중에 선호하는 것은?

III 기독교와 현대인의 삶

폭력, 전쟁 그리고 평화적 삶

1. 오늘의 문제 - 평화를 바라는 우리들

인류 역사를 통해서 폭력과 전쟁이 없었던 시기는 별로 없었다. 한반도의 분단 이후의 역사만 살펴보더라도 1945년 광복과 함께 분단된 이후 70여년의 세월을 냉전의 시대를 보내고 있다가 2018년 문재인 대통령과 북한의 김정은 국방위원장 간에 1차 남북 정상회담을 시작으로 '새로운 평화의 시작'이라는 슬로건을 걸며 남북이 함께 평화를 위한 걸음을 내 딛기 시작하였다. 하지만 '평화를 이룬다'는 것은 말처럼 쉽지만은 않다. 성경을 보면 창세기에 아담과 하와 사이에 태어난 가인이 아벨을 죽인 이야기가 나온다(창세기 4:1-15). 하나님은 복수를 금하심으로 폭력의 악순환을 끊고자 했으나, 가인의 후손 가운데 라멕은 살인행위를 드러내놓고 자랑하고 있다. "아다와 라멕의 아내들이여 내 말을 들으라 나의 상처로 말미암아 내가 사람을 죽였고 나의 상함으로 말미암아 소년을 죽였도다. 라멕을 위하여는 벌이 칠십 칠배이리로다 하였더라"(창세기 4:23-24). 복수와 폭력이 심해지고, 끝없이 죄는 커져 간다는 것이다.

이와 같은 모습은 바로 오늘날 우리들의 모습과도 유사하다. 계몽사상가들의 생각대로 인간의 이성과 과학이 인류에게 가져다 줄 진보된 미래에 대한 기대에도 불구하고 근대문명은 유대인에 대한 대량학살, 파시즘 등 새로운 형태의 폭력과 전쟁을 낳았다. 구소련이 무너지면서 냉전이 종식된 1990년대에도 폭력과 전쟁은 줄어들지 않고, 걸프전쟁, 보스니아 민족내전 등 오히려 민족, 종교, 정치적인 문제로 전쟁은 계속되었다. 공산주의 몰락과 더불어 희망과 기대 속에 맞은 새로운 밀레니엄에서도 미국의 9 · 11사태와 최신예 살상무기들이 총 동원된 보복전쟁, 침략전쟁, 종교와 인종적 갈등을 둘러싼 유혈충돌 등 걷잡을 수 없는 폭력이 확산되었다.

그러한 폭력과 전쟁에 대해서 어떤 이들은 폭력과 전쟁은 악한 것이기에 어떤 명분으로도 정당화될 수 없다고 하고, 어떤 이들은 공권력의 타락과 불의에 대항하는 폭력과 전쟁은 정의를 수립하기 위한 것임으로 정당화되어야 한다고 주장한다. 우리는 폭력과 전쟁을 무시할 수도 없고, 그렇다고 용납할 수도 없다. 우리는 폭력과 전쟁에 대해서 어떻게 봐야 할 것인가?

2. 폭력의 종류 및 특징

지금도 폭력과 전쟁은 계속되고 있다. 우리는 폭력이 이 시대의 '시대정신'으로 영향을 끼치는 시기에 살고 있다고 해도 과언이 아니다. 그러한 폭력의 종류도 다양해서 폭력을 단순하게 타인에게 물리적인 상해를 입히는 정도로 이해한다면 그것은 폭력에 대한 매우 협소한 개념적 정의일 것이다.

폭력의 종류를 다음과 같이 나눌 수 있다.

① 살인이나 학살 등의 육체적 폭력

② 사회, 정치, 문화적 구조들이 사람들을 억누르거나 차별하는 구조적 폭력

③ 인종, 성, 피부색에 따라 인간을 소외시키는 사회적 폭력

④ 존엄하게 살고자 하는 기본적인 인간의 욕구마저 부정케 하는 경제적 폭력
⑤ 권력을 가진 쪽에서 약한 쪽을 향해 도덕적인 잣대로 가하는 도덕적 폭력
⑥ 가정 폭력
⑦ 심리적 폭력
⑧ 종교의 이름으로 자행되는 종교적 폭력 등 여러 가지 폭력이 있다.

이와 같은 폭력은 그 이면에는 폭력을 정당화하려는 이상주의 혹은 신화가 숨겨져 있다. 폭력이야 말로 억압하고 있는 지배구조를 깨뜨리고 사람을 자유롭게 하며 순결하게 하는 힘이라는 생각이다.

이러한 폭력들도 나름의 특징을 가지고 있다. 프랑스의 법철학자이자 사회학자 자끄 엘룰Jacqes Ellul에 따르면 폭력은 사랑의 은총의 질서가 아닌 필연의 질서로서 다섯 가지 법칙을 가진다고 한다.

첫 번째 법칙은 계속성이다. 이는 사람이 폭력을 사용하기 시작하면 계속해서 사용하게 되며 쉽게 끊을 수 없다는 것이다. 문제해결을 위해서 일시적으로 편법으로 사용한 폭력이 일단 시작되면 계속된다는 것이다.

두 번째 법칙은 상호성이다. 이것은 "칼을 쓰는 자는 칼로 망한다"는 예수님의 말씀에서 나타난다. 폭력은 또 다른 적개심을 잉태하기 때문에 문제를 푸는 것이 아니라 또 다른 문제를 만들어 낸다는 것이다.

세 번째 법칙은 동일성이다. 폭력을 악한 폭력과 선한 폭력으로 구분할 수 없다는 것이다. 정당한 폭력, 부당한 폭력, 예속시키는 폭력, 해방시키는 폭력, 심리적 폭력, 가진 자의 경제적 폭력이 모두 동일하다는 것이다.

네 번째 법칙은 폭력은 폭력을 재생산한다는 것이다. 폭력이란 고상한 목표도 실현할 수 없고, 정의를 창출할 수도 없고, 다만 악과 범죄만을 유발할 뿐이다. 결국 폭력은 폭력을 낳기 때문이다.

다섯 번째 법칙은 폭력을 사용하는 사람이 항상 폭력과 자기 자신을 정당화하려고 애쓴다는 사실이다.

3. 폭력과 전쟁이 사용되어지는 현실

그런데 이와 같은 폭력이 우리 주위의 일에서만 나타나고 사용되어지는 것이 아니라 많은 정치인들과 정부는 자국의 이익을 관철하기 위해서 또한 자신의 정치적 이해를 위해 폭력을 동반한 전쟁을 오늘도 활용하고 있다는 것이다.

정치인들은 정치가 궁극적으로 국민의 평안한 삶과 정의를 위한 기술이라고 여기므로 전쟁이 정치의 목적을 위해서는 어쩔 수 없는 방편이라고 생각한다. 그리하여 무력과 전쟁사용의 가능성을 결코 배제하지 않고 또한 정치적 목적을 위해 실제로 활용하고 있다. 이것이 엄연한 국제정치의 현실이기도 하다. 아우구스티누스 Augustinus, 354-430는 전쟁은 죄의 결과이지만 죄에 대한 비극적 치유책이라고 전쟁을 죄와 관련하여 말한 바 있다. 타락한 세상에서 전쟁이 평화를 깨뜨리지만 동시에 깨어진 평화를 회복하기 위해 또 전쟁이 필요하다는 것이다. 막스 베버Max Weber, 1864-1920는 폭력과 전쟁은 이 세상에서 정치를 위한 가장 강력한, 불가피한 수단이라고 말한 바 있다. 폭력과 전쟁이 대화와 타협이 실패한 현장에서 사용되어지는 또 다른 정치의 모습으로 나타나고 있는데, 그러한 폭력과 전쟁을 기독교 신앙의 입장에서는 어떻게 바라보고 이해할 것인가?

4. 기독교 신앙의 입장에서 본 전쟁
– 평화주의와 정당전쟁론

우리가 폭력과 전쟁을 문제 삼는 것은 평화를 원하고 평화를 기다리기 때문이다. 전쟁과 평화에 대한 교회의 태도는 아우구스티누스 이후에 두 가지 입장을 보이고 있다. '평화주의'Pacifism와 '정당전쟁론'Just War Theory이다. 평화주의는 어떤 목적과 이유를 불문하고 기독교회는 전쟁에 가담하거나 전쟁을 정당화해서는 안 된다는 논리이다. 정당전쟁론은 이웃사랑을 실현하고 평화를 회복하기 위해 불가피한 경우 전쟁이 특수한 조건과 기준을 만족한다면 도덕적으로 정당할 수 있다고 주장한다.

4-1. 평화주의

평화주의는 폭력이 결코 평화와 조화를 이룰 수 없다고 보면서 어떤 경우에도 폭력을 사용하는 것과 전쟁에 참여하는 것을 거부하는 입장이다. 그러나 평화주의의 입장도 결코 단일하지 않다. 폭력을 행사하는 것은 인간의 존엄성을 해치는 것이기에 허용될 수 없다고 주장하는 인간애적 평화주의humanistic pacifism와 비폭력이 폭력보다 훨씬 정치적, 사회적으로 효율적이기에 비폭력을 옹호하는 실용주의적 평화주의pragmatic pacifism가 있다. 그러나 기독교 평화주의Christian pacifism는 이와 성격이 다르다.

기독교 평화주의의 입장은 그리스도인들은 예수 그리스도가 걸어가신 삶과 가르침에 대한 증거자이기 때문에 어떤 경우에도 폭력은 예수님의 방식 밖에 있는 비기독교적인 것이라고 주장해서 전쟁을 용인하지 않는다. 그리스도인들은 실용성과 효용성의 관점으로 폭력을 앞세우는 문화와는 다른, 사랑과 섬김의 대안적 문화를 만들어 가야 한다는 것이다. 초대 교회의 터툴리아누스Tertullianus, 150-240 때부터 오늘에 이르기까지 소수의 흐름에 의해서 계속되고 있으며, 현대에 와서는 존 하워드 요더John Howard Yoder, 스탠리 하우어와스Stanley Hauerwas 그리고 마틴 루터 킹Martin Luther King Jr. 목사와 같은 학자에 의해 부각되고 있으며 새롭게 주요한 흐름으로 자리 잡고 있다.

평화주의자들에게 십자가는 그리스도인들이 어떤 경우에도 폭력을 버려야 한다는 것을 말해준다. 곧 극단적인 사건으로 십자가의 방식은 무능하게 보이지만 결국은 위대한 하나님의 능력을 이 땅에 보여주는 방편이라고 믿는다. 그 근거가 부활이라는 것이다. 평화주의자들은 평화를 이룰 수 있는 전략을 교회가 교회 본연의 모습이 되는 길이라고 주장한다. 교회가 본연의 모습을 갖고 있어야 교회 존재 자체가 사회에 영향을 미친다고 말한다. 용서와 섬김의 공동체로서 교회가 있을 때, 그 존재 자체로 보복과 위압적 지배가 덕목인 이 사회와 구조에 생생한 대안적 공동체의 증거로 기능할 수 있다는 것이다.

4-2. 정당전쟁론

정당전쟁론은 전쟁은 정당화될 수 있다는 입장이다. 정당전쟁론의 핵심은 정의에 대한 관심이다. 평화는 궁극적으로 정의가 없이는 이뤄질 수 없기 때문이다. 무력이 고통 받는 이웃을 위한 사랑과 평화를 회복하기 위한 의도라면 전쟁이 때로는 정당화될 수 있다고 주장한다.

2000년의 기독교회 역사의 주된 흐름은 정당전쟁을 지지하는 입장이었다. 초대 교회의 아우구스티누스Augustinus, 354-430, 토마스 아퀴나스Thomas Aquinas, 1225-1275, 루터Luther, 칼빈Calvin을 거쳐서 현대의 폴 램지Paul Ramsey, 1913-1988와 라인홀드 니버Reinhold Neibuhr에 이르기까지 많은 학자들이 이 입장을 지지하고 있다. 지금도 미국의 주류 개신교 교단들과 로마 가톨릭교회와 세계의 주류 교회 그리고 복음주의 교단들까지 유력한 교파들이 취하고 있는 입장으로 전쟁과 평화의 문제에 있어서 수백 년 동안 기독교적 판단에 결정적인 중요성을 지녔던 이론이다.

이 이론은 전쟁보다는 평화에 보다 우선적인 관심을 가지고 있으며 전쟁 법칙들에 대한 근거를 제공한다. 그러나 이것은 전쟁이 선하기 때문이 아니라 전쟁은 제한되어야 하고 통제 하에 있어야 하기 때문이라는 것이다.

따라서 정당전쟁론자들은 전쟁이 정당화될 수 있기 위한 조건을 제시한다. 정당전쟁론은 전쟁개시의 정당성justice toward war과 전쟁행위의 정당성justice in war에 대한 8가지 기준을 제시한다.

첫째, 전쟁은 최후의 수단이라는 것이다. 전쟁은 다른 어떤 방법으로도 평화를 회복할 수 없을 때 마지막 수단으로 행해져야 한다.

둘째, 정당한 이유이다. 우리가 싸우는 목표가 정당해야 한다는 것으로 공격당한 나라를 침략에서 보호하는 것처럼, 전쟁이 파괴의 위협이나 불의의 발생을 막으려는, 도덕적으로 보다 바람직한 목적을 지키기 위해 수행될 경우에만 정당화된다는 것이다.

셋째, 정당한 의도이다. 복수와 상대방의 파멸이 아니라 파괴된 평화를 회복하는 의도라는 것이다.

넷째, 합법적인 권위를 지닌 정부에 의해서 공적으로 사전 선전포고되어져야 한다. 전쟁을 선포하는 것은 개인의 임무가 아니라 합법적인 권위에 의해서 명백하게 선포되어질 때 정당화될 수 있다는 것이다.

다섯째, 전쟁을 수행할 때 성공 가능성이 있어야 한다. 이것은 단순히 이기는 것만을 고려하는 것이 아니라 전쟁을 수행함으로 발생하는 고통과 악을 훨씬 능가하는 선이 도출되어야 한다.

여섯째, 사회 간접자본을 파괴하지 않도록 제한된 목표에 공격이 허용되어야 한다.

일곱째, 민간인에 대한 공격을 배제되어야 한다. 즉, 비전투원에 대한 폭격을 금해야 한다는 것이다.

여덟째, 공격은 자국이 당한 피해를 능가하지 않는 범위 내에서만 행해져야 한다.

정당전쟁론자들은 성서적인 근거가 있음을 주장한다. 성서는 모든 전쟁을 정죄하지 않고 때로는 정당화하고 있다고 주장한다. 만약 침공을 당하여 시민들이 고통을 겪는다면 정부는 당연히 불의의 세력에 대한 하나님의 대행자로서 악을 제어하고 정의를 수립하기 위해 전쟁을 할 수 있다는 것이다.

5. 지속적인 대화와 탐구의 필요

평화주의와 정당전쟁론의 모습을 살펴봄으로 기독교 신앙으로 그동안 택해 왔던 폭력과 전쟁에 대한 대안을 살펴보았다. 그렇다면 오늘날을 살아가는 우리가 그 대안을 그대로 택할 수 있을까?

평화주의를 택할 것인가? 그러나 범죄자들이 우리의 가족을 공격하게 된다면 어떻게 해야 하는가? 이런 사실로 우리는 평화의 길을 걸어가야 하지만 절대적 평화주의의 길을 걸어갈 수는 없을 것이다. 그러하면 전통적인 정당전쟁론이 폭력의 문화를 극복하고 평화의 문화를 만들어 가는 대안이 될 수 있는가? 오늘날 핵무기와 최첨단 무기체제 앞에서 그것도 쉬운 부분이 아닐 것이다.

이처럼 평화주의와 정당전쟁론은 나름대로의 문제점을 안고 있다. 이 양자의 대안은 무엇인가? 두 전통은 평화를 만들어 가는 길이 끝없는 순례의 길임을 알고 서로 격려하고 토론함으로 길을 모색해야 할 것이다. 원론적으로는 철저한 평화의 길을 가려고 하는 평화주의를 지향하면서, 죄악과 불의가 있는 세상 속에서 책임적인 삶을 살고, 평화의 회복을 위해 불가피한 상황 속에서 최후의 수단으로서의 폭력이나 전쟁을 수행해야 할 때가 있다고 보는 정당전쟁론을 무시하지 않는 입장을 고려해봐야 할 것이다. 다시 말해 정당전쟁론은 인간의 죄와 권력욕을 강조하는 것에서 더 나아가 평화와 정의의 이상을 향한 인간의 노력을 더욱 긍정적으로 보고 노력하는 자세가 필요하고, 평화주의는 예수님의 가르침과 법을 강조하는 것에서 한 걸음 나아가 죄와 이기심 그리고 그로 말미암아 고통 받는 이웃과 사회의 엄연한 현실과 좀 더 씨름하는 태도가 필요하다.

6. 정의와 평화가 입맞춤할 때까지

우리가 이웃과 사회와 세계에 폭력과 전쟁이 없는 평화가 찾아오길 애쓰는 만큼 우선적으로 우리의 인격적 생활 속에 평화가 이뤄져야 할 것이다. 그러나 평화는 단순히 폭력과 전쟁이 없는 조용한 상태라는 소극적이고 협소한 의미가 아니라 풍요함과 안녕의 상태를 의미한다.

이 참된 샬롬Shalom이 이뤄지기 위해서 평화는 궁극적으로 모든 것이 올바른 관계에 놓일 때 가능하다. 샬롬은 모든 관계가 올바르고 완벽하며 기쁨으로 가득해서, 물리적, 정서적, 사회적, 영적인 차원을 통틀어 한 점 부족함 없이 완전하게 조화를 이룬 상태를 가리킨다. 그렇다면 정의란 무엇일까? 학계에서는 정의를 '기초정의', '교정정의'로 이해한다. 교정정의는 잘못을 저지른 이에게는 벌을 내리고 부당한 대우를 받은 희생자는 보살펴 주는 걸 의미하며, 기초정의는 올바른 관계 가운데 사는 삶을 의미한다.

성경학자 알렉 모티어Alec Motyer는 정의 즉 '의롭다'는 말을 "하나님과 올바른 관계를 맺고 있는 까닭에 삶에서 맞닥뜨리게 되는 모든 관계를 바로잡는 일에 자연스럽게 헌신하다"는 의미로 정의한다. 팀 켈러Timothy Keller 는 그의 책 『정의란 무엇인가』에서 정의(의로움)란 '성적으로 순결을 지키거나 열심히 기도하고 성경공부하는 등의 개인의 윤리를 뛰어 넘어 하루하루 가족 및 사회적 관계들을 공정하고 공평하며 관대하게 이끌어 가는 일상적인 삶'을 지칭한다. 그러한 정의는 하나님의 은혜를 온 마음으로 절감한 이들이 그 은혜와 사랑을 필요로 하는 이들에게 표현하는 방식으로 나타난다. 그런 의미에서 정의와 평화는 뗄 수 없는 관계에 있으며 우리 삶과 아주 밀접한 관계가 있는 것이다. 이사야는 "정의는 평화를 가져오고"(이사야 32:17), "네 평화가 강같이 흐르고, 네 공의가 바다의 파도같이 넘쳤을 것이다"(이사야 48:18)고 말했다. 구약성서의 독특하게 발전되어 있는 관계개념은 평화의 전제조건이 곧 정의임을 말해준다. 그 정의는 바른 관계를 의미한다. 정의가 없는 곳에서는 하나님과 인간의 관계, 인간과 인간의 관계, 인간과 피조물의 관계가 온전한 관계가 될 수 없고, 평화가 이뤄질 수 없다는 것이다. 왜냐하면 평화는 온전한 관계들의 조화로서 이뤄지기 때문이다.

신약성서에서도 우리의 관계가 바로 회복되는 정의와 평화의 세상에 대해 말하고 있다. 에베소서 2:14-16에 나오는 평화의 비전이다. "그리스도는 우리의 평화이십니다. 그는 유대 사람과 이방 사람 사이를 가르는 담을 자기 몸으로 허무셔서, 원수된 것을 없애시고, 여러 가지 조문으로 된 계명의 율법을 폐하셨습니다. 그것은 이 둘을 자기 안에서 하나의 새 사람으로 만드셔서, 평화를 이루시고 … 하나님과 화해시키려는 것입니다." 그리스도께서 자기 몸을 희생함으로써 이루시고자 하신 것이 바로 하나님과 하나 되는 화해에서 완성됨을 이야기한다. 인간이 평화롭게 되는 것은 평화와 더불어 사는 가운데, 사랑을 나타낼 수 있으려면 하나님의 사랑 안에 살아야 한다. 그 사랑은 특별히 가난한 자, 약한 자, 병든 자, 소외된 자들에게 나타났다. 그리고 지극히 보잘 것 없는 사람 하나에게 한 것이 곧 내게 한 것이다(마태복음 25:40b, 새번역)라고 말씀하신다. 평화를 이루고자 하는 사랑의 실천에서 꼭 필요한 것이 바로 그리스도를 본받아 관계의 회복과 화해를 위해 헌신하는 것이다.

연구 및 토의 주제

1. 우리는 요즘 국제적인 내전과 더불어 데이트 폭력, 주폭 등 일상생활에서도 폭력을 쉽게 접하는 시대에 살고있다. 자신이 경험한 폭력과 그에 대한 폐해에 대해서 나눠보자.

2. 지금도 진행되고 있는 전쟁의 현장이 있다면 알아보고, 그 전쟁을 바라보는 각자의 시각을 나눠보자.

3. 평화와 정의를 위해서 내가 할 수 있는 일은 무엇이 있을까?

참고도서

1. 팀 켈러 저/ 최종훈 역, 『정의란 무엇인가』 서울 : 두란노, 2012
2. 이문균, 「기독교와 폭력」 대전 : 한남대학교출판부, 1989
3. 니콜라스 월터스토프, 홍병룡 옮김, 강여안 해설 「정의와 평화가 입맞출 때까지」 서울 : IVP, 2007
4. 신원하, 「전쟁과 정치」 서울 : 대한기독교서회, 2003
5. 정원범, "이라크 전쟁 분석과 기독교 평화운동" 한국신학논총 31, 2004

IV 기독교와 현대인의 삶

4차 산업혁명과 우리의 삶

우리는 지금 초연결성hyper-connectivity과 초지능화super-intelligence를 특징으로 하는 4차 산업혁명시대를 살아가고 있다. 4차 산업혁명에 대해서 처음으로 소개했던 클라우스 슈밥Klaus Schwab은 지금 이 시기보다 '더 위대한 약속, 더 위대한 잠재 위험'이 존재했던 시기는 한 번도 없었음을 강조하고 있다.

1차 산업혁명은 물과 증기의 힘을 활용하여 생산의 기계화를 이루었으며, 2차 산업혁명은 기계로부터 얻은 전기의 힘을 활용하여 마침내 대량생산의 길을 열었고, 3차 산업혁명은 한 걸음 더 나아가 전기의 힘에 정보기술을 더해 생산을 자동화하는 데까지 이르렀다.

20세기 중반부터 시작된 디지털혁명을 토대로 한 4차 산업혁명은 디지털은 물론이며 다양한 학문, 곧 물리학과 생물학 등의 경계를 허무는 기술적 융합을 특징으로 우리 사회 시스템에 빠른 속도로 영향을 끼치고 있다. 이러한 4차 산업혁명에서 가장 큰 이득을 본 사람들은 디지털세계에 접근할 수 있고, 디지털세계를 감당할 능력이 있는 사람들이다. 그들은 4차 산업혁명시대를 살아가는 디지털 세대로서 디지털 네이티브Digital Natives로 일컬어진다.

1. 4차 산업혁명과 디지털 네이티브 (Digital Natives) 세대

우리는 요즘 미디어뿐만 아니라 삶의 모든 영역에서 4차 산업혁명과 그와 관련된 내용에 대한 논의를 접하고 있다. 많은 논의 중에는 4차 산업혁명의 긍정적인 효과들과 변화들을 말하고 있다. 하지만 동시에 변화에 부적응하는 일상, 바른 대응을 하지 못했을 때의 두려움이 공존하고 있는 것도 현실이다. 쏟아지는 정보, 변화하는 일상에 대한 지혜로운 대처가 무엇보다도 중요한 시기이기도 하다. 지혜로운 대처를 위해서 4차 산업혁명이란 무엇이며 빠르게 진행되는 변화의 핵심은 어떤 것인지에 대한 바른 이해를 갖는 일로부터 출발할 필요가 있다.

1-1. 4차 산업혁명이란?

4차 산업혁명은 2016년 1월에 열린 세계경제포럼WEF : World Economic Forum에서부터 나타난 용어이다. 4차 산업혁명은 정보 통신 기술ICT을 바탕으로 하는 지금까지와는 전혀 다른 산업이 시대를 지칭하는 용어라고 할 수 있다. 4차 산업혁명은 컴퓨터, 인터넷으로 대표되는 정보혁명이라고 일컬어지는 3차 산업혁명을 넘어 더욱 발전된 혁신과 진화라고 불리운다. 특별히 발전이 더 이뤄지고 있는 분야는 인공지능AI, 로봇, 사물인터넷IoT, 가상현실VR, 클라우드Cloud, 빅데이터Big Data, 나노 및 바이오 기술, 그리고 모바일Mobile 등으로 요약되는 지능화된 산업의 변화로 다양한 기술의 융합과 연계가 이뤄지는 분야이다. 그러나 4차 산업혁명에 대한 논의는 단순한 기술의 발달이 어떻게 진행되고 있느냐에 초점이 맞춰져 있기보다는 이러한 기술발달로 인한 예상되는 사회의 변화에도 많은 관심을 가지고 진행되고 있다.

4차 산업혁명이 가져올 변화는 그 동안의 변화와는 전혀 다른, 예측이 어려운 변화를 가져올 것이다. 속도나 범위와 깊이, 시스템 충격 측면에서 훨씬 기하급수적으로, 다면적으로, 경제, 기업, 사회에 유례없는 총체적인 패러다임 변화를 유도할 것으로 예견된다. 4차 산업혁명은 이미 우리가 겪고 있는 우리의 노동과 기술에 대한 혁명을 넘어서 우리의 두뇌와 지능을 대치하고 있는 혁명이다.

1-1-1. 4차 산업혁명의 특징

4차 산업혁명에 따른 변화는 단순한 디지털화(3차 산업혁명)에서 기술의 조합에 기반을 두는 혁신(4차 산업혁명)으로 변화되고 있음을 알 수 있다. 그 변화에서 자주 반복되는, 주요한 공통의 요소를 찾아 정리하면 다음 세 가지로 요약할 수 있다.

첫째는 초연결성Hyper-Connected이다. 사람-사람, 사람-사물, 사물-사물을 통신하여 커뮤니케이션을 할 수 있는 상태가 가능해졌다. 곧 '사람 간 연결'은 스마트폰을 사용하면서 본격화되었고, 원하는 사람과 언제 어디서나 대화하고 필요한 정보를 습득하고 여론을 형성하며 의사결정에 참여할 수 있게 되었다. 뿐만 아니라 '사람과 사물 간 연결'은 사람이 사용하는 기기와 사물에 장착된 센서 간의 연결로 가능해졌다. 즉, 스마트폰의 활용이 보편화되고 각종 장치나 기기, 상품 등에 바코드, 센서 등이 부착되면서 사람과 사물 간의 연결이 폭발적으로 늘어나게 되었다. 이를 통해서 데이터의 수집과 이를 처리하는 과정이 지능화되면서 인간의 모든 삶의 영역에서 공동의 경험과 지식을 소통하거나 융합할 수 있게 되었다.

둘째는 초지능화Hyper-Intelligent이다. 그동안의 산업혁명이라고 일컬어지는 내용들은 대부분 사람의 힘을 기계로 대신하면서 생산성을 높여 온 혁명이었다면 4차 산업혁명은 인공지능의 출현으로 접근 불가의 영역으로 이해되었던 사람의 두뇌 역할까지 대신하는 혁명이다. 초지능은 최근 전 세계적으로 보급된 스마트폰을 비롯하여 발전한 정보기술의 진보가 엄청난 양의 데이터 증가를 낳았으며 대량의 정보 분석 및 연계를 위한 발전이 인공지능의 진보를 가져 왔다. 인공지능은 발전하는 알고리즘을 통해 이제 스스로 학습하면서 발전을 모색하는 자리까지 오게 되었다.

마지막 셋째는 인간과 기계, 가상과 현실, 인간과 인간과의 관계 속에서 서로 융합적으로 공존해야 하는 사회로의 변화라는 것이다. 이러한 융합은 그동안의 경험으로 축적된 산업사회를 통과하여 예전과는 다른 가치와 패러다임을 새롭게 구성할 수 있다는 점을 주목해야 한다. 곧 사회와 산업 그리고 기술이 수요와 공급, 시장을 통해 다양한 방식으로 융합되는 사회구조로 새롭게 발전해 나갈 것이다.

1-1-2. 4차 산업혁명의 인재상

4차 산업혁명의 변화하는 사회에 필요한 인재상에 대한 연구는 꾸준히 진행되어 왔다. 2013년에 「경제협력개발기구」 OECD는 가까운 미래에 개인으로써 꼭 갖추어야 하는 3대 핵심역량 범주를 "핵심역량의 정의와 내용 보고서"를 통해서 제시하고 있다. 그 핵심역량은 첫째, 도구를 자유자재로 사용하는 도구의 지적활용이며, 둘째, 이질적인 집단 내에서 소통하는 사회적 상호작용, 그리고 마지막으로는 자율적으로 행동하는 능력의 필요성이다. 더불어 이들

세 가지 능력을 통합적으로 활용하기 위한 반성적 사고력을 핵심역량으로 제안한 바가 있다.

다른 학자들은 4차 산업혁명시대의 공공조직의 인재상을 제안하고 있다. 첫째는 데이터 해석능력으로 컴퓨팅적 사고능력이다. 둘째는 새로운 것을 학습할 수 있는 능력, 곧 학습의 민첩성을 꼽고 있다. 마지막으로는 정보의 분석 및 활용능력과 컴퓨팅적인 사고능력을 바탕으로 한 근본적인 사고력과 문제해결 능력을 배양 필요가 있음을 주장한다.

반면에 기술과 정보에 초점을 맞추어 제안하는 인재상 뿐만 아니라 사람과 사람 간의 소통을 중심으로 창의, 협업능력을 중요하시는 연구들도 있다. 「2030-2050 미래 예측 보고서」에서는 적응력, 복원력과 기개, 지속적으로 배우려는 사고방식을 제안하고 있다. 이러한 정의적, 인성적 특성들은 기존의 지식 중심의 교과교육에서는 크게 강조하지 않았던 역량들이기에 주목할 만한데, 단순히 지식과 정보를 익히고 암기하는 것이 아닌 이들을 활용하여 문제를 해결할 뿐만 아니라 어려운 일을 만났을 때 극복할 수 있는 인성적 특성으로써의 역량을 강조한다.

또한 「세계경제포럼」은 사회변화에의 대응은 인간역량 개발로 귀결될 수 있음을 주장하고 있다. 세계경제포럼은 교육의 새 비전에서 21세기를 위한 핵심기술과 사회정서학습기술Social and Emotional Learning Skills을 제시하고 있다. 그 핵심기술은 기초 리터러시Literacy 범주의 기술 못지않게 역량 및 인성범주의 기술이 부각되고 있다. 그 세 가지 요소를 살펴보면 다음과 같다.

【21세기를 위한 핵심기술과 사회정서 학습기술】

기초 리터러시	문해, 수해, 과학 문해, ICT 문해, 재정 문해, 문화 및 시민 문해
역량	비판적 사고 / 문제해결, 창의성, 의사소통, 협력
인성	호기심, 진취성, 끈기(grit), 적응력, 리더십, 사회문화적 인식

이러한 인재상의 주체가 되는 디지털 네이티브 세대는 4차 산업혁명의 중심에서 펼쳐지는 다양한 자극과 요구에 반응하며 영향을 받고 있다. 위와 같은 영향은 문화의 옷을 입고 디지털 네이티브 세대 가까이에서 매 순간, 모든 장소에서 숨 쉬고 있으므로 현대문화의 특징을 이해하는 일을 간과해서는 안 될 것이다. 이 시대를 살아가는 디지털 네이티브의 영적 갈망과 연결된 현대문화의 특징을 살펴보면 다음과 같다.

1-2. 디지털 네이티브가 살아갈 현대문화의 특징

4차 산업혁명이 요구하는 인재상과 디지털 네이티브의 실질적인 영적 갈망 사이의 간극gap이 어떻게 형성되고 있는지를 살펴보기 위해서는 디지털 네이티브들이 살아갈 신앙과 밀접한 연관이 있는 현대문화의 특징을 살펴볼 필요가 있다. 4차 산업혁명이 요구하는 인재가 되기 위한 노력도 힘겨운 가운데, 디지털 네이티브들이 살아가야 할 삶의 문화도 그들의 신앙생활에 장애물로 존재하고 있기 때문에 그들이 짊어져야 할 삶과 문화의 무게가 더 버거워 보인다. 이러한 디지털 네이티브들이 살아갈 현대문화의 모습을 제임스 에머리 화이트James Emery White는 사회학자인 피터 버거Peter Berger의 말을 인용해 세속화, 사사화, 그리고 다원화라고 정의하고 있다. 이는 4차 산업혁명의 사회상을 고스란히 반영하고 있다.

화이트는 현대문화의 모습을 세 가지로 정리하고 있다.

첫째, 세속화secularization를 지적하고 있다. 영적인 부분에서 종교와 사회가 분리된 상태를 뜻하는 것으로 사회와 문화의 많은 분야에서 종교적인 조직과 상징이 점점 사라져 가는 과정을 세속화라고 한다. 일반적으로 세속화는 영적으로 기존의 범주를 벗어나는 비신앙화되는 것으로 인식되고 있다. 세속화 과정에서 기독교는 그동안 담당하였던 삶의 목적과 이유를 제공하는 주요한 역할을 잃어가고 있다. 또한 사람들은 자신에게 맞는 것을 좋은 것으로 받아들이며 그것을 좋은 사상과 철학이라고 믿고 그 안에서 좋은 인간성에 대한 해답을 찾을 수 있다고 생각하는데, 그 이면에는 이 세대의 사람들이 정체성에 대한 혼란을 겪고 있음을 반증하고 있는 것이다. 곧 인간을 통해 완성하려 했던 그 무엇도 허무한 것임을 깨달을 수밖에 없다. 하나님을 잃어버린 현대인간들은 점점 정체성과 정신적, 심리적, 관계적 혼돈을 경험하고 있을 뿐 아니라, 삶의 목적과 이유를 모르고 방황하며 현재를 즐기고 만족하는 타락으로 치닫고 있다.

둘째, 사사화privatization의 과정이 급속화된다는 것이다. 사사화는 삶을 개인적 공간으로써의 사적 영역과 함께 공유할 수 있는 공적 영역으로 분리하는 과정에서 자신만의 개인적 삶의 영역 속에서 만족을 누리려는 태도이다. 이러한 사사화의 과정이 진행됨으로써 영적인 것으로 일컬어지는 삶은 시간이 지날수록 점점 더 개인적인 영역에 자리하게 되어 개인과 집단의 이기주의가 확대되는 과정으로 나타나기도 한다. 그리고 좀 더 나아가 타자에 대한 무관심의 모습으로 나타나기도 한다. 다시 말해 사사화는 제도화된 기성종교에 대한 열심과 헌신이 약화됨과 동시에 개인이 스스로 영적 탐구에 몰두하는 일이 활발해지지는 것을 의미한다. 이것은 오늘의 크리스천들이 자신이 속했으나 실감하지 못하는 거대한 공동체를 이름뿐인 공동체로 규정하고 그곳에 대한 맹목적 충성이 아닌, 자신의 욕구와 필요에 맞는 사회적 돌봄이나 공동체적 소속감을 부여해주는 단체나 공동체를 선택함으로 개인의 기호에 맞춘 요소들이 영성형성과 발달에 중요한 역할을 감당하게 되었다. 이러한 경향성에 대해서 주의를 필요로 하는 이유는 우리의 믿음이 단순하게 개인적인 영역에 머물러 있는 것이 아니기 때문이다. 개인이 지닌 신앙과 믿음을 바탕으로 펼쳐지는 생활을 한 개인의 문제로, 특히 내면의 문제로만 제한하여 이해할 때 기독교가 세상에 미치는 영향력은 적어질 뿐 아니라 우리가 발을 딛고 살아가는 이 세상에 하나님나라를 이루어가는 선교적 사명을 실천하지 못하게 됨으로 일상의 삶이 '하나님나라가 이뤄지는 곳'이라는 생각을 가질 수 없도록 만들게 된다.

셋째, 화이트는 다원화pluralization의 과정이 현대문화의 특징이라고 주장하고 있다. 세계화globalization가 진행되는 동안 다원화는 그 힘이 커질 수밖에 없다. 서로 다른 문화와 문명들이 만날수록 서로에 대한 너그러운 마음과 소통하려는 자세가 요청되며 나와 다른 문화와 다른 종교를 받아들이고 같은 공간에서 함께 동행하며 살고자 하는 방안을 모색하게 될 것이다. 다원화사회에서는 개인 스스로가 자신을 존중하듯 나 아닌 타인을 존중하는 자세를 상식으로 여기며 좋은 특성으로 받아들이는 상황이다. 개인이 지닌 생각과 논리만을 주장하며 절대성을 표방하며 관철시키려 할 때 다원화되어 가는 사회에서는 함께 어울릴 수 없고, 누구와도 어울리지 못하는 고립된 상태를 스스로 만들게 된다. 즉, 다양성 속의 일치라는 이름 아래 기독교의 하나님은 상대적 신으로 전락할 위험이 크다. 기독교 신앙은 다원화가 진행되는 현실 속에서 다양한 종교 중에 하나로 이해되며, 기독교의 특징이라고 할 수 있는 구원의 절대성을 강조하고 외치는 것을 뒤로하고 끝내 이것저것이 섞여 있는 형태의 다원주의로 전환될 가능성이 커지고 있다. 물론, 다른 종교에 대한 존중의 태도는 필요하지만 교회가 양보할 수 없는 구원의 절대성을 뒤로 한다면, 우리는 그동안 붙잡고 있던 그리스도의 십자가를 무의미한 어떤 것으로 만들어 버리는 오류를 범하게 될 것이다. 다원화는 인정하지만 다원주의로 빠지는 오류를 범하지 말아야 할 것이다.

1-3. 디지털 네이티브 세대

1-3-1. 디지털 네이티브의 특징

사회구성원의 세대가 바뀜에 따라 문화 또한 바뀌고 있다. 권위에 대한 비판의식이 매우 강하게 부각되고 있는 지금의 젊은 세대를 가리켜, '신세대', 'N세대', 나아가 '디지털 네이티브'라 부른다. 디지털 네이티브는 쌍방향 커뮤니케이션의 발달로 필요한 정보와 지식을 인터넷을 기반으로 하는 다양한 웨어러블 장치들을 통해 공급받는다는 특징으로부터 출발한다. 이들의 문화는 웹 2.0세대의 정의 속에서 살펴볼 때에 여전히 그 특징과 유사점을 공유하고 있다. 웹 2.0의 정신은 개방과 공유, 그리고 참여다. 팀 오릴리Tim O'Reilly는 웹 2.0을 설명할 때에 세 가지 특징이 나타난다고 한다. 첫째, 사용자중심(공유)이며, 둘째는 참여지향(참여), 그리고 마지막은 집단지성을 활용한 플랫폼 기반의 사업 모델로서 분산화되고 사용자중심의 공동체에 의존하는 동적인 열린 공간(개방)으로서의 웹으로 정의했다. 곧 디지털 네이티브는 개방과 공유, 그리고 참여라는 문화적 특징을 가지고 있다. 곧 초연결의 개방과 초지능의 공유 그리고 다양한 융합에의 참여라는 연결이 위 생각에 대한 반증이 될 것이다.

그래서 디지털 네이티브는 세 가지 갈망을 가지고 살아간다고 말할 수 있다. 이것은 곧 '개방'적 문화 속에서 자기 정체성을 갈구하며, '참여'가 자연스럽게 펼쳐지는 환경 속에서 타인과의 소통과 참여에 목말라 있으며 '공유'의 일상을 마주하는 삶 속에서 공동체를 지향하는 갈망 속에서 산다는 것을 알 수 있다.

첫째, 개방성openness에 대한 특징을 살펴보면 '흐름'이라는 단어로 설명할 수 있다. 디지털 네이티브는 모든 사람들이 참여할 수 있는 플랫폼을 제공함으로써 그들의 결집된 지성을 활용할 수 있도록 하는데, 정보를 한 곳에 담아두기보다는 자연스럽게 흘러가도록 만듦으로써 개방의 이상을 실현하고자 한다.

둘째, 디지털 네이티브의 문화는 개방과 공유를 신조로 삼으며 사용자의 무의식적인 참여networking를 촉구한다. 사용자의 경험을 풍성하게 하는rich user experience 상황에 관하여 중요시 여기며 그저 받아들이기만 하는 자리에 있던 수동적인 소비자와 독자들을 적극적인 성향을 지닌 능동적인 참여자와 생산소비자로 바꾸어 놓는다.

셋째, 디지털 네이티브의 특징적 문화는 공유interaction 개념이다. 가상으로 만들어진 공간에서는 지정된 중심의 개념이 사라지고, 사용자가 주체적으로 참여하여 공동체에 의존하는, 역동적이며 개방된 장으로서의 웹이 등장했다. 이와 같은 새로운 장소로서의 웹을 중심으로 다양한 사람들이 대화에 참여함으로써 부가가치를 높이는 과정을 통해 얻는 것을 집단지성이라고 부른다. 디지털 네이티브의 생태계는 애초부터 상명하복의 관계로 이루어질 수 없으며, 네트워크의 결합과 해체가 쉽게 발생하는 유연한 구조를 가지게 된다.

1-3-2. 디지털 네이티브와 영적인 갈망에 따른 리더십 방향

디지털 네이티브라 할지라도 늙고, 병들고, 죽게 되어 있다. 사람이 질병에 노출되거나 늙는다는 인식과 함께 필연적으로 죽음을 생각하게 되며, 죽음 이후의 삶에 대한 관심을 갖지 않을 수 없다. 이것은 기독교의 복음 외에는 명확한 답을 줄 수 없는 부분이므로 디지털 네이티브 세대의 영적 갈망에 대한 해답을 어떻게 주어야 할 것인가에 대한 논의가 필요하다. 디지털 미래사회 예측의 대가인 탭스콧Don Tapscott & Alex Tapscott은 결론적으로 앞으로의 디지털 세상의 변화는 개인에게 있어서 개인의 정체성security of personhood을 지킬 권리, 개인의 정보와 자신의 평판을 지킬 권리를 더욱 더 찾게 된다고 주장하면서 이러한 권리를 지키기 위해서 사회의 리더십과 사회 정치적인 변화가 심원하게 일어날 것임을 이야기한다.

이들은 개방성 속에서도 자기 자신을 나타냄으로 자신의 정체성을 갈구하고, 참여를 통하여 한방향의 연결이 아닌 쌍방향적 소통을 갈망하며, 공동체 형성을 위한 공유에 적극성을 발휘하는 열망이 큰 세대이다. 그러한 열망과 갈망에 적합한 리더십의 방향성을 살펴보면,

첫째, 자기 정체성과 안전을 추구하는 모습은 진정한 나를 발견하기 위하여 기성의 권위에 반항하며, 자기 자신의 존재감을 보여주려고 애쓰지만 종국에는 자신을 발견하기보다는 오히려, 방황하며 발버둥치는 현실 가운데서 힘들어 함을 호소한다. 개방성을 갖고 있으면서도 자기 자신을 스스로 표현하려는 욕구를 그 어떤 것

보다도 중요시하는 현상은 자기 정체성에 대한 지속적인 탐색을 보여주는 것임을 확인할 수 있다. 디지털 네이티브가 추구하는 개인의 정체성에 대한 답은 과연 어떻게 다루어야 할까? 그것은 복음의 핵심가치를 바탕으로 한 정체성을 개인에게 더욱 확실하게 체험할 수 있게 함으로 예수 그리스도와의 친밀감을 형성할 수 있도록 돕는 리더십이어야 한다.

둘째, 대화와 소통을 갈구하는 모습에 있어서는 자신과 다른 것들에 대한 수용적인 문화는 개인과 개인 간의 수평적인 조직문화를 추구하고, 신뢰와 신용을 우선적으로 요구하는 조직문화를 창출할 뿐만 아니라 요구하게 된다. 이와 같은 모임, 조직에 직접적으로(디지털 네이티브만의 방식으로) 참여함으로 자신을 개방하여 정체성을 확인하는 것뿐만 아니라 자신과 연결된 타인과의 관계를 형성하는 기회를 갖게 된다. 곧 이들에게 신뢰할 수 있는 집단, 진실을 바탕으로 이루어진 관계 위에 자신을 개방하여 마침내 소통할 수 있는 환대의 공간과 관계를 만드는 일을 도울 수 있는 리더십이어야 한다.

셋째, 공동체를 갈구하는 모습에 있어서는 다양한 SNS[social network service]를 통하여 개인의 다양한 이유를 가지고 '친구 신청'이라는 이름으로 관계를 맺는 모습은 자아와 공동체 사이의 관계성을 이어가려는 모습을 보여주고 있다. 즉, 어떤 부분에 대한 공유를 함으로 마침내 공동체를 이루고자 하는 기대가 있다. 이 열망은 다양하고 풍성한 미디어로 인해 건설된 가상현실과 현실세계와의 거리감이 좀처럼 좁혀지지 않는다는 실제가 있다. 곧 디지털 네이티브라고 하더라도 결국엔 현실세계에 발을 딛고 사는 이상 가상현실과 현실세계와의 접점을 찾으려는 노력을 할 것이고, 이것은 곧 타인과의 관계, 소통을 넘어 현실세계를 포함하여 공동체와의 공유,

협력을 위한 갈망으로 표현된다고 이해할 수 있다.

2. 디지털 네이티브(digital natives)의 행복

그렇다면 4차 산업혁명시대를 살아가는 우리는 언제 행복할까? 행복이란 정의를 사전에서 보면 '생활에서 충분한 만족과 기쁨을 느끼어 흐뭇함. 또는 그러한 상태'라고 정의하고 있다. 그렇다면 우리가 추구하는 행복은 무엇일까? 자기 정체성을 찾고 싶어하고, 참여를 통해서 대화하기 원하며 공유를 통해서 공동체를 추구하는 디지털 네이티브 세대에게 절대 필수품인 디지털 도구는 과연 행복을 주는 도구일까? 바나의 연구에 의하면 디지털 도구가 의미있는 깊은 소통을 더 어렵게 만들었다고 사람들은 고백한다. 곧 성인의 61%는 SNS 때문에 사람들의 사회성이 떨어졌고 깊은 우정과 굳센 소신을 유지하는 능력도 줄어들었다고 생각한다. 그 뿐만 아니라 10년 전에 비해 외롭다고 답하는 미국인의 비율이 두 배나 높아졌다. 곧 쉽게 접하고 활용하는 디지털 도구를 통한 행복은 기대할 수 없다고 하겠다. 그렇다면 디지털 네이티브 세대를 위한 행복의 문제를 과연 어디에서 어떻게 찾아야 할까?

2-1. 삶의 고통에 반응하는 우리 모습은?

풀러신학교Fuller Theological Semianry의 로버트 클린턴Robert Clinton 교수는 진로와 연관해서 자신의 행복을 생각할 때 가장 중요한 것이 그 사람이 가진 삶을 바라보는 안목perspectives 내지는 통찰력이라고 하였다. 그는 35년 동안 미국에서 3,500명의 정치, 경제, 사회, 종교계의 탁월한 리더들과 그렇지 않은 리더들을 조사해서 탁월한 리더들과 보통 평범한 리더들 사이의 차이점을 조사했다. 그 차이점은 학력, 건강, 교육 등 우리가 생각하는 요소들이 아니라 유일하게 단 한 가지에서만 유의미한 차이를 드러냈다. 그 한 가지는 다름아닌 안목의 차이difference of perspectives에서 나타났다. 삶의 바라보는 안목이 삶 가운데 주어진 많은 선택의 순간에 결정적인 역할을 하기 때문이다.

하버드대학에서 행복에 대한 비밀을 캐내기 위해서 1930년에 268명의 졸업생들을 72년 동안 추적해서 『행복의 조건』이라는 책을 내 놓았다. 행복에 대한 그 책의 결론은 각 사람의 행복은 '삶의 고통에 대응하는 그 사람의 성숙에 따라 달려 있음'을 이야기하고 있다. 우리 인간은 항상 매일의 자극에 대하여 반응하며 살아가게 되어 있다. 우리의 삶이 때로는 고통으로 다가올 때 거기에 어떻게 성숙하게 반응하느냐에 따라서 그 사람의 행복도가 결정된다는 결론이다.

이 땅을 살아가는 우리의 삶은 선택의 연속이다. 심리학자들에 의하면 보통 사람은 하루에 평균 1만 5,000번의 선택을 한다고 한다. 삶을 살아가다 보면 많은 자극에 반응하게 된다. 그 자극과 반응 사이에서 우리는 우리 자신의 모습을 선택하게 된다. 그다지 중요한 일이 아니기에 무의식적인 선택을 할 때도 많이 있지만, 중요하고 의미있는 선택을 해야 할 순간도 많이 있다. 핑계할 것인가, 책임질 것인가, 모른척 할 것인가? 심리학자들은 어떤 일을 핑계하지 않고 솔선해서 적극적으로 하는 사람과 그렇지 못한 사람 간의 차이를 분석해 놓았다. 그 차이의 정도는 효과성에서 25%나 50%만 나는 것이 아니라 5,000% 이상 난다고 한다. 특히 영리하고 사려 깊고 다른 사람을 섬세하게 섬길 줄 아는 사람이 적극적으로 일할 경우 그 차이는 이 정도로 크다는 것이다.

우리는 어떻게 성숙하게 반응하면서 살아갈 것인가? 우리 자신의 정체성이 흔들릴 때도 있고, 제대로 대화를 나누고자 해도 그 마음을 헤아려 줄 친구조차 찾을 수 없을 때도 많고, 더 나아가 어느 공동체에 속해 있지도 않은 자신을 볼 때가 있다. 선택의 연속인 이 세상 속에서 우리는 어떤 선택을 함으로 행복해질 수 있을까?

2-2. 사람은 언제 행복한가?

2012년 초에 발표된 [유엔세계행복보고서]에 따르면 한국이 세계에서 56번째로 행복한 나라로 조사됐다. 그 보고서에 따르면 한국의 행복 점수는 10점 만점에 5점대 후반을 보이며 세계 150개국 중 56위를 기록했다. 2018년 보고서(2015-2017년 조사)에서는 조사한 156개국 중 5.875점으로 57위를 했다. 세계에서 가장 행복한 나라는 2012년에는 덴마크였으며 이어 핀란드, 노르웨이, 네덜란드 순이었다. 2018년에는 1위가 핀란드(7.632), 그 다음이 노르웨이, 덴만크, 아이슬란드 순이었다. 이들 국가의 행복 점수는 7점을 상회했다. 2018년 행복도 최하위 국가는 브루나이(2.905), 중앙아프리카공화국, 남수단이 뒤를 이었다. 2017년에 '누가 직업에 만족하는가?'라는 보고서를 한국고용정보원에서 발표했다.

2016년에 우리나라 621개 직업에 종사하는 19,217명을 대상으로 자신의 직업에 대한 직업만족도 조사를 했다. 그 결과 1위부터 100위까지 정리해서 발표했다. 전반적인 만족도 상위순서는 1-10위는 판사, 도선사, 목사, 대학교 총장 및 대학학장, 전기감리기술자, 초등학교 교장 및 교감, 한의사, 교수, 원자력공학기술자, 세무사이다. 향후 일자리 증가가 예상되는 유망직업이라고 간주할 수 있을 때와 자신의 직업이 일-가정을 병행하기에 유리하며 나이가 들어도 업무능력이 향상되거나 젊은 사람보다 나이든 사람에게 더 적합하다고 생각할 때 직업만족도가 높았다. 하지만 업무량이 많거나 고객을 빈번히 접촉하여 감정노동자에 해당하고 직업 때문에 우울한 감정이 느껴지는 직업스트레스를 경험하면 직업만족도는 낮아졌다.

그렇다면 사람은 언제 행복한가? 클레어몬트대학Claremont University의 칙센트 미하일Mihaly Csikszentmihalyi 교수가 수 백명의 사람들에게 질문을 했다. 우리에게 있는 '시간은 어디로 흘러가는가?'라는 질문에 사람들은 우리의 삶은 세 가지로 구성되어 있다고 대답했다. 밥 먹고, 이동하고 준비하는 것과 연관된 유지활동이 32%, 남는 시간을 사용하는 여가활동이 36%, 그리고 일하는 시간이 42%로 구성되어 있다고 대답했다. 미하일 교수는 이 세 가지 시간을 어떻게 보내는지가 다 중요하지만 삶의 질은 평생 '어떤 일을 하며 그 일을 하며 어떤 생각을 하는지'에 달려 있다고 주장한다. 사람들은 자신의 일(직업)을 세 가지로 생각한다. 먹고 살려고 일하는 생업으로서의 일, 성공하고자 하는 출세로서의 일, 그리고 마지막으로 소명으로서의 일이 그것이다. 이 세 가지 일 중에 미하일 교수의 연구결과는 자기 자신이 지업을 소명으로 생각하고 일하는 사람들의 행복도가 가장 높았다. 왜냐하면 스스로가 가치 있는 사람이라고 생각할 때 자존감과 만족도가 증가하기 때문이다. 죽기 전에 우리는 왜 사는지에 대한 의미를 확실히 해둘 필요가 있다. 왜 사는가? 살아가는 이유가 필요하다.

그것은 디지털 네이티브 세대가 고민하는 자신의 정체성에 대한 고민과 그 맥락이 닿고 있다. 한 사람의 정체성과 자아에 대한 개념은 사상, 신념과 가치에 대한 앎과 연관이 있다. 포드Leighton Ford는 "정체성, 즉 내가 누구인가를 아는 것으로부터 오는 안정감"은 리더십의 핵심이라고 주장한다. 개인의 정체성은 개인의 결정에 영향을 끼치고, 또한 자신의 행동에 동기부여를 하기도 한다.

기독교인의 정체성은 각자의 자존감self-esteem과 연관이 있다. 우리가 믿고 따르기로 결정한 하나님이 우리의 가치를 형성하고, 우리의 행동을 결정하기 때문에 교인 개개인의 건강한 정체성은 무엇보다도 예수님과의 깊고 친밀한 관계를 바탕으로 한다. 우리 삶의 근거가 하나님께 있음을 발견하고, 그와 같은 사랑의 관계 안에서 하나님의 인정을 받게 된 사람은 자신의 참된 정체성을 획득하는 한편 삶의 안전과 의미를 발견하게 된다. 내가 누구인지를 명확히 알고 내가 하는 일에 대한 소명이 분명할 때 사람들은 행복을 느끼게 된다. 그것은 주방에서 설거지를 하는 것에서부터 한 나라를 다스리는 일까지, 그 일의 경중과 상관없이 그 일 가운데 발견할 수 있는 의미가 중요하다. 먹고 살기 위해서가 아니고, 출세를 위해서가 아니고, 소명으로 일할 때 진정 행복이 거기에 놓여 있을 것이다.

토의문제

1. 4차 산업혁명에 대해서 분야별로 정하여 어떠한 변화를 경험하고 있는지 나누어 보자.

2. 여러분은 언제 가장 행복했다고 느꼈는지 서로 나누어 보자.

3. 삶의 가장 어려웠던 고통의 순간에 여러분은 어떻게 반응했는지 나누어 보자.

참고자료

클라우스 슈밥 서/ 김신희, 손용수, 최시영 역. 『4차 산업혁명의 충격』 서울 : 흐름출판, 2016

V 기독교와 현대인의 삶

생태 위기시대의 지속가능한 삶

읽어야 할 성서 본문 : 로마서 8:19-21

1. 들어가는 말

다음의 표현들을 신문이나 텔레비전에서 보게 될 때 어떤 생각이나 느낌이 드는가?

"환경호르몬, 수컷 불임률을 3배 높인다"
"빙하 감소로 2050년까지 북극곰 개체수 30% 감소한다"
"지구온난화로 몰디브가 사라질 위기에 있다"
"바다를 뒤덮은 플라스틱 공해"

본래 환경문제란 인간이 지구상에 등장하면서부터 발생했으나, 산업혁명 이후 급속한 인구증가와 산업발전으로 말미암아 더욱 심각해졌다. 환경의 파괴는 자연생명의 죽음만이 아니라, 자연에 의존하여 살아가는 인간의 생존까지 위협한다. 현세대만이 아니라 미래세대의 생존까지 위협한다. 그런 이유에서 21세기에 인류가 해결해야 할 가장 중요한 문제 가운데 하나가 바로 환경문제라 할 수 있다.

2. 환경위기의 현실과 원인

일반적으로 환경문제를 지역적 환경문제와 지구적 환경문제로 나누어 설명할 수 있다. 지역적 환경문제에는 대기오염, 수질오염, 토양오염 등이 속하며, 지구적 환경문제에는 지구 온난화, 오존층 파괴, 생물종 다양성 소멸 및 감소 등이 속한다.

- 대기오염 : 공장이나 자동차 등에서 발생하는 오염물질이 인간의 건강이나 자연생태계에 피해를 준다. 대표적으로 스모그나 산성비 등의 피해를 생각할 수 있다. 역사적으로는 런던 스모그와 로스앤젤레스 스모그가 악명 높으며, 최근에는 베이징의 대기오염이 심각한 환경문제로 부각되고 있다.

- 수질오염 : 생활하수나 산업폐수로 말미암아 하천에 생물이 살 수 없게 되며, 지하수가 오염되어 사람이 마실 수 없게 된다. 1972년 전 세계에 환경문제의 심각성을 알린 레이첼 칼슨의 〈침묵의 봄〉이란 책은 오염된 하천에 사는 물고기와 그 물고기를 잡아먹은 조류의 먹이사슬로 인한 생태학적 비극을 고발했다.

- 토양오염 : 각종 농약이나 비료 사용의 증가로 말미암아 땅이 기력을 잃어버리고 죽은 땅이 되거나 삼림의 남벌로 사막화되면서 점차 살아가기 어려운 땅으로 변한다.

- 지구 온난화 : 대기 중에 이산화탄소나 메탄가스가 증가하여 지구에서 방출하는 복사열을 차단함으로써 지구의 온도가 증

가함으로써 각종 기상재해의 원인이 된다. 기후변화의 영향으로 이상기후가 잦아지고, 우리나라가 아열대 기후로 변하면서 예상하지 못했던 문제들이 발생하고 있다.

■ 오존층 파괴 : 에어컨이나 냉장고 냉매로 사용되는 프레온 가스에 의해 오존층이 파괴됨으로써 인간과 생물에 해로운 자외선(UV-B)이 증가하여 피부암을 일으키거나 생물 생장에 악영향을 준다.

■ 생물종 다양성 소멸 및 감소 : 대략 3천만 종 정도로 추산되는 지구상의 각종 동식물이 서식처의 파괴로 말미암아 개체 수가 감소하거나 소멸되면서 생태학적 안정성이 흔들리고 있다.

위에서 지적한 환경문제들은 여러 가지 원인에 의해 발생하고 있다. 대체로 산업국에서는 높은 소비생활 수준으로 인한 자원낭비가 주된 원인이라면, 신흥공업국에서는 급속한 산업화와 도시화가 주된 원인이며, 저개발국에서는 인구증가와 빈곤이 주된 원인으로 작용하고 있다.

■ 소비생활의 문제 : 육류 중심의 식생활로 말미암아 수많은 사람이 굶어 죽는 현실에서도 전 세계 곡물생산의 3분의 1을 가축이 먹고 있다. 자동차의 증가는 환경오염의 원인이 되며, 일회용품 사용의 증가는 자원 낭비의 원인이 된다. 우리나라에서 발생하는 쓰레기의 30%는 음식물이며, 음식물 쓰레기를 돈으로 환산하면 약 10조 원이나 된다.

- 급속한 산업화 : 대체로 에너지 고소비형, 공해다발형 산업구조를 지니고 있는 신흥공업국에서 환경의 질은 급속히 악화되기 마련이다. 이는 비용 때문에 충분한 오염방지 설비를 갖출 수 없기 때문이다.

- 도시화 : 서울, 자카르타, 멕시코시티, 상파울로, 마닐라 등과 같은 초거대 도시들에는 으레 대기오염, 소음공해, 쓰레기문제, 교통문제와 같은 심각한 환경문제가 존재한다.

- 인구증가 : 매년 9천만 명씩 증가하는 세계인구의 95%는 가난한 나라에서 발생한다. 급속한 인구증가는 식량과 에너지 자원에 대해 압박을 가함으로써 지구에 생태학적 부담을 주게 된다.

- 빈곤 : 가난한 나라에서는 사람들은 환경의식이 없어서가 아니라, 생존하기 위해 어쩔 수 없이 환경을 파괴한다. 외채를 갚기 위해서 열대림을 파괴하고, 땔감으로 쓰기 위해 나무를 벌채하며, 그것은 다시금 환경재앙이라는 악순환을 불러온다.

유엔 차원에서도 지구적 환경위기에 대한 해법을 둘러싸고 논쟁과 갈등이 심하다. 일반적으로 서구 산업국은 저개발국의 급속한 인구증가와 환경의식의 결여가 환경위기의 책임이라고 보는 반면에 저개발국은 서구 산업국의 높은 소비생활 수준이 문제의 핵심이라고 반박한다. 실제로 세계인구의 20%밖에 되지 않는 서구 산업국은 전 세계 자연자원의 80%를 소비한다. 오늘의 환경위기를 극복하기 위해서는 세계시민의식과 국가간 상호협력만 아니라 자연을 대하는 인간의 근본적 태도의 변화를 요구한다.

3. 동서양 사상에 나타난 인간과 자연의 관계

환경문제는 산업사회의 발전과 더불어 생겨났다는 점에서 과학기술의 문제라고 할 수 있지만, 보다 근본적인 차원에서 보면 정신적인 문제로서, 인간과 자연의 관계에 대한 잘못된 이해에 그 근본원인이 있다고 할 수 있다. 자연관 혹은 세계관은 자연을 대하는 인간의 태도에 의식적으로 혹은 무의식적으로 영향을 끼치기 때문이다.

먼저, 서양사상에 나타난 인간과 자연 관계를 살펴보자. 원시시대 자연은 경외와 숭배의 대상이었다. 하지만 고대 그리스에 자연철학자들(탈레스, 엠페도클레스, 아낙사고라스, 헤라클레이토스 등)이 등장하면서 자연은 '숭배의 대상'으로부터 '사고의 대상'으로 바뀌었다. 소크라테스나 플라톤을 거치면서 자연에 대한 관심은 인간의 정신에 대한 관심으로 바뀌게 된다. 특히, 소피스트의 대표자인 프로타고라스는 인간을 '만물의 척도'라고 주장함으로써 인간중심주의적 세계관의 기초를 놓았다.

중세 서구세계는 우주의 중심을 지구로 보았으며, 존재들 간에는 위계질서가 있어서 인간이 최고의 위치에 있다고 봄으로써 인간중심주의적 자연관을 만들었다. 하지만 이러한 인간의 우위성도 결국 신의 창조에 의존하며, 신 앞에서 책임을 지게 된다는 점에서 절대적인 것은 아니었다. 그런 의미에서 중세의 자연관은 '제한적인 의미'에서의 인간중심주의라고 할 수 있다.

하지만 근대에 들어 과학기술의 발전에 따라 기계론적 세계관이 확립되면서 자연에 대한 인간의 지배와 정복이 가능해졌다. 근대인에게 자연은 고대인들처럼 살아있는 존재가 아니며, 중세인처럼 신의 뜻에 따라 질서 정연하게 움직이는 것도 아니라, 다만 내재적인 원인에 의해 움직이는 하나의 기계에 불과했다. 인간은 자신의 복리와 후생을 위해 자연을 재료로 삼아 과학과 기술을 발전시켜 나갔다.

한편, 동양사상은 크게 두 축으로 나뉘는데, 하나는 힌두교나 불교를 중심으로 한 인도적 사유이고, 다른 하나는 중국의 다양한 사상전통이라고 할 수 있다. 힌두교에서는 생명에 대한 신비감과 경외심, 일원론적 사유방식(브라만과 아트만의 통일), 모든 생명체에 대한 비폭력, 그리고 금욕적 삶을 강조하고 있다. 불교에서는 인간과 자연의 상호의존성(연기설), 불살생의 계율, 온갖 생명체에 대한 자비심, 무소유, 그리고 수행을 통한 자기 통제에 대한 가르침 속에 환경친화적 사상이 나타나고 있다.

고대 중국사상은 인간과 자연의 조화를 꾀한다는 대원칙에서는 공통적이면서도, 그것에 도달하는 길은 유가(儒家)와 도가(道家)가 각기 다르다. 유가(공자, 맹자, 순자)에 있어서는 자연에 대한 인간의 관리와 책임이 강조되는 반면에 도가(노자와 장자)에서는 자연과의 조화로운 삶과 합일이 강조된다.

4. 성서에 나타난 인간과 자연의 관계

환경론자들 가운데에는 오늘날 지구 환경위기가 서구의 산업사회에 토대를 두고 있으며, 과학기술의 발전은 기독교적 세계관의 산물이라는 이유에서 기독교를 환경파괴의 주범이라고 비판한다. 하지만 환경파괴의 사상적 원인은 르네상스 이후 인간중심의 세계관에서 찾는 것이 더 합리적일 것이다. 기독교 사상 안에는 환경윤리의 걸림돌이 아니라 주춧돌이 될 수 있는 중요한 생태학적 통찰이 나타나 있다.

첫째, 기독교의 창조신앙에는 자연생태계에 대한 창조주의 관심과 사랑이 나타나 있다. 우주의 창조는 창조주 하나님의 사랑의 행위이며, 하나님의 자연 사랑과 관심은 다음과 같은 성서 구절 속에 잘 드러나고 있다.

> "하나님이 이것들(물고기)에게 복을 베푸시면서 말씀하시기를 생육하고 번성하여 여러 바닷물에 충만하여라. 새들도 땅 위에서 번성하여라 하셨다."(창세기 1:22)
> "또 땅의 모든 짐승과 공중의 모든 새와 땅 위에 사는 모든 것, 곧 생명을 지닌 모든 것에게도 모든 푸른 풀을 먹을거리로 준다 하시니, 그대로 되었다."(창세기 1:30)
> "너희가 너희를 미워하는 사람의 나귀가 짐에 눌려서 쓰러진 것을 보거든, 그것을 그대로 내버려 두지 말고, 반드시 임자가 나귀를 일으켜 세우는 것을 도와주어야 한다."(출애굽기 23:5)
> "당신들은 길을 가다가, 어떤 나무에서나 땅에서 어미 새가 새끼나 알을 품고 있는 것을 만나거든, 새끼를 품은 어미를 잡지 마십시오."(신명기 22:6)

둘째, 성서는 피조세계를 향해 "하나님이 보시기에 좋았더라"는 말을 반복적으로 기록하고 있다(창세기 1:4, 10, 18, 21, 25, 31). 여기서 '좋다'는 히브리어(토브)는 '선하다'는 도덕적 의미와 동시에 '아름답다'는 심미적 의미도 함께 지닌다. 하나님이 피조세계를 향해서 '좋다'고 하신 데에서 우리는 피조세계에 대한 하나님의 전적인 긍정과 만족을 보게 된다. 동시에 이 표현은 자연세계가 인간의 평가와 상관없이 고유한 가치와 의미를 지닌다는 것도 알려준다. 예를 들어, 우리는 곤충을 익충과 해충으로 구분하고, 어떤 식물을 잡초라고 부르지만, 그것은 어디까지나 인간의 필요에 의한 판단이지 창조주의 판단은 아니다. 창조주에게는 모든 피조물이 아름답고 가치가 있다.

셋째, 창조이야기에는 인간과 동물이 같은 여섯째 날에 지음을 받았고(창세기 1:31), 똑같이 흙adamah으로 빚어졌으며(창세기 2:7), 죽게 되면 다시 흙으로 돌아간다(창세기 3:17-19)라고 묘사한데서 그 둘이 상호의존관계에 있음을 알 수 있다. 신학적으로 보더라도 인간과 자연은 타락으로 인한 고통을 함께 나눈다는 점에서 공동운명체다. 인간의 타락의 결과 땅이 저주를 받고, 가시덤불과 엉겅퀴를 낸다(창세기 3:17-18). 고통 가운데 신음하는 자연세계의 구원자로 하나님의 아들의 등장을 희망한다(로마서 8:19-21).

넷째, 창조이야기는 인간이 창조의 주인이 아니라 관리자임을 말하고 있다. 흔히 인간이 하나님의 형상을 지녔고, 다른 동물들에게 이름을 지어주었다는 내용을 근거로 자연에 대한 인간의 지배를 정당화하기도 한다. 물론, 이러한 표현들은 인간과 자연 사이의 존재론적 구분을 말해주긴 하지만, 자연에 대한 인간의 정복과 착취를 정당화하는 것은 아니다. 본래 '형상'이란 개념은 고대세계에서 왕이 모든 지역을 다스릴 수 없을 때 그 지역에 자신의 동상을 세워 그 지역이 자신의 통치영역임을 알리는 데 사용되었다. 말하자면, 하나님의 형상으로서 인간은 하나님을 대신하여 자연을 돌보고 책임지는 존재다. 창조이야기를 보면 하나님은 인간을 피조세계를 돌보고 가꾸는 정원사로 삼으신다. "주 하나님이 사람을 데려다가 에덴동산에 두시고, 그 곳을 맡아서 돌보게 하셨다."(창세기 2:15) 인간은 창조주 하나님을 대신하여 그분의 사랑을 보여주고, 축복을 전달해야 하는 하나님의 전권대사요 청지기로서 윤리적인 책임을 진다.

마지막으로, 창조이야기는 안식과 쉼을 통한 창조질서의 보전에도 관심한다. 유대인들은 토요일을 안식일로 삼아 지키고 있지만, 기독교인들은 예수님이 십자가에 돌아가신 후 부활하신 일요일을 주일로 지키고 있다. 어찌되었건 안식일 계명에는 여러 가지 생태학적 사상이 함축되어 있다. 먼저, 안식을 뜻하는 히브리어 '사바트'는 '하던 일을 멈춘다'는 뜻을 지닌다. 즉, 안식일은 인간사를 멈추고, 삶을 반성하고, 본래의 자신을 돌이켜 보는 날이다. 현 시대는 성장 이데올로기와 진보낙관주의에 사로잡혀 쉼을 모르며, 무한적 성장을 추구한다. 인간의 탐욕으로 말미암는 '쉼 없는 노동'과 '중단 없는 생산'은 자연생태계만이 아니라 인간생명도 위협한다. 우리는 탐욕에 의해 추동되는 노동과 생산을 잠시 멈춤으로써 하나님 앞에서 참 자신을 발견하게 된다.

한편, 안식일 계명은 인간과 자연세계의 해방과 자유를 선포한다. 제 칠일이 되면 인간만 아니라 집안의 종들, 나그네들, 그리고 가축도 쉬어야 한다(출애굽기 23:12). 그리고 매 칠년마다 지키는 안식년 규정에는 인간과 가축만 아니라 땅도 쉴 권리가 있음을 말한다. 그 해에는 땅에 씨를 뿌려도 안 되고, 저절로 난 곡물이나 과일을 거두어서도 안 된다(레위기 25:2-5). 땅도 쉬어야 한다는 생각은 21세기 우리 시대에 보더라도 대단히 진보적이고 혁명적인 생태학적 통찰이다.

연구 및 토의 주제

1. 환경문제 가운데 개인적으로 가장 심각하게 느끼는 이슈는 무엇인가?

2. 환경문제를 해결하기 위해서 우리가 할 수 있는 일들이 있다면 무엇일까?
   1) 집이나 기숙사에서 :
   2) 캠퍼스에서(강의실, 교정, 동아리실 등) :

참고도서

1. 조용훈. 「기독교환경윤리의 실천과제」 서울 : 대한기독교서회, 1997
2. _____. 「동서양의 자연관과 기독교환경윤리」 서울 : 대한기독교서회, 2002

VI 기독교와 현대인의 삶

자본주의와 소비사회의 삶

읽어야 할 성서 본문 : 누가복음 12:13-21

1. 들어가는 말

신문이나 방송에서 다음과 같은 말을 보거나 들을 때 어떤 느낌과 어떤 생각이 드나?

"한국의 빈부격차 세계 2위, 노동자의 평균근로시간 세계 2위"
"무전유죄, 유전무죄"
"슈퍼리치 8명이 세계인구 절반과 같은 부 소유"

1970년대부터 고도의 경제성장을 이루어가던 한국경제는 1997년 외환위기를 맞아 IMF체제 아래 놓이게 되면서 커다란 어려움에 빠졌다. 실업자가 급격히 늘면서 자살자 숫자와 해체되는 가정이 많아졌다. 2000년대 들어서도 상황은 개선되지 않고, 고령화에 저성장 경제체제가 고착되면서 빈곤가정의 증가와 사회적 양극화가 심화되고 있다. 특히 중산층의 붕괴는 민주주의까지 위태롭게 만들고, 사회적 갈등과 분열을 심화시키고 있다.

오늘날 세계경제의 주도적 이념으로 자리 잡은 신자유주의 시장경제체제는 이런 문제들을 해결하기는커녕 오히려 심화시키고 있다. 전 세계적으로 자본주의에 대한 비판과 대안을 마련해야 한다는 목소리가 커지고 있다.

2. 자본주의 태동과 발전

고전적 자본주의는 영국의 경제학자 아담 스미스(1723-1790)가 〈국부론〉에서 시장이라는 '보이지 않는 손'에 의해서 경제와 사회가 발전하게 된다고 주장했다. 비록 개인들이 자신을 위한 이익 추구를 하더라도 수요와 공급이 만나 가격을 결정하는 시장을 통해 의도하지 않았던 공동선이 만들어진다고 한다. 자유방임의 원리에 따라 국가의 경제 개입은 최소화된다. 물론 아담 스미스는 〈도덕 감정론〉에서 시장이 제대로 기능하려면 반드시 다른 경제주체에 대한 공감과 동정심, 그리고 배려 같은 도덕이 필요하다고 주장했다.

자본주의가 독과점, 빈부격차, 실업과 같은 문제들에 직면해 있던 중 1920년대 말 미국이 대공황을 겪으면서 정부의 적극적인 시장개입을 정당화하는 수정자본주의가 등장하게 된다. 미국의 뉴딜정책이나 영국의 복지국가정책에서 볼 수 있듯이 수정자본주의에서는 정부가 시장에 적극 개입하고, 공공지출을 늘리며, 적극적인 사회보장제도를 강조한다.

1970년대 중동전쟁과 오일쇼크 이후 세계경제가 다시 침체하게 되자 선진국에서는 국가의 시장개입을 최소화하고, 시장의 원리를 사회 전반으로 확대시키며, 기업의 자유로운 활동을 강조하는 신자유주의 시장경제체제가 등장하게 된다. 이 새로운 경제이념은 영국에서 마가렛 대처의 '대처리즘', 미국에서 로널드 레이건의 '레이거노믹스' 정책에서 뚜렷이 나타난다. 신자유주의 시장경제는 국제적으로는 시장과 자본의 국가 간 장벽을 허물고 자유로운 이동을 강조하는 세계화 경제를 추구하며, 국내적으로는 시장의 자유를 확대하기 위해 정부의 역할을 축소한다. 시장의 자유를 확대하는 방안으로 공기업의 민영화, 노동의 유연성, 그리고 복지예산의 축소를 강조한다.

신자유주의 시장경제는 오늘날 전 세계적으로 많은 사회윤리적인 문제를 드러내고 있다. 먼저, 전 세계적으로 절대빈곤이 줄어들지 않고 오히려 심화되고 있다. 저개발국만 아니라 미국 같은 선진국에서도 빈곤선 이하에 살아가는 사람들의 숫자가 지속적으로 증가하고 있다. 상대적 빈곤도 세계적 차원에서만 아니라 국가적 차원에서 확대되고 있다. 전 세계적으로 초특급 부자들은 과거보다 훨씬 더 부유하게 되었고, 가난한 사람들은 훨씬 더 가난해지게 되었다. 금융경제를 주도하는 전 세계 자본가들은 인터넷 기술을 통해 자유롭게 국경을 넘나들면서 이윤을 추구하는 '카지노 자본주의'를 만들어 가고 있다. 일자리가 줄어드는 가운데서도 경제성장이 가능한 '고용없는 성장'이 진행되면서 실업자 숫자가 늘고 있다. 노동의 유연화 정책에 따라 새로 생겨나는 일자리의 상당 부분이 파트타임 임시직이나 자영업 일자리다.

중산층이 붕괴되면서 사회적 양극화가 심화되어 20%의 상류층이 80%의 재산과 자원을 차지하는 이른바 '20:80의 사회'로 변해가고 있다. 노동자의 권한이 약화되고, 중산층의 역할이 위축되면서 민주주의도 위협을 당한다. 소수의 자본가에게 부가 집중되고, 그들의 영향력이 커지면서 시민의 자유나 사회적 평등은 위협받는 현상이 목격되고 있다.

3. 자본주의와 소비사회

자본주의가 발전하면서 대량생산과 대량소비사회가 등장하게 되었다. 우리나라의 경우 1980년대부터 시작된 경제성장과 호황에 힘입어 1980년대 후반에 소비사회에 들어서게 되었다. 소비사회란 소비행위가 사람들의 일상 가운데에서 중요한 부분을 차지하며, 사람들이 소비행위에서 행복을 추구하는 사회다. 소비사회에서 사람들은 '소비인'으로 규정되는데, 소비인이란 보다 많이 갖고, 보다 많이 쓰는 것을 삶의 목적으로 살아가는 인간이라 하겠다. 소비인에게 많이 소비한다는 것은 곧 '더 잘 사는' 것이며, '더 행복한' 것과 같은 의미다.

대량생산이라는 자본주의 경제에서 소비하지 않으면 경제시스템 전체가 위기에 빠지기 때문에 국가는 소비를 권장할 뿐만 아니라 강요하기까지 한다. 그러나 지구의 생태학적 한계를 고려할 때 지금과 같은 대량생산, 대량소비, 그리고 대량폐기의 경제시스템은 지속가능해 보이지 않는다.

소비사회에서 소비를 확산시키고 강화하는 중요한 수단은 광고다. 그 중에서도 가장 영향력이 있는 매체가 텔레비전과 인터넷이다. 이러한 매체들은 소비자의 잠재된 소비욕을 충동질하고, 새로운 욕구들을 끊임없이 만들어 내며, 유행을 통해 소비를 확산시킬 뿐만 아니라 사람들을 획일화시키는 문제도 가져 온다.

소비사회가 불러오는 사회윤리적 문제들은 여럿이다. 그 가운데서 무엇보다 심각한 것이 지구적 차원의 환경위기다. 자본주의 경제의 토대인 대량생산에 필요한 자원은 제한적이어서 점점 고갈되고 있다. 석탄이나 석유 같은 화석연료는 지금과 같은 경제성장 속도와 인구증가를 고려한다면 머지않은 장래에 고갈되고 말 것이다.

한편, 거대한 산업단지에서 나오는 폐수나 대기오염물질은 지구의 자정능력의 범위를 넘어서 있다. 강이 죽고 토양이 오염되면서 거기에 기초해 살아가는 인간의 건강과 생명도 위협을 당한다. 뿐만 아니라 대량폐기의 문제도 그것이 매립이건 소각이건 또 다른 심각한 환경문제를 유발한다. 말하자면 오늘날의 지구환경 위기는 현대인의 풍요로운 소비생활 양식의 필연적인 대가인 셈이다.

소비사회의 환경문제를 상징하는 것이 일회용품과 쓰레기문제다. 소비사회에서 편의주의적 가치관에 따른 일회용품의 확산은 한 번 사용하고 나면 바로 쓰레기가 된다는 점에서 심각한 환경문제다. 일회용품은 자원의 낭비라는 면에서만 아니라 대부분의 자연상태에서 쉽게 분해되지 않는 플라스틱 제품들이라는 점에서도 골치 아픈 문제다. 한편, 소비사회에서 발생하는 엄청난 쓰레기도 심각한 환경문제다. 쓰레기를 소각할 때 생겨나는 대기오염이나 발암물질의 발생, 쓰레기를 매립할 때 생겨나는 토양오염과 지하수오염 등도 커다란 환경문제다.

한편, 개인적 차원에서 소비가 일상화되면서 구매충동을 자제하지 못해서 생겨나는 쇼핑중독은 심각한 사회문제가 되고 있다. 쇼핑중독은 자신의 경제적 능력보다 더 많이 소비함으로써 가계를 파탄시키고 때로는 부부 간에 불화의 원인이 되기도 한다. 사회적으로는 카드 빚, 신용불량자 양산 등의 문제점을 불러온다. 쇼핑중독증에 걸리면, 자기도 어쩔 수 없어 필요하지 않은 상품을 마구 구입하고도 자기가 구입한 상품이 뭔지 제대로 기억도 못하고, 쇼핑이 불가능해지면 심리적 · 육체적 부작용(정서불안, 소화불량, 두통, 우울증 등)이 일어난다. 요즈음에는 인터넷 쇼핑이나 홈 쇼핑이 활성화되면서 그만큼 쇼핑중독의 위험성도 커지고 있다.

4. 기독교와 경제윤리

기독교 사상은 자본주의 태동에 직간접적인 영향을 미쳤다. 독일의 사회학자 막스 베버는 〈프로테스탄트 윤리와 자본주의 정신〉이라는 책에서 기독교와 자본주의의 상관성에 대하여 서술한다. 근대 이전까지만 해도 중국이나 인도, 아랍세계에서 과학기술이 더 발전했고 상업활동도 활발했음에도 불구하고 자본주의가 영국에서 태동한 데는 영국이 종교개혁가 칼빈의 개혁사상의 영향을 받았기 때문이라고 분석한다. 칼빈의 예정론에 따르면, 신이 인간을 구원받은 사람과 그렇지 않은 사람을 미리 선택했는데, 사람들은 그것을 확신할 수 없어 불안하다. 다만 자신의 직업에서의 성공 여부에 따라 선택의 여부를 짐작할 수 있을 뿐이다. 그래서 사람들은 자신이 선택받은 사람임을 확인하고자 더 부지런히 일하고, 더 많은 돈을 벌지만, 쾌락을 위해 낭비하거나 사치하지 않게 된다. 이러한 현세적 금욕주의는 마침내 자본의 축적을 가져 왔고, 축적된 자본을 통해 과학기술과 산업발전의 토대가 구축될 수 있었다. 하지만 자본주의의 정신적 토대였던 성실한 노동과 금욕적 삶의 태도가 사라지면서 결국 자본주의는 이윤추구 자체를 목적으로 삼게 되면서 위기에 빠지게 된다.

기독교 신앙이란 개인의 내면적이고 영적인 차원만 아니라 사회생활에도 관심한다. 이는 기독교가 인간의 구원을 전인적으로 이해하고 있기 때문이다. 따라서 기독교는 인간을 억압하거나, 사회공동체를 위협하거나, 환경을 파괴하는 자본주의 폐해들을 폭로하고 비판한다.

첫째, 맘모니즘에 대한 비판이다. 맘몬이란 예수님 당시 사용되던 화폐를 가리키는 아람어였다. 예수님은 돈을 더 이상 중립적인 교환수단으로 보지 않으시고, 엄청난 힘을 지닌 신적 존재로 보았다. 왜냐하면 돈은 마치 신앙의 대상인 신과 같아서 사람들이 그걸 얻기 위해 목숨을 걸고, 기꺼이 삶을 바치게 되기 때문이다. 사람들은 무한정으로 돈을 벌고, 무한정으로 돈을 소유하는 것에 최고의 가치를 두고 살아간다. 이런 배금주의나 황금만능주의에 맞서 예수님은 '하나님이냐 맘몬이냐' 선택하라고 요구한다(마태복음 6:24).

자본주의 사회에서 돈이 신적 위치를 차지하게 되는 이유는 점점 더 많은 것들이 살 수 있는 상품으로 전환되기 때문이다. 돈이 있으면 원하는 물건도 살 수 있고, 사람도 살 수 있고, 심지어 사랑도 살 수 있다. 이처럼 돈이 엄청난 힘을 갖게 되다 보니 부자들은 자신도 모르게 '갑질'을 하게 되고, 사람들은 신처럼 숭배하게 된다.

그러나 돈은 사라질 수 있기 때문에 돈을 가지고 있어도 불안하고 두렵다. 미국의 어떤 투자자문회사에서 평생 일하지 않고도 먹고 살 수 있을 만큼 많은 돈을 가진 부자들에게 '당신이 안전하려면 얼마나 더 필요한가?'라고 물었을 때 한결같은 답은 '지금 가지고 있는 것의 두 배'라고 한다. 사라질 것에 불안을 느끼기 때문에 사람들은 많이 가지고 있을수록 더 많이 갖고 싶어한다.

둘째, 경제적 가치를 절대화하는 경제주의에 대한 비판이다. 경제주의란 경제적 가치를 모든 가치들 위에 놓는 일이며, 사회를 경제이념인 시장원리가 지배하는 시장사회로 만드는 것을 가리킨다. 시장원리가 지배하는 사회가 되면 경제적 효율성이나 생산성이 행위를 판단하는 토대가 된다. 오늘날 시장원리는 경제분야를 넘어서 교육, 의료 등 공공분야로까지 빠른 속도로 확산되고 있다. 경쟁의 원리가 삶의 방식이 되면 사회적 삶은 더 이상 협력과 공생이 아니라 무한경쟁의 각자도생으로 변한다. 사람들의 모든 행위를 경쟁력

차원에서 판단하고, 인간관계마저 전략적 관계로 만들어 버린다. 업적중심의 사회나 성과중심의 사회는 경쟁력이 약한 개인이나 계층을 소외시킨다. 시장근본주의자들이 주장하는 것처럼 시장은 모든 사회문제를 해결하는 만병통치약으로 볼 수 없다. 시장은 도덕적 가치나 가족관계, 예술활동이나 종교생활, 그리고 인간관계까지 만족시킬 수 없다.

셋째, 유사종교화된 소비주의에 대한 비판이다. 사람들은 구매한 상품의 풍요로움 속에서 자신의 미래를 보장받고 싶어 한다. 냉장고가 비어 있을 때에는 불안감을 느끼지만 냉장고에 가득 먹거리를 쌓아 놓을 때 자기도 모르게 마음의 평안과 내일에 대한 확신을 갖게 된다. 마치 성서에 나오는 '어리석은 부자'와 같다. 부자는 그 해 풍년이 들자 창고들을 헐고 수확한 농산물을 창고마다 가득 채우면서 스스로에게 이렇게 말한다. "영혼아, 여러 해 쓸 물건을 많이 쌓아 두었으니 평안히 쉬고 먹고 마시고 즐거워하자"(누가복음 12:19) 소비를 통해서 영적인 평안과 행복을 보장받고 싶어 한다는 점에서 소비란 하나의 종교가 된다. 어린 아이들에게 천국을 그리라면 대개 장난감으로 가득한 레고 랜드나 토이즈러스 장난감 백화점 같은 곳을 떠올리는 것도 같은 이치다. 이런 현상을 유사종교로 보는 이유는 소비에서는 결코 참 만족을 얻을 수 없으며, 구원에 도달하기도 어렵기 때문이다. 물론 사람들은 사고 싶은 무엇인가를 살 때 기쁨과 만족을 느낀다.

그런데 인간이 어떤 상품을 소비할 때 느끼는 쾌락이란 마치 성적 쾌락, 식욕의 만족, 혹은 마약에 의한 환각과 같은 종류다. 아주 만족하고 절정에 도달했다고 느끼는 순간 곧바로 깊은 공허와 권태에 빠진다. 이처럼 소비를 통해서는 참된 행복감을 발견할 수 없기 때문에 사람들은 어쩔 수 없이 더 새롭고 더 자극적인 소비를 추구할 수밖에 없게 된다. 마치 목이 말라 바닷물을 퍼마시는 격이다.

마지막으로, 재물에 대한 청지기 윤리다. 기독교는 자본주의 돈의 위험성을 경고하긴 하지만 돈 자체를 악마화하지 않는다. 오히려 도덕적인 방법으로 정직하게 돈을 많이 벌고, 많이 저축하라고 권고한다. 하지만 돈의 노예가 되거나 돈을 섬겨서는 안 된다고 가르친다. 말하자면 돈은 하나님께서 주시는 선물로서 선하게 사용해야 할 대상이지 섬겨야 할 대상은 아니다. 예수께서는 돈을 선하게 사용하는 방법들을 제안하셨다.

> "너희는 자기를 위하여 보물을 땅이 아니라 하늘에 쌓아두어라."(마태복음 6:19-20)
> "너희 소유를 팔아서, 자선을 베풀어라."(누가복음 12:33)
> "너희는 조심하여 온갖 탐욕을 멀리하여라. 재산이 차고 넘치더라도, 사람의 생명은 거기에 달려 있지 않다."(누가복음 12:15)

누가복음 19장에 나오는 세리장 삭개오의 회심 이야기는 우리가 재물을 어떻게 다루어야할지 잘 보여준다. 삭개오는 세관의 책임자로서 로마로부터 할당받은 세금 외에 더 많은 세금을 거두어 착복해서 주변사람들로부터 멸시와 혐오의 대상이었다. 하지만 예수님을 만나게 되면서 그렇게도 집착했던 돈으로부터 놓임을 받는다. 소유의 절반을 가난한 사람들에게 주고, 남의 것을 강제로 빼앗은 것에 대해서는 네 배로 갚겠다고 말했다. 그때 예수께서 "오늘 구원이 이 집에 이르렀다"고 하셨다(누가복음 19:9).

예루살렘 초대 교회는 공동체적 차원에서 청지기 정신을 구현하려 했던 신앙공동체였다. 공동체 구성원들은 자기 소유를 나누었고, 가난한 사람들을 섬김으로써 인류가 오랫동안 꿈꾸었던 '가난

없는 사회'를 잠시나마 실현할 수 있었다.

> 많은 신도가 다 한 마음과 한 뜻이 되어서, 아무도 자기 소유를 자기 것이라고 하지 않고, 모든 것을 공동으로 사용하였다. … 그들 가운데는 가난한 사람이 한 사람도 없었다. 땅이나 집을 가진 사람들은 그것을 팔아서, 그 판 돈을 가져다가 사도들의 발 앞에 놓았고, 사도들은 각 사람에게 필요에 따라 나누어 주었다.(사도행전 4:33-35)

연구 및 토의 주제

1. "돈도 실력이야. 니네 부모를 원망해"라는 말에 담겨진 자본주의 사회의 윤리적 문제점은 무엇인지 토론해 보자.

2. 다음에 나오는 '소비중독 자가진단표'를 작성해 보고, 자신의 쇼핑 행위에 대해 이야기해 보자.

<table>
<tr><th colspan="3">쇼핑중독 자가진단표</th></tr>
<tr><td>1</td><td>나는 도무지 나의 소비습관을 통제할 수가 없다.</td><td></td></tr>
<tr><td>2</td><td>나는 쇼핑할 때 죄책감이 든다.</td><td></td></tr>
<tr><td>3</td><td>나는 내가 얼마나 쇼핑을 하는지 잘 모른다.</td><td></td></tr>
<tr><td>4</td><td>나는 가족들이 보지 못하도록 쇼핑한 물건을 숨기곤 한다.</td><td></td></tr>
<tr><td>5</td><td>쇼핑은 내게 있어서 긴장이나 불안감을 풀 수 있는 아주 좋은 방법이다.</td><td></td></tr>
<tr><td>6</td><td>나는 사는 물건보다 물건을 사는 행위 그 자체를 더 즐긴다.</td><td></td></tr>
<tr><td>7</td><td>우리 집에는 한 번도 사용하지 않은 물건들이 가득하다.</td><td></td></tr>
<tr><td>8</td><td>나는 경제적으로 감당할 수 없을 만큼 쇼핑을 많이 한다.</td><td></td></tr>
<tr><td>9</td><td>내가 얼마나 쇼핑을 많이 하는지 다른 사람들이 알면 기절할 것이다.</td><td></td></tr>
<tr><td>10</td><td>나는 기분을 더 좋게 하기 위해 물건을 산다.</td><td></td></tr>
<tr><td>건전형</td><td colspan="2">10개의 문항에 모두 해당되지 않는 경우로서
물건 구매에 대해 매우 실용적인 태도</td></tr>
<tr><td>기분파</td><td colspan="2">⑤, ⑥, ⑩번 가운데 하나라도 해당하는 경우로서
충동구매나 과시구매의 경향 있음.</td></tr>
<tr><td>과다
쇼핑</td><td colspan="2">②, ③, ④, ⑦, ⑨번에 하나라도 해당하는 경우로서
쇼핑중독 위험군에 속함.</td></tr>
<tr><td>쇼핑
중독</td><td colspan="2">①, ⑧번에 하나라도 해당하는 경우로서
정신과 상담이나 치료 필요함.</td></tr>
<tr><td colspan="3">자료 : 성균관대 의대, 신영철 교수</td></tr>
</table>

참고도서

조용훈. 『지구화시대의 기독교』 서울 : 대한기독교서회, 1999

VII 기독교와 현대인의 삶

다문화사회와 기독교

1. 한국사회의 다문화 상황과 정책

1-1. 우리나라의 다문화 상황

2018년 11월에 한 중학생이 인천시 연수구 한 아파트 옥상에서 동급생에게 집단폭행을 당하다 추락사 한 사건이 있었다. 그 학생은 다문화가정의 자녀였다. 교육부에 따르면 2012년 4만 6,954명이던 다문화가정 자녀(만 7-18세)는 2018년에는 12만 2,212명으로 세 배 가까이 늘었다. 결혼이주민 가정과 외국인 노동자가 늘면서 다문화가정 자녀도 급격하게 늘어난 것이다.

2010년 10월에 독일의 메르켈 총리가, 이듬해인 2011년에는 프랑스의 사르코지 대통령 그리고 영국의 캐머런 총리가 자국의 다문화정책 실패를 선언했다. 다문화사회로의 변화는 다문화사회를 표방하는 우리보다도 긴 이민역사를 가진 서구에서도 다문화에 대한 답을 찾지 못하고 갈등과 논쟁, 테러의 위협 속에 실패를 맞았다. 다문화사회는 한국의 엄연한 현실로서 다문화된 한국사회는 다문화 '초기 진입기'를 넘어 확산기를 향해 가고 있으며, 전체 인구 대비 비중이 10% 내외가 되는 '확산기'에는 사회적 마찰이 본격화될 가능성이 크다. 2016년 말 기준 국내 체류 외국인은 2,049,441명으로 2015년 대비 8.5%(159,922명), 최근 5년간 매년 9.2% 증가하였다. 전체 인구 대비 체류 외국인 비율은 2012년 2.84%에서 2016년 3.96%로 매년 상승세를 보인다. 2017년 12월 말 체류 외국인은 2,180,498명에 달한다. 2007년 100만 명을 넘어선 이후 9년 만에 200만 명을 돌파하여 전체 인구의 4% 수준으로 우리 사회의 외국인이 빠른 속도로 증가하고 있다. 2010년 이후 체류 외국인 연평균 증가율인 8.4%가 유지되고 있는데, 만약 이 추세대로라면 2021년에는 체류 외국인이 3백만 명을 넘어 전체 인구의 5.8%에 해당할 것으로 예상한다.

전국 다문화가족은 2016년 기준 316,000가구, 가구원 96만 명으로 전체 가구 대비 1.6%를 차지한다. 결혼이민자 및 귀화자는 319,000명, 18세 이하 자녀는 201,000명, 배우자 등 기타 가구원이 440,000명이다.

한국사회에 노동의 방식으로 이주한 외국인 노동자뿐 아니라 결혼으로 이주한 국제결혼 이주여성이 급속도로 늘어났다. 이주외국인 노동자의 증가는 한국의 경제가 발전하면서 생활수준이 높아졌고 그에 따라 힘들고 어려운 일을 기피하는 것이 원인이 되었다. 이러한 이유로 외국인 노동자들이 국내로 유입되었다. 국제결혼 이주여성의 증가는 농촌의 공동화로 인한 결혼문제가 원인이다. 농촌의 총각들이 결혼 적령기가 되어도 마땅한 배우자를 찾지 못함으로 결혼문제가 사회문제로까지 대두되었다. 이들을 위한 해결책으로 국제결혼이 장려되었다. 한국사회의 저출산, 고령화에 따른 생산가능 인구 감소로 성장잠재력 저하가 우려되는 상황에서 경제활력을 유지하기 위해서는 이러한 추세는 앞으로 더욱더 강화되리라 보여진다.

한국은 이미 다문화사회의 확산기가 되었고 머지않아 다민족사회로 진입하게 될 것이다. 우리는 이러한 급격한 시대적 변화를 어떻게 받아들일 것인가?

1-2. 한국사회의 다문화정책

다문화사회 현실에 대처하기 위해 행정자치부는 2006년 행정 목표를 '다문화사회'로 천명하고, 법무부는 '외국인의 날'을 지정하기로 결정했다. '참여정부'는 다각적 다문화회의를 기획하여 '다문화가정지원정책'을 마련하고 본격적인 다문화정책을 가동했다.

여성가족부는 2008년 「다문화가족지원법」 제정 이후 결혼이민자 정착지원, 다문화가족 및 자녀지원, 다문화가족에 대한 수용성 제고 등 관련정책을 포괄하는 제1차(2008-2012)와 2차 다문화가족정책기본계획(2013-2017)을 수립해 추진해 왔다. 제1차는 "열린 다문화사회로 성숙한 세계국가 구현"을 비전으로 다문화가족의 삶의 질 향상 및 안정적인 정착지원, 다문화가족 자녀에 대한 지원 강화 및 글로벌 인재 육성의 두 가지 목표로 시행되었다. 제2차는 "활기찬 다문화가족, 함께하는 사회"를 비전으로 사회발전 원동력으로서의 다문화가족 역량강화와 다양성이 존중되는 다문화사회 구현을 목표로 시행되어 2017년 종료되었다. 2018년에 시행되는 제3차 다문화가족지원정책(2018-2022)은 "참여와 공존의 열린 다문화사회"란 목표 아래 모두가 존중받는 차별없는 다문화사회를 구성하고, 다문화가족의 사회 · 경제적 참여를 늘리고, 다문화가정 자녀의 건강한 성장을 도모하는 방향으로 추진되고 있다.

【제 1~3차 다문화가족정책기본계획 비교】

추진 기간		과제 구성	추진 기관
1차	2010-2012	5대 영역 61개 세부과제	11개 중앙행정기관, 지방자치단체
2차	2013-2017	6대 영역 86개 세부과제	13개 중앙행정기관, 법원, 지방자치단체
3차	2018-2022	5대 영역 80여개 세부과제	18개 중앙행정기관, 법원, 지방자치단체

앞으로 한국사회의 중심세대인 2030세대들은 외국인 근로자, 결혼이주여성, 다문화가정 아이들, 외국인 유학생 그리고 북한에서 이탈한 새터민까지 지역 곳곳을 터전 삼아 살아가고 있는 다문화인과 공존은 필연적이다.

1-2. 한국사회의 다문화정책

다문화사회를 넘어서 다민족사회로 나아가고 있는 한국사회의 현실은 다문화사회에 대한 새로운 인식의 변화를 요청받고 있다. 이제 더 이상 단일민족을 주장하기보다는 다문화사회로의 변화를 수긍하고 발전적인 방향을 모색하는 것이 현명한 태도일 것이다.

그럼에도 불구하고 한국사회의 문화적 특성은 다문화사회를 받아들이기 어렵게 만드는 요인으로 작용하고 있다. 그 대표적 특징으로는 사회적 관계에 영향을 끼치는 권위주의를 근간으로 이루고 있는 수직적 집단주의 문화와 우리는 하나라는 순혈주의에 뿌리로 두고 있는 가족중심주의 문화가 있다.

2-1. 수직적 집단주의 문화 : 권위주의

한국사회를 이루는 구성원들의 세대가 바뀜에 따라 그들의 삶이 바뀌고, 문화 또한 바뀌고 있다. 포스트모던 문화의 영향권 아래에서 컴퓨터와 인터넷으로 대표되는 디지털 기술사회를 살아가는 세대가 출현했다. 바뀐 젊은 세대는 권위에 대한 비판의식이 매우 강하게 부각되고 있는 세대로 신세대, N세대, 디지털 세대라 부른다. 젊은 세대는 양방향 커뮤니케이션에 능하고 함께 대화에 참여하고 토론하는 것을 선호하지만, 기성세대들은 권위 있는 사람의 말을 듣고 복종하는 것에 익숙하다. 젊은 세대의 소통방식이 주류로 자리 잡은 듯 해도 권위주의 전통이, 같은 유교문화권인 중국과 대만보다도 한국인의 의식구조에 상대적으로 더 큰 비중과 깊은 뿌리를 내리고 있다.

문화를 이해함에 있어서 한 사회의 문화를 규정해주는 하나의 특징으로서 개인주의와 집단주의 사이의 기본적인 차이점을 살펴보는 것은 우리로 하여금 각 개인들 사이의 관계를 이해하게 해주는 하나의 중요한 요소가 된다. 개인주의란 '개인들 사이를 연결해 주는 무습이 느슨해서 서로 독립적인 모습을 띠는 사회 패턴'을 의미하고, 집단주의는 '개인들이 긴밀하게 연결되어 있어 상호의존적인 사회 패턴'을 이야기한다.

그러나 더 나아가 개인주의-집단주의의 구별법에 수평적-수직적 사회관계를 함께 고려하면 좀 더 명확히 우리나라의 문화적 특징을 알 수 있을 것이다.

【문화의 4가지 타입】

	개인주의 Individualistic	집단주의 Collectivistic
수직적 Vertical	**수직적 개인주의** Vertical-Individualistic 미국	**수직적 집단주의** Vertical-Collectivistic 한국
수평적 Horizontal	**수평적 개인주의** Horizontal-Individualistic 스웨덴, 호주	**수평적 집단주의** Horizontal-Collectivistic 일본, 이스라엘

그 구별법에 따르면 한국사회는 지위에 따른 차등을 주된 특징으로 하는 수직적 집단주의Vertical-Collectivism 문화를 가지고 있다. 수직적 집단주의 문화에서는 자신을 집단의 일부로 보는 문화적 특징을 가지고 있기 때문에 사람들은 집단 안의 통합과 집단의 목적을 위해서라면 개인의 목적을 희생하는 것에 대해서 강조한다. 또한 나이, 연공서열, 그 집단에 대한 공헌도에 따라 결정된 계급과 지위을 중요하게 생각하기 때문에 이러한 요소들에 기초한 차별적이고, 차등적인 취급을 당연한 것으로 여긴다. 한국과 같은 수직적 집단주의 문화는 전통과 권위를 강조한다. 따라서 사회와 공동체 리더스스로도 팔로워follower들을 볼 때 자신은 위에 군림하는 리더로, 팔로워들은 자신의 말에 따라야 하는 부하의 개념으로 이해할 수밖에 없게 된다.

그런데 이러한 권위와 전통을 강조하는 한국인의 수직적 집단주의 문화VC는 지속적으로 한국사회에 영향을 끼쳐왔던 유교정치문화의 권위주의의 특징과 일치하고 있다. 권위주의란 '모든 인간관계를 상하(上下), 귀천(貴賤)으로 차등화시켜서 지배, 복종의 관계로 정형화시키고 상위자의 자의적 지배와 하위자의 무비판적 복종을 요구하거나 수용하는 성향'이다.

유교의 정치문화는 이론적으로는 군자가 갖추어야 할 덕목과 사회의 질서와 조화를 도모하는 참된 가치를 지니고 있지만, 성립된 권위에 대한 복종을 강요하는 반면 권위를 부여받은 측에서는 강한 권위주의 행태를 지니는 특성을 보인다. 권위주의의 특징은 지배 복종성, 계층적 성향, 인습(전통)주의로 나타난다.

수직적 집단주의적인 문화는 리더십의 형태에 있어서, 아랫사람은 윗사람에 대한 복종과 의무를 강조하는 리더십으로 고착되었다. 성별, 연령, 계층, 지위에 따라서 윗사람은 권위의 주체인 상의 위치에 자리하고, 아랫사람은 복종의 대상인 하의 위치에 서도록 하는 리더십을 강화시켰다. 한국사회 안에 있는 이러한 독특한 계층적 리더십의 개념은 자연적으로 공동체와 조직 안에 차가운 분위기를 형성하며, 계층적 질서에 복종해야 하는 문화를 만들어 낸다.

2-2. 가족중심주의 문화 : 순혈주의

모든 종교와 문화는 사회문화적 환경의 변화로 말미암아 강화되기도 하고 소멸되기도 한다. 수직적 집단주의적 문화는 근대화를 거쳐서 현대화에 이르는 과정에서 정치적, 경제적 환경에 영향을 끼쳤고, 군사독제 체제를 경험하면서 더욱더 구체적으로 강화되었다. 명령과 복종으로 특징지어지는 군사독제의 권위주위는 아랫사람이 윗사람에게 부여된 권위에 대하여 의문시하는 것이 허용되지 않는 일방적인 복종을 강조했다. 한국사회는 군사독재시대로 말미암아 기존에 있던 수직적 집단주의 문화가 더욱더 한국사회에 받아들여지고 촉진되는 계기가 되었다.

그러한 수직적 집단주의 가치관은 전통적인 가족중심주의 가치관에 그 뿌리를 두고 있다. 부모와 자녀의 관계는 한국사회의 모든 관계의 근간을 이루고 있다. 효(孝)라는 개념은 가정을 모본 삼아 이 사회 안에 있는 어른들과 그리고 또 다른 권위들에게까지 확장되어 갔다. 한국사회에서 리더십은 가족이나, 공동체의 어른이 권위를 가지고 이끄는 형태였다. 그러한 가족주의는 '우리주의'의 모습과 연관이 있다. 그러나 여기에는 우리주의의 두 얼굴이 존재하고 있다. 서로가 서로를 사랑하고 하나로 여기는 가족의식이 바로 우리주의의 모습이다.

그러나 우리주의가 왜곡되기 시작하면 지역 운운하며 지역주의를 조장한다거나, 혈연이나 연고 등으로 울타리 안의 사람들을 무조건적으로 치켜세우고, 반대로 바깥에 있는 사람들을 소외시키는 안타까운 현상이 나타난다. 이러한 모습이 심해지면 국수주의에 따른 배타적 혈통의식에 따라 그렇지 못한 사람들을 소외시키게 된다.

3. 한국사회 속의 다문화가족

권위주의, 순혈주의 속에 있던 한국사회는 최근에 새로운 사회와 문화를 경험하는 시기에 와 있다. 각국의 다문화의 모습을 살펴보면 미국과 캐나다처럼 여러 나라에서 이민온 사람들로 구성되어 다문화사회를 형성한 경우도 있고, 싱가포르와 말레이시아처럼 한 영토에 중국계, 말레이계, 인도계 등 다양한 인종이 모여 사는 국가도 있다. 그러나 한국은 권위주의와 순혈주의로 인해 독특한 특성을 지니고 있다.

3-1. 배타성과 불관용 속의 다문화가족

그 모습은 권위에 복종하길 강요하는 수직적 집단주의 문화와 순혈주의를 강조하는 가족중심주의 문화가 현재 다문화사회 속에서 혼재하는 모습을 볼 수 있다. 그런데 수직적 집단주의나 가족중심주의 전통의 사회적 관계는 다양성 속에 있는 하나됨unity이나, 하나됨 안에 있는 다양성을 추구하기보다는 획일성uniformity을 추구하는 경향이 있다. 더 나아가 한국인의 강한 동질성과 동질의식은 이질성에 대한 배타성과 소수자에 대한 불관용성을 조장하는 경향이 있다.

우리 민족은 오랫동안 단일민족 또는 백의민족이라고 강조하며 한 뿌리를 강조해 왔고 외모가 다른 외국인들과 함께 살았던 경험도 거의 없었다. 또한 역사적으로 중국과 일본의 침입을 받으면서 한국인에게 있어서 외국인이란 '더불어 함께 사는 자'보다는 '침략자'로서의 이미지를 가지게 된 면이 없지 않다. 한국은 오랜 역사 속에서 주변국가들과의 혈통적인 혼합을 이루었음에도 불구하고 인종적이며 문화적인 동질성을 이루어 온 나라이다. 때문에 한국사회에서 '다문화'라는 개념 자체에 대한 인식도 정리되지 않은 듯한 인상이 깊다.

다문화란 "다인종, 다민족으로 구성된 사회와 국가에서 문화의 중심이 되는 주류 문화에 대한 하위 개념으로서 위계관계 혹은 다양성의 존중을 내포하는 개념"이다. 다문화란 명사는 일반적으로 인간사회의 다양성과 사회개념을 "시민, 국민으로서 누릴 수 있는 사회, 경제, 문화적 권리를 취득하고 향유하는데 인종과 민족이 차별의 근거가 되지 않는 사회"로 정의한다. 한국사회에 여러 문화와 인종이 있다는 현상 기술적 측면에서 다문화사회라는 개념을 사용한다면 한국사회는 다문화사회라고 할 수 있다. 그러나 위의 다문화에 대한 정의와 같이 다문화사회를 인종과 민족이 차별의 근거가 되지 않는 문화 다양성이 존중되어 여러 문화가 공존하고 상생하는 사회라는 의미로 사용한다면, 한국사회가 다문화사회에 도달했다고 말하기는 쉽지 않다.

한국사회는 개방, 참여, 공유를 철학으로 하는 새로운 시대를 살아가고 있다. 그러나 다문화사회에 대한 우리의 인식은 사회변화 속도를 따라가지 못하고 있다. 다양성이 아닌 획일성이 지배하는 사회는 주류의 폭력이 난무하는 사회일 수밖에 없다. 결혼 이민자들의 모습을 살펴보면, 한국인 남편들로부터 무시와 인격모독을 당하는 경우와 한국의 음식, 언어, 예절만을 강요당하고 있다. 이는 권위주의적이고 순혈주의 세계관에 대한 위기와 도전이라는 시각으로 그들을 맞이하는 동일성의 논리가 깔려 있다. UN 인종차별철폐위원회의 한국관련 2007년 회의보고서에서는 한국이 '혼혈인'과 '외국인'에 대한 인종 차별적인 법과 제도를 바꾸어야 한다고 지적하면서 인종 차별적인 '혼혈인', '단일민족국가'라는 표현도 자제해 줄 것을 권고하고 있다. 다문화사회를 맞이하는 한국사회와 사회는 이주노동자와 국제결혼 이주여성 그리고 다문화가정을 어떤 시각으로 바라고 함께 공존할 것인지 준비를 해야 할 시점에 와 있다.

수직적 집단주의적이면서도 가족중심주의적인 특성을 지닌 한국사회 속에서 이주민들을 우리가 어떻게 수용할 수 있을까? 지방자치단체는 물론 시민단체들조차 이 상황에 대한 대안이 부재한 상황이다. 왜냐하면 시민사회단체들이 이주민을 자신들의 고유한 사업의 영역으로 설정하지 못하고 있기 때문이다. 하지만 여기서 한국사회는 그 다문화성을 어떤 방법으로 수용하고 있는지 그 방향성의 실태를 점검해 볼 필요가 있겠다.

3-2. 현재 한국 다문화교육의 지향점

현재 한국사회에 진행되고 있는 다문화교육의 지향점은 사회적 다양성의 수용과 사회적 통합성에 초점을 맞추고 있다. 다문화교육이 지향하는 교육의 방향은 크게 외국인 이주노동자와 국제결혼이민자에 대한 소수자 교육과, 한국의 주류 사회를 대상으로 하는 다수자 교육으로 나뉜다.

첫째, 소수자에 대하여는 새로운 문화에 대한 적응과 사회적 주체화에 초점이 있다. 주류 사회에 새로 이주한 사람들이 우리 문화에 동화 및 적응할 것을 강조하는 소주자 교육인 동화 또는 주류화 교육이다. 소수자 교육은 소수자 적응교육, 정체성 교육, 공동체 교육으로 나뉜다. 소수자 적응교육은 새로운 이주자가 기존 주류 사회에 적응할 수 있도록 한국어와 한국문화교육에 초점을 맞추는 동화assimilation교육이다. 소수자 정체성 교육은 주류 사회에 이주하여 살고 있는 소수자의 정체성 함양에 초점을 맞추어 자신들의 문화에 대한 자부심을 기르는 데 주력하고 있다. 소수자 공동체 교육은 소수자 집단 내에 존재하는 다양한 문화와 출신 국적들 간의 갈등 극복을 주목적으로 하는 것으로 소수집단의 화합과 공존을 돕도록 하는 교육이다. 즉, 소수자 교육은 출신문화에 대한 자긍심을 가지고 새로운 문화에 대한 대응력을 향상시키는 데 있다.

둘째, 다수자 교육은 소수자 이해 교육에 초점을 맞춘 것이다. 다수자로 하여금 다른 문화의 차이를 인정하고, 다양한 문화를 이해하고 수용할 줄 아는 관용의 힘을 길러주는 것이다. 소수집단을 대상으로 한 교육이 아니라 이들과 함께 살아가는 주류 사회를 대상으로 한 타자에 관한 교육이다. 즉, 새로운 이주자들이 그들의 정체성을 인정받으면서 한국에 적응하도록 독려하고 이들의 사회적 참여를 촉진하고자 한국사회의 일반인과 학생들을 대상으로 소수자에 대한 편견과 차별을 없애고 이들과 더불어 살아갈 수 있도록 다수자를 교육하는 것이다. 사회의 주류 집단인 한국인들도 이주자들에게 적응하면서 단일민족 중심적인 획일적인 사고를 완화함으로 이주자들도 변하고 우리도 그들에게 맞춰 변화를 모색하는 가운데 사회의 주류와 소수자를 통합하는 교육이다. 리더십과 연관된 다문화교육의 핵심과제는 소수자 주체화와 다수자 변화를 통한 공동체 형성에 관한 교육이 될 것이다. 그 중에서도 특히 다수자의 소수자에 대한 이해 교육이 중요한 부분이 될 것이다.

4. 더불어 사는 다문화사회를 위하여

한국사회가 다문화가족과 더불어 사는 공동체가 되기 위해서 다수자인 대한민국 국민의 변화를 모색할 필요가 있다. 그 변화의 핵심은 다수자가 다문화가족을 대하고 바라보는 '관점'perspective의 변화다. 통계청이 발표한 '2006년 사회통계 조사결과'에 따르면 다문화가족을 위해서 가장 시급히 해결해야 할 사항으로, '다문화가족에 대한 편견을 없애는 사회 분위기 조성'이 30.6%로 가장 많이 꼽혔다. 다문화가족을 대하는 다수자들의 관점이 바뀌어야 한국인의 삶이 바뀌고, 그 삶이 바뀔 때 사회가 변화하고, 사회가 변화할 때 사회의 문화가 바뀔 수 있다. 그러면 여기서 살필 것 중 하나가 바로 기독교적인 관점에서 다문화가족을 어떻게 바라봐야 할 것인가이다.

4-1. 성경적 원리

다문화가족을 향한 기독교적인 관점을 알기 위해서는 먼저 구약성서에 나타난 이방인을 대하시는 하나님의 성품, 하나님의 원리를 살펴봐야 할 것이다. 이방인과 관련하여 레위기 25장 23절에 '너희는 거류민이요 동거하는 자로서 나와 함께 있느니라'라는 말씀이 있다. 여기서 말하는 '거류민'이란 단어의 뜻은 가나안 땅에 이스라엘 민족과 함께 살고 있는 인종적으로는 이스라엘 사람이 아닌 사람들을 가리키고 있다.

이스라엘과 하나님과의 관계에 대해서 레위기 25장 35절은 '네 형제가 가난하게 되어 빈 손으로 네 곁에 있거든 너는 그를 도와 거류민이나 동거인처럼 너와 함께 생활하게 하되'라고 이야기하면서, 인종적으로 다른 연약한 자들을 대하는 하나님의 마음에 대하여 말씀하신다. 여기서 눈여겨 볼 것은 이미 '거류민이나 동거인'이 이스라엘 백성들과 같은 혜택을 누리고 살고 있다는 것이다. 하나님은 당신의 사랑과 자비와 신실하심의 증거로 이스라엘 백성을 종 되었던 애굽에서 자유롭게 해주셨다. 그렇기 때문에 동일한 하나님의 정의와 자비가 이스라엘 백성이 그들의 사회 속에 기하는 다문화가족을 대할 때 반영되어야 함을 말씀하고 계신다.

연약한 자들에 대한 보살핌은 이미 구약성경에 나오는 하나님의 언약 규정 조항에서 나타나고 있다(출애굽기 22:21-26, 23:9, 레위기 19:33-34, 신명기 10:18-19, 24:17). '너는 이방 나그네를 압제하지 말라 너희가 애굽 땅에서 나그네 되었은즉 나그네의 사정을 아느니라'(출애굽기 23:9, cf. 출애굽기 21:2-11, 20-21, 26-27, 신명기 15:15) 이스라엘 백성을 이집트의 압제로부터 구출해 주신 것은 하나님의 성품이 외형적인 행동으로 나타난 것이다. 하나님께서 지으신 그의 백성에 대한 공평과 정의를 실현하는 것이 바로 하나님의 정의와 공평을 이 땅에 실현하는 것임을 알아야 할 것이다.

신약성서의 마태복음 25장 45절 말씀처럼 "내 형제 중에 지극히 작은 자 하나에게 한 것이 곧 내게 한 것이니라"고 말씀하고 계신 것이다. 우리와 함께하고 있는 다문화가족이 얼마나 소중한 존재인지를 깨달아야 한다는 것이다. 예수님은 지금 우리들에게 맡겨진 작은이들을 당신 자신과 동일시하고 있다고 말씀하신다. 예수님은 물으신다. '나는 네가 맡고 있는 작은이들을 생각할 때 나 자신과 동일시하고 있다. 너는 어떠냐?' 이렇게 묻고 계신다. 우리 곁에 늘 있지만 쉽게 외면하게 되는 "지극히 작은 자"와 예수님이 동일시되고 있기 때문이다.

예수님께서 삶으로 보여주신 작은이들을 향한 성경적 리더십의 모습은 섬김이다(마태복음 20:28, 마가복음 10:45, 요한복음 10:15-18, 13:1-5, 빌립보서 2:7). 헨리 나우웬Henri Nouwen은 예수님의 고통받는 종의 모습에서부터 성경적 리더십 모델을 설명하면서, 성경적 리더십은 "기독교 리더들은 주변환경의 조작으로 인한 수동적인 피해자라는, 심리학적으로 연약한 리더십"이 아니라 하나님과 사람들의 종으로 "사랑을 위해 권위와 권력을 계속적으로 내려놓는" 리더십이라고 묘사했다. 나우웬의 이러한 이해는 사랑의 섬김을 위해 스스로 권위와 힘을 포기하셨던 예수님의 삶과 사역에서 비롯되었다. 섬김의 기독교적인 이해는 방향이 없거나, 무형적인 것이 아니라 하나님 아버지로부터 맡겨진 사명을 위해 스스로 종의 모습을 띠신 예수님의 모습을 지향한다. 그러한 섬김의 모습으로 다문화가족을 섬기고 함께 하는 마음과 태도를 가져야 할 것이다.

4-2. 말없이 귀를 기울이는 섬김

신약성서에서 이야기하는 예수님의 모습은 말없이 귀를 기울이는 섬김(공감적 경청)의 모습이다. 하나님에 대한 사랑이 하나님 말씀을 듣는 것으로 시작하는 것과 같이 작은이들에 대한 섬김은 그들의 말을 들어주는 것으로 시작될 것이다. 본회퍼Dietrich Bonhoeffer는 성도들의 "들어주는 사역이 하나님께서 우리들에게 위탁하신 사역"이라고 주장한다. 본회퍼는 서로 함께 거하기 위해서 필요한 것은 공감적 경청empathically listening임을 주장하면서 '듣는 것이 말하는 것보다 훨씬 더 좋은 섬김'임을 주장하고 있다. 형제의 말에 귀를 기울여 주는 것이 형제를 위해 실천하는 하나님의 사역이라는 것이다. 하나님의 사랑을 가장 잘 전달하고, 타인에 대한 관심을 가장 잘 나타낼 수 있는 방법이 바로 말없이 귀를 기울이는 섬김이다. 공감적 경청을 할 때 중요한 것은 우리 자신의 선입견, 목적과 관심을 내려놓은 체 듣는 것이고, 그런 다음 상대방의 경험과 그들의 해석 속으로 들어 갈 수 있도록 우리 자신을 여는 것이 중요하다.

다문화사회로 진입하는 한국사회는 다문화가족과의 상호존중과 공존을 위해서는 적절한 이해에 바딩을 둔 상호존중과 공존, 포용의 정신의 바탕에서, 들어 주는 것이 말하는 것보다 더 큰 섬김이 될 것이다. 자의든 타의든 다수자의 입장에서 소수의 다문화가족들과 함께하게 될 것이다. 말없이 귀 기울이는 섬김의 깊은 실천을 위해서 우리는 작은이들에 대한 더 깊은 이해를 필요로 한다.

성경에서 탁월함greatness은 항상 섬김serve과 동의어로 취급될 때가 많다. 따라서 탁월함이란 다스림이 아닌 섬김에서 발견된다(마가복음 10:44, 누가복음 22:25-26). 리더십에서 팔로워들은 탁월함이 있는 리더들의 영향력을 받아들이기로 선택하는데, 그 탁월함이 란 리더의 섬김에서부터 시작된다. 다문화사회 속에서 한국사회가 경청의 능력과 감성지능 리더십을 갖추고 리더들이 공감대를 형성하며 다문화가족의 필요에 귀를 기울이는 섬김의 모습을 가져 간다면, 한국사회는 수직적이고 집단주의적인 환경에서 보다 유연하고 생기가 넘치고 혁신적인 섬김의 공간이 될 수 있을 것이다. 결국은 그러한 모습들이 쌓여져 갈 때, 사회를 통한 다문화가족과의 사회적 연결망이 형성되어 질 수 있을 것이다.

영향력을 발휘하여 변화를 이끄는 것이 리더십의 핵심이다. 한국사회는 수직적 집단주의와 가족중심주의 문화 속에 함몰되기보다는 그 문화를 변혁함으로 다문화가족을 섬겨야 할 것이다. 서로 다른 문화와 언어를 가진 소수자인 다문화가족과 함께 공존하기 위해서 다수자인 한국사회는 다문화가족을 대할 때 사랑과 섬김으로 대해야 한다. 그때 비로소 한국사회 속에서 서로 다른 다문화가족에 대한 올바른 인식을 갖는 동시에 차별과 편견을 넘어 상호존중과 공존을 지향하는 공동체를 형성할 수 있을 것이다.

토의문제

1. 한국의 독특한 문화적 특징에 대해서 아는 대로 더 나누어 보자.

2. 주변의 다문화가정과 그 자녀들이 겪는 어려움에 대해서 나누어 보자.

3. 다수자인 한국사람으로서 소수자인 다문화가족에 대해서 우리가 가져야 할 태도에 대해서 나누어 보자.

참고문헌

1. 계재광, 『리더십리셋』 서울 : 한국장로교출판사, 2018
2. 유네스코 아시아 · 태평양 국제이해교육원 엮음, 『다문화사회와 국제 이해교육』 서울 : 동녘, 2009
3. 오경석 외 지음, 『한국에서의 다문화주의: 현실과 쟁점』 서울 : 한울 아카데미, 2007

VIII 기독교와 현대인의 삶

자연과학과 신앙

1. 들어가는 말

자연과학이란 자연현상을 연구 대상으로 하는 학문분야인데, 일반적으로 과학이라고도 한다. 좁은 의미에서 자연과학은 자연현상 자체의 법칙을 탐구하는 수학, 물리학, 화학, 생물학, 천문학, 지구과학 등이 포함된다. 반면, 넓은 의미에서 자연과학은 자연현상을 실생활에 응용하는 공학, 농학, 의학이 포함된다. 이와 같이 자연현상을 연구하는 과학은 종교와 어떤 관계에 있는가? 과학은 신, 천사 등 초자연적인 존재를 인정하는 신앙을 어떻게 이해할 수 있는가? 종교적 진리나 신앙적 체험은 과학적으로 검증되거나 증명될 수 있는가?

어린 시절부터 학교에서 과학을 체계적으로 배워온 대학생들은 종교에 대한 지식이 상대적으로 적기 때문에 이 둘의 관계를 건전하게 정립하기가 매우 어렵다. 신앙을 가진 학생들의 경우 이 둘의 관계에 대한 많은 오해나 잘못된 정보 때문에 과학을 배우면서 갈등하고, 신앙적 지식을 과학적으로 증명하려는 우를 한다. 반면, 신앙이 없는 학생들은 과학만능주의에 빠지면서 종교적 지식을 비과학적인 것으로 생각하거나 무시하는 우를 범하기도 한다. 그러나 과학과 종교는 각기 다른 고유한 분야이다. 이 둘은 서로 상반된 면도 있지만 서로 공통적인 요소도 있다. 또한 상호발전을 위하여 서로에게 유익이 되는 정보를 제공할 수 있다.

2. 과학과 종교에 대한 오해

과학과 종교의 관계에 대해서 여러 가지 오해를 하고 있는 사람들이 많이 있다. 이들의 오해를 정리하면 다음과 같다.

첫째로, 과학이 발전하면서 종교는 사라질 것이라고 생각한다. 이러한 오해는 종교를 미신이자 미개한 인류 문명의 산물이라고 보기 때문이다. 과학의 발전과 함께 미신이나 미신적인 신앙이 사라지고 있다는 것은 사실이지만, 건전한 종교는 지속되고 있다. 첨단과학을 연구하는 많은 과학자들이 신앙을 가지고 있거나 종교적인 경외심을 느낀다고 한다. 예를 들면, 1997년 미국의 경우 과학자들의 40% 정도가 종교를 가진 사람들인데, 1916년의 조사와 별 차이가 없다.

둘째로, 종교는 과학의 발전에 걸림돌이 된다는 오해이다. 이러한 오해는 과학의 연구결과가 전통적으로 종교에서 가르쳐 왔던 교리와 배치되는 경우 서로 일치점을 찾기 어렵기 때문에 종교는 새로운 학문의 발전을 거부하거나 두려워한다는 생각에서 나온 것이다. 매우 보수적인 일부 신앙인들이 이러한 생각을 하고 있는 것이 사실이다. 그러나 신앙인 모두가 그런 것은 아니다. 서구역사를 볼 때도, 과학은 교회가 세운 대학에서 발전되었고, 교회는 과학의 발전을 지원했었다. 교회가 과학의 발전을 지원한 것은 과학이 발전해야 하나님의 창조질서를 더욱 많이 발견할 수 있다고 여겼기 때문이다. 과학의 발전과 함께 하나님의 숨겨진 비밀이 더욱 드러날 수 있다고 믿었던 것이다.

셋째로, 종교인들과 과학자들은 항상 대립하며 싸운다는 오해이다. 이렇게 생각하는 사람들은 그 증거로 두 가지 실례를 주로 제시하는데, 갈릴레오의 재판과 다윈의 진화론 논쟁이다. 그러나 이 두 사건을 과학과 종교의 대립으로 보는 것은 과장되었다는 것이 최근 학자들의 연구결과이다. 즉, 이 두 사건을 종교가 과학을 억압하고 과학이 종교에 대해서 반기를 든 표본이라는 주장은 사실과 다르게 너무나 과장되었다는 것이다. 예를 들면, 일부 과학자들과 종교지도자들은 진화론이 종교적 신념과 배치되는 것이라고 반대했지만, 두 진영의 많은 사람들은 그렇게까지 생각하지 않았다. 다윈 자신도 하나님이 전체 진화과정을 설계했지만 특정 생물체의 세부 구조는 설계하지 않았다고 믿으면서, 신의 존재나 종교적 신념을 전면 부정하지 않았다. 또한 갈릴레오 재판의 경우, 종교와 과학의 갈등이라기보다는 당시 교회 내부의 정치적 갈등을 반영했다고 보는 것이 더 타당하다. 당시 갈릴레오의 주장을 지지했던 종교지도자들도 있었지만, 그들의 정치적 힘은 약했었다. 또한 구교도(= 로마가톨릭)였던 갈릴레오가 받아들인 지동설을 개신교도(= 프로테스탄트)인 케플러J. Kepler 등이 주장했다는 사실은 갈릴레오에게 불리한 재판의 결과를 가져오게 했었다.

이상과 같이 현대과학의 입장에서 종교를 일방적으로 판단하여 과학시대에는 불필요하다는 생각은 잘 못된 것이다. 반대로, 종교적 입장에서 과학의 발전을 부정적으로 평가하려는 것 역시 건전하지 못하다.

3. 종교와 과학의 관계를 어떻게 이해할까?

신앙인들이 과학에 대하여 그리고 과학자들이 종교에 대하여 사고하는 방식은 다양하다. 그러한 사고방식들을 몇 가지 유형으로 나누어 살펴보는 것은 과학과 종교의 관계를 건전하게 이해하는 데 도움이 된다. 여기에서는 갈등이론, 독립이론, 대화이론, 통합이론으로 분류하여 살펴본다.

3-1. 갈등이론

갈등이론이란 종교와 과학은 근본적으로 화해할 수 없고, 서로 갈등관계에 있을 수밖에 없다는 주장이다. 이렇게 주장하는 사람들은 종교와 과학 쪽에 모두 있는데, 두 진영 모두 도발적인 논조를 사용한다.

먼저, 과학 쪽에는 과학적 유물론자들이 갈등이론을 주장한다. 이들은 물질이 우주를 구성하는 기본적인 실재이며, 과학적 방법이야말로 지식에 이르는 가장 신뢰할만하고 유일한 길이라고 믿는다. 그들은 모든 현상이 물질적 구성 요소의 작용으로 설명될 수 있고, 물질적 구성 요소야말로 이 세상에서 유일하고 실효성 있는 존재 원인이라고 믿는다. 또한 그들은 과학만이 객관적이고 보편적인 반면, 종교는 주관적이고 편협하다고 주장한다.

과학적 유물론자들의 문제는 과학만능주의를 부르짖고, 종교를 비과학적, 비실증적이라고 폄하한다는 것이다. 그리고 사건의 개별성이나 경험의 특수성을 무시하고 모든 것을 계량 가능한 물질로 환원시키려 한다는 것이다. 예를 들면, 비물질적이고 계량화할 수 없는 마음, 사랑, 희망, 믿음까지도 물질의 부산물로 여기려 한다.

과학적 유물론과 대립하면서 종교와 과학의 갈등을 주장하는 사람들은 종교 쪽에도 있다. 이들은 극단적 보수주의자 혹은 근본주의자Fundamentalist 혹은 성서문자주의자들이다. 이들은 성서의 내용을 문자 그대로 믿고, 그 내용을 현대과학을 통하여 증명하려 한다. 미국의 경우 창조과학creation science 혹은 scientific creationism을 주장하는 사람들의 상당수가 여기에 속한다. 이들은 창조와 진화를 서로 상반되고 타협할 수 없는 것으로 보면서 진화론을 반박하는 데 열중한다.

성서문자주의자들의 신앙적 열정과 순수한 의도는 이해될 수 있지만, 성서의 문자적 내용을 현대과학의 입장에서 증명하려는 것은 어렵다. 왜냐하면 성서는 초월적이고 초자연적인 존재인 하나님과의 관계 속에서 쓰였고, 문자적으로만 받아들이기 어려운 상징적인 언어나 추상적인 표현을 사용하고 있기 때문이다. 과학적 언어와 신앙적 언어는 서로 다르기 때문에, 이를 문자 그대로 대비시킨다는 것은 문제가 있다는 것이다.

3-2. 독립이론

독립이론이란 종교와 과학은 각기 다른 영역이므로 서로 독립되어야 하고 철저하게 분리되어야 한다는 주장이다. 그리고 이 두 분야는 근본적으로 다른 질문들에 대하여 각기 다르게 대답하는 것이기 때문에 이 둘 사이에는 어떠한 갈등도 있을 수 없다고 한다. 역사적으로 보면, 종교개혁자 존 칼빈John Calvin도 이러한 입장을 취하면서 과학의 독립성을 인정했다. 그는 성서문자주의를 비판하면서 성서는 과학 서적이 아니라 하나님의 계시에 관한 책이라고 했다. 그리고 이 계시는 문화적, 인류학적 조건 하에서 주어진 것이기 때문에 새로운 상황에 맞게 해석되어야 한다고 주장했다.

예를 들면, 창세기 1장의 창조이야기는 고대사회의 청중들의 문화적 상황에 맞는 언어와 상징을 사용하고 있기 때문에 문자적으로 이해되지 말고, 새로운 시대의 새로운 사고에 맞게 이해되어야 한다는 것이다. 이러한 칼빈의 입장은 당시 유럽 개신교 과학자들이 신앙적 갈등 없이 연구할 수 있게 하였고, 과학의 발전을 가져오는 데 기여했다.

이제 독립이론에서 제시하는 종교와 과학의 특징을 살펴본다.

(1) 과학은 객관적이고 재현 가능하며 공개된 자료를 설명한다. 그러나 종교는 인간의 내적 경험과 세상의 질서 그리고 아름다움의 존재에 대해 묻고 대답한다.

(2) 과학은 자연현상에 대해 "어떻게"how라는 질문을 던지지만, 종교는 삶의 의미와 목적에 대해 "왜"why라는 질문을 던진다. 과학은 어떤 현상을 설명하려고 하지만, 종교는 그러한 현상이 우리의 삶에 주는 의미를 말하려 한다는 것이다.

(3) 과학은 논리적 일관성과 실험의 적합성에 근거하여 옳고 그름을 판단하지만, 종교는 하나님의 계시가 최종 판결이다.

(4) 과학은 실험한 것을 계량적으로 표현하지만, 종교는 경험한 것을 상징적, 비유적으로 표현한다.

(5) 과학의 언어는 주로 예측과 조건을 규정하는 데 사용되며, 요약과 관찰, 규칙들의 상호관계를 나타내거나 기술적 응용을 표현한다. 그러나 종교의 언어는 삶의 방법을 제시하고 삶에 대한 태도와 입장을 표현하며, 도덕적 원칙에 충실하다.

이상에서 보는 대로 과학과 종교의 상호독립성을 인정하는 입장은 과학을 기준으로 신앙을 비판하지 말아야 하고, 신앙을 기준으로 과학을 판단하지 말아야 한다는 것을 강조한다.

3-3. 대화이론

독립이론은 과학과 종교의 차이점을 강조하지만, 대화이론은 이들의 상호유사성을 강조한다. 즉, 과학과 종교는 전제와 방법 그리고 개념에 있어서 유사성이 있다는 것이다. 그리하여 대화이론가들은 이 두 분야의 건설적이고 창조적인 상호관계성을 찾고자 한다. 이제 이들이 제시하는 과학과 종교의 유사성을 살펴보자.

첫째로, 과학과 기독교는 자연을 신성시하지 않는다. 또한 기독교는 자연을 실험대상으로 삼는 과학의 입장을 방해하지 않고 오히려 용납한다. 역사적으로 볼 때, 기독교의 창조신앙은 과학의 탐구에 종교적인 합법성을 부여했다.

둘째로, 기독교 신앙은 이 우주에 질서가 있다고 믿는다. 즉, 하나님이 우주를 창조할 때, 세워 놓으신 창조질서가 있다는 것이다. 마찬가지로, 과학자들도 이 우주에는 이성적이고 일관된 질서가 있다고 보며, 이것을 찾기 위해 연구한다. 과학자들이 말하는 우주의 질서와 기독교에서 말하는 창조질서는 매우 유사한데, 기독교는 한걸음 더 나아가 우주질서의 근원은 하나님이라고 한다.

셋째로, 일반적으로 과학은 객관적이고 종교는 주관적이라고 하지만, 이와 같은 엄격한 구분은 사실이 아니다. 예를 들면, 과학은 이론을 근거로 하는데, 이론은 가정을 근거로 하고, 가정은 인간의 상상력으로부터 나온다. 상상력이란 개인의 경험을 반영하는 주관적인 것이다. 반대로, 종교에도 일관성, 포괄성, 유용성이라는 과학적 판단 기준과 유사한 사고가 있다. 또한 신학도 과학처럼, 이론, 가정, 상상력 등을 사용한다.

넷째로, 종교와 과학은 해석을 통하여 이론과 경험을 상호 연관시킨다. 예를 들면, 종교는 개인의 경험을 해석하여 신학적 이론과 연관시킨다. 반대로 과학은 실험한 데이터를 해석하여 과학적 이론과 연관시킨다. 여기에서 종교는 개인적인 경험과 의미를 중요시하는 반면, 과학은 일반화할 수 있는 원인과 원리를 더 중요시한다.

대화이론가들은 종교와 과학이 서로에게 도움을 줄 수 있을 것이라고 본다. 예를 들면, 과학의 사용에 대한 윤리적 문제나 과학적 연구의 가능성에 관한 도덕적인 문제는 과학자들만이 다룰 수 있는 문제가 아니다. 여기에는 신학자들이나 종교지도자들과의 대화가 필요하며, 이들의 조언이나 방향 제시는 문제를 해결하는 데 도움을 준다. 예를 들면, 오늘날 문제가 되고 있는 복제인간의 실험 가능성은 과학에 의해서만 결정될 수 있는 것이 아니며, 윤리적, 도덕적 판단을 필요로 한다. 따라서 이에 관한 과학자들과 신학자들의 대화는 활발하며, 상호대화를 통하여 합리적인 일치점을 도출해 내고자 한다.

3-4. 통합이론

과학이나 신학을 펼치는 데 있어서 상대방을 적극적으로 활용하려는 입장이다. 먼저, 신학이 과학을 활용하는 방법을 알아보자. 과학적 연구는 지금까지 알려진 것과는 다른 지식을 많이 생산해 내었다. 예를 들자면, 우주는 지금도 팽창하고 있고, 우주에는 질서뿐만 아니라 변화, 우연, 신기함 등의 특성도 있다는 것을 보여 주었다. 이를 통하여 신학자들은 하나님의 창조활동이 계속된다는 교리 즉 전통적으로 내려오는 계속 창조교리를 보강할 수 있었고, 질서나 법칙뿐만 아니라 우연도 하나님의 활동의 일부라는 논리를 펼 수 있었다.

다른 한편, 과학도 신학적 진술을 적극적으로 활용했다. 현대과학의 개척자들은 자연의 조화로운 모습에 자주 감탄했는데, 그들은 그런 조화를 하나님의 작품으로 이해했다. 예를 들면, 뉴턴은 자연의 조화와 질서가 하나님의 작품이라고 말했으며, 다윈도 하나님이 생물체의 종들이 형성되는 진화적 과정에 대한 법칙을 설계하셨다고 주장했다.

과학과 종교를 적극적으로 통합하려는 사고는 오늘날 과정사상 혹은 과정철학에서 발견할 수 있다. 과학적 사고와 종교적 사고 양쪽의 영향 하에서 형성된 과정사상은, 실재를 구성하는 기본 요소는 정신과 물질이라는 두 종류의 영속적인 존재라고 본다. 즉, 실재란 유물론이라는 하나의 영속적인 존재가 아니라 정신과 물질이라는 두 가지 양상 또는 단계를 지닌 하나의 사건이라는 것이다.

4. 맺는 말

과학과 종교는 서로 반목하거나 대립하는 분야가 아니다. 두 분야 모두 인류의 평화와 번영에 기여할 수 있고, 인류문화 발전을 위해서 반드시 필요하다. 과학이 발전할 때, 종교 안에 있는 미신적 요소는 사라지고, 합리적이며 건전한 신앙을 유지할 수 있다. 반면에, 종교가 발전할 때, 과학은 도덕적이고 윤리적인 연구의 방향을 제시받을 수 있으며, 과학적 회의주의나 우주에 대한 불안감을 극복할 수 있다. 따라서 과학과 종교는 서로 비방하거나 대립하기보다는 자신의 한계와 범주가 무엇인지를 지속적으로 확인해야 한다. 그리고 서로의 영역을 존중해 주고 건전한 비판을 가해줌으로 서로가 발전할 수 있도록 해야 한다.

과학이론으로 종교적 진리나 경험을 평가하려는 것과, 종교적 교리로 과학이론을 심판하려는 것은 무지의 소산일 따름이다. 또한 과학이론이나 종교적 진술을 영원불변하는 절대적 진리로 받아들이는 것도 잘못된 생각이다. 과학이론도 새로운 사실이 밝혀짐에 따라 계속 변화하고, 종교적 교리를 표현하는 신학도 문화와 시대에 따라 새로운 해석과 새로운 방식의 진술을 필요로 한다. 그러기 때문에 두 분야 모두 건전하게 발전할 수 있도록 서로 격려해 주는 것이 필요하며, 그것이 우리 모두에게 유익한 길이다.

연구 및 토의 주제

1. 과학과 종교의 네 가지 이론 중 선호하는 것은 무엇인가? 왜 그것을 선호하는가?

2. 성서의 문자적인 내용을 과학적으로 증명하려고 하면 어떤 문제가 발생하는가? 고대과학에 의해 쓰인 성서를 오늘날 과학으로 어떻게 설명할 수 있는가?

3. 과정철학이 무엇인지 찾아보고 왜 이러한 시도를 하는지 알아보자.

참고문헌

1. 천사무엘, 「성경과 과학」 대전 : 글누리, 2008
2. 테드 피더스 외/천사무엘 외 역, 『하나님과 진화를 동시에 믿을 수 있는가』 서울 : 동연, 2015
3. 존 호트/신재식 역, 「신과 진화에 대한 101가지 질문」 서울 : 지성사, 2004

제5부

한국역사 속의 기독교와 한남 창학정신

Ⅰ. 한국의 기독교 역사와 문화

Ⅱ. 한국문화와 기독교 선교

Ⅲ. 기독교 정신과 활동가들

Ⅳ. 건강한 자아관 : 나는 누구인가?

Ⅴ. 한남대학교 창학정신

I 한국역사 속의 기독교와 한남 창학정신

한국의 기독교 역사와 문화

1. 근대 한국역사 속의 기독교

이 장에서는 한국 근대역사 속에서 기독교와 한국사회의 만남과 상호관계를 고찰하면서 기독교가 한국사회에 끼친 영향들과 한국사회에서 기독교가 정착하고 발전하는 과정에 대하여 공부하고, 이와 같은 상호작용에 대한 이해를 높임으로써 우리가 살아가는 한국의 사회와 문화 속에서 기독교의 의미를 생각해 보고자 한다.

1-1. 기독교와 한국의 만남

기독교와 한국. 역사 속에서 이 둘의 만남과 관계는 어떠했을까? 갈등과 충돌? 비난과 배척? 아니면 상호존중과 협력? 포용과 일치? 이 모든 관계가 근대한국의 역사 속에서 나타났다. 이러한 과정에서 기독교는 한국사회와 문화와 영향을 주고받으며 한국기독교로 자리를 잡았고, 한국사회에 기독교 문화와 가치들을 세우고 개인과 사회에 만연한 죄악들과 구조적 불의에 맞서며 자유롭고 정의롭고 건강한 사회공동체를 형성하는 데 기여했다. 그러나 이와 동시에 기독교가 한국사회의 발전과 성숙을 저해하는 고질적인 병폐들과 뒤엉켜 분리되지 못하고, 비판과 개혁의 대상으로 교회 안팎의 질타를 당하기도 했다.

표면적으로 볼 때 기독교는 한국과는 거리가 먼 종교로 여겨질 수 있다. 한국사회와 문화는 기독교와 거리가 먼 무속과 토속신앙, 불교와 유교에 영향을 받으며 오랜 시간에 걸쳐 발전하였다. 한국인의 종교심성을 단면적으로 살펴보면, 이들 종교와 문화의 영향들이 중층적으로 축적되어 있으며, 단군신화와 동학사상에서 표출되는 "신인상감(神人相感)" 혹은 "인내천(人乃天)"이라는 한국의 고유하고 독특한 종교심성과 그에 따른 한국의 정서와 문화를 가지고 있다. 이와 달리 서양에서 유래된 기독교는 성서에 기록된 하나님의 창조와 구원, 심판사상과 하나님의 절대주권과 계약사상이라는 전혀 다른 신념체계와 세계관과 가치관, 종교문화를 가지고 있었기 때문에 한국사회와 문화적 연속성을 가지고 정착할 가능성보다는 한국의 전통적인 종교와 문화, 그리고 그 위에 기초한 사회제도와 갈등하면서 배척될 수밖에 없는 구조를 가지고 있었다.

그러나 기독교는 근대한국의 역사 속에서 한국사회에 깊이 뿌리내릴 수 있는 전환기를 맞게 된다. 근대화를 통한 민족국가 건설에 있어서 기독교가 근대문명과 정신을 담보하는 종교로서 한국사회를 견인하는 역할을 하게 되면서 근대한국과 기독교 사이에 접합이 일어나게 된 것이다. 서양의 제국주의적 확장과 세계질서의 개편이라는 소용돌이 속에서 한국은 근대화 혹은 문명개화의 길로 휘말려 들어가지 않을 수 없었다. 그러한 과정에서 한국사회는 전통적인 왕조에서 벗어나 민족주의에 기반한 근대 민족국가의 건설로 이행하면서 전통질서와 세계관의 해체와 새로운 근대사회 문화의 형성을 경험하게 되었다. 전통적인 종교들은 이러한 근대화 과정에서 전근대적 혹은 퇴행적 유산들로 외면당했고, 오히려 문명개화를 가로막고 문화 지체를 부추기는 반개혁적, 미신적 구태의연한 세력들로 비판을 받기도 하였다. 반면 기독교는 서양의 근대문명을 매개하면서 문명개화와 근대화를 이루어 새로운 사회를 건설하는 견인차로 인식되면서 한국사회의 적극적인, 더 나아가 열광적인 환영을 받았다. 기독교는 성서에 기초한 천부인권사상(天賦人權思想)과 계약사상을 통하여 인간존중과 민주주의 의식을 고취하였는데, 이는 국민 개개인의 권리와 행복추구권을 보장하는 헌법에 기초한 민주주의 사회와 근대국가 형성의 초석이 되었다. 이러한 인권의식과 생명존중사상, 그리고 민주주의 가치와 질서는 기독교가 세운 학교들을 통해 널리 보급되어 새로운 세계관과 가치관을 형성하였고, 기독교학교들에서 배출된 인재들이 근대 한국사회의 지도자들로서 한국사회를 형성하는 데 기여했다. 또한 기독교는 한국에서 자본주의 발전의 정신적, 문화적 토대를 형성함으로써 자립적 중산층의 성장과 발전을 이끌었고, 특히 해방 이후 대한민국의 건국과 발전과정 속에서 기독교와 자본주의는 밀접한 상호관계를 가진다. 복잡한 요인들에 대한 더 세밀한 설명이 필요하지만, 기독교는 한국사회에서 근대문명의 핵심과 보루로서 근대 한국사회의 형성과 발전에 중요한 역할을 하였다는 것은 의심의 여지가 없다. 이러한 과정을 통해 기독교는 한국에서 주류 종교로 자리잡았고, 한국사회에서 커다란 영향을 끼치고 있다. 한국사회에서 기독교의 위치를 보여주는 하나의 지표로서, 최근 통계청의 조사에 따르면 2015년 기준으로 전체 인구 가운데 기독교는 27.6%(개신교 19.7%, 천주교 7.9%)로서 불교의 15.5%를 앞서고 있다(2015년 통계청 종교인구조사). 물론 종교가 없는 인구(56.1%)가 압도적으로 많다.

【2015년 종교인구조사】

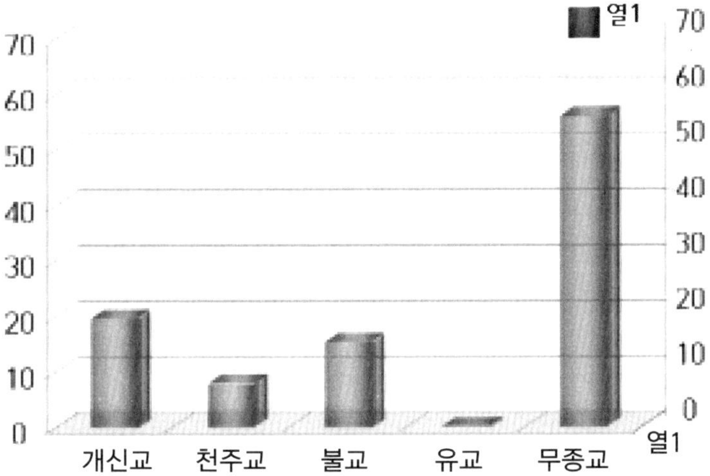

1-2. 기독교 전래와 한국의 상황 : 한국기독교 초기 역사

기독교는 크게 동방정교회(비잔틴기독교)와 서방교회(라틴기독교)로 나눌 수 있고, 서방교회는 16세기 종교개혁 이후로 로마가톨릭과 프로테스탄트(개신교)로 나눠진다. 근대시기에 한국에 전래된 기독교는 로마가톨릭(천주교)과 개신교이며, 전자는 후자보다 훨씬 앞서 전래되었다. 천주교와 한국의 접촉은 임진왜란 당시로 거슬러 올라가지만, 공식적인 천주교의 시작은 이승훈이 수세를 받았던 1784년으로 보고 있으며, 이에 비해 개신교는 1884년 선교사 알렌의 입국 이전에 기독교와 접촉하고 이를 받아들인 전역사가 있지만, 공식적으로는 알렌의 입국과 함께 한국에서 개신교 역사가 시작되는 것으로 보고 있다. 천주교는 전래 당시 유교중심적인 전통적인 조선사회와 충돌하며 커다란 박해와 고난을 당하였고, 이 과정에서 수많은 순교자들이 생겨났다. 개신교는 구한말 개화기에 전래되면서, 정치적 마찰을 피하면서 초기에는 주로 교육과 의료와 같은 문명사업을 통한 간접전도를 하였고, 점차적으로 종교의 전파에 대한 장애물이 사라지게 되면서, 활발한 전도활동을 통해 교세를 확장해 나갔고 이와 함께 교육, 의료, 언론과 출판 등의 다양한 선교활동을 전개해 나갔다.

그렇다면, 천주교는 전래 초기 왜 조선사회와 충돌했는가? 교회의 제사금지에 따른 문화적 충돌과 초기 천주교 신앙층이 주로 개혁세력인 남인시파로서 보수적 노론벽파의 정치적 탄압의 일환으로 천주교 박해가 이루어졌다는 것이 정론이다. 로마가톨릭교회 안에서 문화적응주의 선교를 주도하던 예수회the Jesuit 종단을 둘러싸고 전례논쟁rite controversy이 일어나면서 예수회가 해산되고 조상제사를 우상숭배로 규정하는 보수적인 수도회(대표적으로 프란치스코회와 도미니코회)의 주장이 가톨릭교회의 입장으로 선교지에서 강력하게 요구되는 상황에서 조상제사를 거부하고 신주와 위폐를 불사른 전라도 진산의 사대부 윤지충, 권상연의 행위는 조선조정에 커다란 충격과 위기감을 야기하였다. 소위 진산 사건(또는 신해교난, 1791년)이 대대적인 천주교 박해로 이르지 않았던 것은 당시 조선 임금이었던 정조가 천주교 신자들이 대체로 자신의 개혁정책을 지지하던 남인시파였기 때문에 이들을 보호하기 위해서 문제가 된 당사자들을 처벌하는 데서 일을 마무리하였기 때문이다.

본격적인 천주교 박해는 정조가 승하한 직후, 노론벽파가 정권을 장악하면서 남인시파를 제거하기 위한 명분으로 "위정척사(衛正斥邪)"를 앞세워 조선조정이 대대적인 박해를 감행하면서 비롯되었나. 신유교난(1801년)으로 인해 초창기 신앙층이 몰락하였는데, 신앙을 지키다가 순교하는 이들도 있었고, 박해 앞에 모진 고난을 겪으며 배교하거나 유배를 당하기도 하였다. 초기 천주교 신앙의 핵심인물이었던 이승훈, 이벽, 정약용도 배교하였고, 특히 사대부 양반계층의 배교가 많았다. 그러나 정약종과 같이 끝까지 신앙을 지키며 순교를 당한 이들도 많았다. 이로 인해 가톨릭교회는 엄청난 피해를 입었다. 그럼에도 불구하고, 가톨릭교회는 남은 자들이 신앙을 지켜 나가며 재건되었는데, 특히 중인과 상민과 천민계층이 적극적으로 신앙을 이어나갔다. 그 이후로도 1831년 기해교난과 1866년 병인교난과 같은 여러 차례의 극심한 박해를 당하면서도 생존하며 발전하였다. 그들은 시골벽지로 피하여 교우촌(敎友村)을 형성하며 화전을 일구고 수공업 등으로 생계를 유지하였고, 평신도 중심의 교리공부모임인 명도회(明道會)를 활용하여 사제들의 돌봄이 이루어지지 못하는 상황 속에서도 천주교 신앙을 지켰다. 많은 사제들이 순교를 당하면서도 조선교구를 책임진 프랑스 외방전교회는 꾸준히 사제들을 파송하였고, 프랑스인 사제들은 조선인 신자들의 보호 아래 비밀리에 활동하면서 교회와 신자들을 돌보았다. 이러한 박해의 과정을 거치면서, 천주교의 신앙계층은 초기의 사대부와 양반계층에서 중인과 평민, 천민계층으로 점차적으로 변화되어 갔다.

이렇게 기독교와 전통사회가 충돌함에도 불구하고 초기 신자들은 왜 기독교를 받아들였으며, 심각하고 처절한 박해가 지속되는 상황에서도 왜 그들은 신앙을 지켰을까? 무엇보다도 새로운 세계에 대한 열망과 기독교 안에서 새로운 해답을 얻었기 때문이라 할 수 있다. 조선 말기에 이르면 정치적 부패와 사회, 경제적 변화 속에서 유교적 신분질서가 심하게 요동하고 있었고, 사회적 혼란이 가중되고 있었다. 성리학적 세계관과 전통적인 사회제도에 한계를 느낀 개혁세력들은 다양한 해법을 모색하였고, 그 가운데서 일부가 당시 청나라에 전래되어 있는 서학(西學, 곧 천주교)에 학문적 관심을 가지고 접근하였다. 처음에는 서양문명에 대한 관심이었지만, 더 나아가 기독교적 가치와 세계관에 공명하게 되었다. 이들은 성리학의 한계를 기독교가 보완할 수 있다고 믿었고, 기독교 안에서 더 나은 도덕과 가치를 발견할 수 있었다. 신분제의 차별과 억압 아래 있었던 하류계층들은 전통적 유교체계 속에서 경험할 수 없었던 인간존중과 평등사상, 사랑과 헌신의 새로운 세계를 기독교 안에서 경험하면서 신앙을 붙들었다.

개신교는 천주교보다 한 세기 늦게 전래되었지만, 더 빠른 속도로 한국사회에 뿌리를 내리며 더 광범위하게 확장되며 성장해 나갔다. 천주교와 개신교는 초기 선교 역사에 있어서 한 가지 공통점이 있는데 선교사들의 입국과 그들의 주도적인 선교에 의해서 기독교가 전래된 것이 아니라 한국인들의 자발적인 신앙과 노력으로 선교사 입국 전에 이미 기독교가 수용되고 교회가 세워졌다는 사실이다. 천주교는 일단의 남인 학자들이 학문적 관심으로 1777년경에 시작한 서학연구모임, 소위 강학회(講學會)에서 기독교 신앙이 비롯되었고, 개신교는 만주와 일본에서 기독교 신앙과 접촉하고 기독교인 된 신자들의 자발적인 선교에 의해서 기독교공동체가 세워졌다.

만주에서는 홍삼교역을 하던 이응찬, 백홍준, 서상륜 등이 그곳에서 조선인들과 접촉하며 조선선교를 모색하던 스코틀랜드 성서공회 소속 존 로스John Ross와 존 매킨타이어John McIntyre 선교사를 만나 기독교 신앙을 전해 받고 세례를 받았다. 이들은 선교사들에게 우리말을 가르치면서 이들을 도와 성경을 우리말로 번역하는 일을 도왔고, 이러한 노력의 결과로 우리말로 된 누가복음이 1882년에 출간되었고, 같은 해에 요한복음이 출간되었으며, 1887년에는 신약성서 전권이 번역되어 출간되었다. 이들은 성경을 번역하는 일을 돕는 것에 그치지 않고, 전도자로서 매서(성경을 판매하는 사람)와 권서(성경을 권하며 전도하는 사람)가 되어 번역된 성서를 몸에 지니고 경비가 삼엄한 국경을 건너 성서를 널리 보급하며 전도하였다. 이러한 노력을 통해 많은 신자들이 생겨났고 간도지역에 많은 신앙공동체들이 형성되기도 하였다. 서상륜의 경우 자신의 고향인 황해도 장연의 솔내(松川)에 복음을 전하여 마을 대부분이 기독교 신앙을 받아들였고, 1884년경에는 소래(솔내)교회가 설립되기도 하였다.

일본에서는 이수정이 기독교 신앙을 받아들이고, 우리말로 성경을 번역하고, 미국교회에 선교사를 요청하는 편지를 보내면서 한국 선교의 선구자 역할을 하였다. 이수정은 조선조정의 지원으로 신문명을 공부하기 위해 일본에서 유학하고 있었다. 일본의 유명한 기독교인이었던 농학자 츠다센(津田仙)에게 전도를 받고, 특히 성경을 읽으며 커다란 감동을 받아 1883년에 도쿄(東京)에서 세례를 받고 기독교에 입교하였다. 입교 후 이수정은 공개적으로 자신의 신앙을 고백하였는데, "신인상감(神人相感)"의 이치로 기독교 신앙을 설명하였다. 이는 요한복음 17장에서 그리스도를 통해 하나님과 인간이 하나가 되는 이치를 예수가 말씀하시는 내용과 연결되었는데 곧, 하나님과 인간의 내면적이고 인격적인 연합의 관계를 기독교 신앙의 핵심으로 이해하였다. 그는 한국의 전통적인 종교심성을 가지고 기독교 신앙을 받아들이며 이를 신학적으로 조화하였다. 이수정은 도쿄에 교회를 설립하며 유학생을 대상으로 전도하였고, 또한 조선에 선교사를 파송해달라는 간곡한 선교요청의 편지를 미국교회에 보내었다. 이러한 노력이 결실을 맺어 미국교회의 한국선교가 이루어지게 되었다. 이수정은 일본에서 활동하던 미국성서공회 총무 헨리 루미스 목사와 협력하여 한국선교를 위해 성경을 번역하는 작업을 하였다. 우선 한자성경에 우리말로 토를 붙인 현토성경(懸吐聖經)의 신약본이 1883년에 번역이 완료되었다. 한자가 아닌 우리말로 된 성경의 필요에 따라 1884년에 마가복음의 번역이 완료되었고, 1885년에 "쪽복음"(복음서를 단행본 형태로 출판한 것)으로 간행되었다. 같은 해에 언더우드와 아펜젤러는 이수정이 번역한 마가복음을 들고 한국에 들어왔다. 이러한 방식으로 이수정은 일본에서 한국선교의 토대를 마련하였다.

한국에서 기독교는 서양의 제국주의 확장과정에서 외세와 선교사에 의해 일방적으로 전래된 것이 아니라 만주와 일본에서 자발적 기독교 수용층에 의해 기독교가 받아들여졌다는 점에서 자립적이고 자생적인 기독교로 출발했고, 또한 한국에서 기독교가 성장하고 발전한 이면에는 선교사들의 적극적인 선교뿐만 아니라 이에 못지않게 한국 기독교인들의 헌신적인 활동과 전도도 중요한 요인이 되었다.

1-3. 기독교와 근대문명 : 구한말 및 대한제국 시기 기독교

기독교가 한국사회에 전래되던 때는 문명개화와 근대화의 요구가 분출되던 시점이었다. 서양세력이 제국주의 확장을 하면서 세계는 서양의 근대와 동양의 전근대로 대비되었고, 발달된 과학기술과 문명을 앞세운 서양에 의하여 동양은 식민주의의 지배를 당하며 종속되었다. 서구의 제국주의 확장과 식민주의 지배는 근대화 혹은 문명화라는 이름으로 정당화되었고, 세계는 서구식 근대화를 통해 서양 주도의 새로운 질서로 재편되었다. 서구열강으로부터 스스로를 지키고 독립을 유지하려면 역설적으로 서구의 발달된 문명을 도입하여 근대화를 추진하여 힘을 길러야 했지만, 이미 서구세계에 주도권을 빼앗긴 상태에서는 서양의 제도와 문화에 편입되어 그 뒤를 따르거나 그들의 세력에 종속될 수밖에 없었다.

조선 말기를 거치며 내적인 한계를 절감하며 실학을 통해, 혹은 중국을 통해 받아들인 서양문명으로 서세동점(西勢東漸)의 위기를 돌파하려는 시도도 있었지만 이와는 정반대로 위정척사를 주장하며 쇄국정책을 펴며 대항하는 움직임도 있었다. 자체적 개화나 쇄국을 통한 외세척결은 모두 성공적이지 못했다. 강화도조약(1876)을 통해 일본에 의해 강제적으로 문호를 개방한 조선은 이어 미국을 비롯한 서구열강들과 차례로 수호조약을 체결하였다. 미국선교사들이 한국에 입국하는 시점은 조선이 서구열강 가운데 제일 먼저 미국과 수호조약을 체결한(1882) 후 얼마 지나지 않은 1884년이었다. 미국 북장로회 선교사 알렌이 미국 공사관 소속 의사로 내한하였을 때, 이미 조선은 수구파와 개화파의 갈등이 고조되어 있었고, 1884년 말에 개화파에 의해 갑신정변이 일어나기도 하였다. 문명개화에 적극적이었던 개화파가 급진적인 개혁을 시도하였지만, 수구파가 개화파의 친위 쿠데타를 저지하였다. 갑신정변의 과정에서 부상당한 수구파 지도자 민영익(명성황후의 조카)을 알렌이 치료한 것이 기회가 되어, 고종의 적극적인 지원으로 왕립병원이자 선교병원인 광혜원(이후 제중원)이 설립됨으로써 조선선교의 전초기지가 되었다.

서구열강과 일제의 제국주의 침략 가운데 조선에게 근대화는 선택의 문제가 아니라 생존의 문제였다. 조선에서 서양문명을 대변하고 전파하는 가장 영향력 있고 지속적인 세력은 미국선교사들이었다. 개신교는 근대교육과 근대의료를 비롯하여, 왕실과 지배 엘리트들과 우호적 관계 속에서 정치, 경제, 문화의 영역에 있어서 커다란 영향력을 행사하였고, 서양문명의 주된 전파자로서 서양문명과 종종 동일시되기도 하였다. 특히 선교사들은 조약에 따라 대도시와 개항장에서 치외법권을 행사하며 무시하지 못할 세력이 되었고, 심지어 치외법권의 효력이 미치지 못하는 내지에서도 그들 배후에 있는 미국의 영향력과 왕실과의 친분으로 인해 지방관들조차 함부로 대할 수 없는 "양대인"(洋大人)으로 인식되었다. 천주교 전래 당시 전통문화와 사회질서에 해가 된다고 여겨 천주교에 대하여 매우 배타적이었던 조선은, 한 세기가 지나 문명개화의 시대적 상황 속에서 개신교와 매우 우호적인 관계를 유지하였다. 개신교와 조선왕실의 우호적 관계가 더욱 강화되어, 개신교가 충군애국(忠君愛國)의 종교로까지 발전하게 된 것은 일제의 명성황후 시해 직후 고립무원(孤立無援)에 갇힌 고종이 선교사들의 보호와 도움을 받게 되는 때로부터였다. 선교사들은 총을 들고 왕의 침소 앞에서 불침번을 서며 불안과 불신으로 두려워하는 고종 임금을 보위하였고, 왕실과 선교사의 밀착관계는 더욱 견고해졌다. 고종이 친일파의 위협에서 벗어나기 위해 러시아 공사관에 몸을 피하였다가(아관파천) 다시 경운궁(현재 덕수궁)으로 환궁하였을 때, 개신교는 이즈음 고종의 탄생을 기념하는 축하예배를 대대적으로 드림으로써 "충군애국"의 종교 이미지를 극대화하였다.

기독교의 비약적인 성장은 조선을 무대로 일어난 두 번의 전쟁, 곧 청일전쟁(1894-1895)과 러일전쟁(1904-1905)이 계기가 되었다. 이 두 전쟁은 일본이 제국주의 확장을 추구하면서 아시아 대륙 진출의 발판으로 삼으려 한 한반도에 대한 패권을 장악하기 위해 청나라와 러시아와 각축을 벌인 전쟁이었다. 일본이 두 전쟁을 승리로 이끌며 한반도에 대한 지배권을 확립하였고, 이로써 일제의 강제적인 조선병합(1910)의 진로가 확보되었다. 바로 이 두 전쟁 속에서 기존의 중화(中華)적 세계관이 허물어지면서 조선은 아시아의 새로운 강자로 떠오른 일본을 목도하였고, 일본이 서구문명을 적극적으로 수용하여 근대화를 이루면서 서구열강들과 함께 제국주의 대열에 합류하였다는 사실을 깨달았다. 이를 계기로 조선의 엘리트들은 서구적 세계질서로 나아가는데 더욱 박차를 가하였고 서양문명에 대한 기대감을 가지고 기독교로 적극적으로 접근하였다. 조선의 하층민들도 영어와 근대교육을 통한 신분상승의 욕구, 선교사들로부터의 경제적 지원, 사회적 영향력을 가진 서양선교사들이 제공하는 사회적 안전망을 기대하며 기독교로 접근하였다. 선교사들은 종교적 이유가 아니라 정치적, 경제적, 사회문화적 동기를 가지고 많은 사람들이 교회에 들어오는 상황을 우려하였고, 교회가 정치적, 사회적 기관으로 전락하면서 본래의 순수성을 상실하게 될 것을 걱정하였다. 이러한 상황 속에 회개를 부르짖으며 천국을 열망하는 대부흥운동(1907)이 일어나 교회가 선교사들의 바람대로 "순수하고 깨끗해졌으며", 정치적, 사회적 행동과 거리를 두며 내면적, 내세지향적 경건과 개인의 영혼구원에 전념하는 부흥운동의 신앙이 한국기독교의 특징으로 자리 잡게 되었다.

대부흥운동은 민족사에 있어서 두 가지 의미를 갖고 있다.

첫째로, 대부흥운동을 비판적으로 바라보는 사람들은 대부흥운동이 강조한 한국교회의 비정치화(교회가 정치참여로부터 거리를 두는 것)가 일제의 한반도 강점기화 과정에 악용되었다는 점을 비판한다. 선교사들은 교회가 일제에 대항하는 의병투쟁이나 정치적 모임과 행동의 공론장이 되는 것에 반대하였고, 교회가 항일운동의 중심에 서는 것을 원치 않았다. 신앙의 순수성이 훼손되고, 교회가 정치적으로 이용되어 결국 위험에 처하게 된다는 우려 때문이었다. 결과적으로 대부흥운동이 구한말의 비극적인 현실과 민족의 위기와 사회적 고통을 외면하고 개인의 내면적 경건과 천국의 영원한 행복을 강조하면서 교인들을 현실에 순응하고 기도와 신앙문제에 전념하게 함으로써 일제에 대한 저항의식을 약화시켰다는 비판이 일각에서 제기되었다. 그러나 대부흥운동이 일제의 강점기 전략에 부응하였다는 비판은 과장된 해석이라 할 수 있다. 일제의 강점기화를 돕기 위해 선교사들이 대부흥운동을 의도하여 실행한 것이 아니었고, 오히려 대부흥운동은 절망과 위기의 시대에 의지할 곳 없는 사람들 가운데서 하나님에 대한 의지와 구원에 대한 열망으로 인하여 생겨난 종교적 현상이었기 때문이다.

둘째로, 대부흥운동은 나라가 뿌리째 뽑혀 나가고 삶의 근간이 초토화되며 모든 희망이 사라지는 절망의 한복판에서, 결코 무너지거나 흔들리지 않은 견고한 토대를 하나님에 대한 신앙 안에 형성함으로써 미래에 대한 소망과 살아갈 힘과 용기, 그리고 확고한 윤리의식과 도덕적 책임감을 부여했다. 망국(亡國)의 현실 속에서 대부흥운동이 직접적인 정치 참여의식을 약화시켰다고 하더라도, 대부흥운동을 통해 각성된 교회가 신앙 안에서 자기 자신과 사회와 민족공동체에 대한 소망을 품고, 도덕적 책임감을 가지고 살아가며, 피폐한 민족을 돌보고 섬기는 지도력을 발휘할 수 있었다. 이로써 교회는 민족의 정치적 기반이 아니라, 종교적, 도덕적 중심으로서, 일제강점기 동안 민족공동체에 대한 사회문화적 영향력을 가지고 민족의 구원과 회복의 최후 보루로 자리매김을 하게 되었다. 따라서 일제는 교회가 직접적인 정치활동이나 독립운동에 앞장서지 않았을지라도 일제의 통치에 위해를 끼치는 세력으로 의심과 감시의 눈초리를 거두지 않았다. 기회가 있을 때마다 교회를 탄압하며 교회를 중심으로 국내외로 연결되어 있는 기독교 민족운동세력을 제압하고자 하였다.

1-4. 민족과 기독교 : 일제강점기 기독교

일제강점기에 기독교는 한국사회에서 어떤 역할을 하였는가? 두 가지 측면의 상반된 평가가 있다. 하나는 민족주의의 보루로서 일제와 투쟁하면서, 또는 억압된 강점기 사회 속에 일제의 통제와 간섭으로부터 상대적으로 자유로운 종교의 영역 안에서 한국 민족을 보존하고 고양하고 재건하는 역할을 하였다는 것이다. 다른 하나는 일제 말기에 일본 제국주의 확장을 위한 총동원 전시체제 아래에서 일제에 적극적으로 협력하거나 혹은 반강제적으로 동원되어 치욕적인 부일협력(附日協力)의 행태를 보였다는 비판이다. 상반된 평가 가운데 분명한 것은 기독교는 의식적으로 제도적으로 정치와 급진적 항일운동과는 일정부분 거리를 두고 개인의 내면적 신앙과 기독교 교육 및 전도에 집중하였고, 기독교적 가치를 앞세워 영혼구원과 사회의 도덕적 문화적 개선에 전념하였다는 사실이다. 따라서 해외 한인교회는 양상이 조금 달랐지만, 일제강점기 한국교회가 공동체로서 정치적으로 항일민족운동과 직접 관련을 맺었다든지, 혹은 이와는 반대로 정치적 목적을 가지고 공동체적으로 일제에 충성했다고 보는 시각은 지나친 해석이다. 그러나 정치적 의도를 가지고, 직접적으로 항일민족운동이나 식민주의에 동조하거나 협력하지는 않았다고 하더라도 일제강점기 한국기독교가 사회문화적 영역에서 기독교적 가치를 실현하는 사회문화운동(한글보급 및 계몽운동, 학교설립, 농촌운동, 청년운동, 사회개혁운동 등)을 펴나가며 민족주의 운동과 관련되거나 민족주의적 표출로 인식되기도 하였다. 반대로 일제 말기에 일제의 폭력과 법에 의한 억압통치에 의하여 교회의 정체성이 훼손되며 교단 및 교회가 일제의 제국주의 전쟁에 동원되거나 악용되기도 하였다. 요약하자면, 의도적으로 정치적으로 한국교회가 민족주의적이었거나 친일적이었다고 보기는 어렵고, 일제강점기의 역사적, 사회적 상황 속에서 한국교회가 다양한 측면에서 민족주의와 연결되었고, 또한 일제의 폭력적, 제도적 강요에 의해 친일부역에 동원된 사례들이 있었다. 이러한 부분은 역사가 우리에게 엄밀한 성찰과 반성을 요구하는 문제라고 할 수 있다.

일제는 한국의 강제병합을 시작하면서 민족주의자들을 단속하고 그 뿌리를 뽑으려 하였는데, 이러한 과정에서 기독교계가 집중적인 탄압을 받았다. 그 이유는 당시 많은 민족주의자들이 기독교회 안에 있었고, 기독교회를 중심으로 항일 민족주의 논의와 활동을 전개해 나가는 세력들이 있었기 때문에 일제가 민족주의자들을 제거하면서 기독교회가 이들의 활동통로로 기능하지 못하도록 통제하려고 했기 때문이다. 당시 기독교회가 민족주의의 주요 무대가 될 수 있었던 이유는 먼저 근대교육과 근대문명의 매개자였던 교회에 문명개화를 통해 민족의 독립과 자강(自强)을 꿈꾸던 엘리트들이 들어와 있었고, 또한 종교의 자유라는 일제의 헌법적 명분과 교회의 지도자요 후견인인 외국선교사들이 존재가 엄혹한 강점기 공간 안에서 교회가 상대적으로 자율적인 공간이 되는 것을 가능하게 하였다. 또한 전국망과 국제적 연결을 가진 교회가 정보의 소통과 의견교환과 선전활동에 있어서 꽤 유용하였기 때문에, 민족주의자들이 기독교 안에서 적극적으로 활동할 수 있었다.

가장 대표적인 기독교계 박해는 소위 105인 사건(1911-1913)이었다. 이는 당시 일제가 초대 총독 데라우치를 암살하려 했다는 음모를 꾸며 이를 명분으로 당시 기독교의 핵심기반인 서북지역(평안도, 황해도 지역) 기독교 인사들과 민족지도자들을 대대적으로 체포 및 구금하고 고문으로 진술을 강요하고 조작함으로써 재판에서 105인에게 유죄를 선고한 사건이었다. 이것은 서북지역 민족주의 세력과 기독교회를 탄압하기 위해 일제가 거짓으로 꾸며낸 조작 사건이었다. 선교사들은 이것을 "음모 사건"conspiracy case으로 규정하고, 국제사회에 공론화하면서 일제를 비판하였고, 또한 고문과 위협에도 불구하고 105인 사건 관련자들이 일제의 고문사실을 고발하고 조작된 증거들의 사실관계를 밝혀내어 무죄를 입증함으로써 2심에서 거의 대부분이 무죄판결을 받았고, 유죄가 선고된 이들도 대개 특사형식으로 풀려나며 마무리되었다. 그러나 기독교계와 민족운동세력이 받은 피해는 참으로 컸다. 일제의 탄압을 피하여 많은 민족주의자들이 만주와 시베리아와 미국 등 해외로 망명하여 그곳에서 항일운동을 전개하였고, 기독교인들이 세운 해외의 한인교회와 학교는 항일독립운동의 중심지 역할을 하였다.

일제가 일체의 자유를 봉쇄하고 힘으로 억압하였던 무단통치를 접고 부분적인 자유를 허용하면서도 감시와 통제를 강화하는 교활한 문화정치로 바꾸게 된 계기는 자발적이며 거족적인 민중 독립운동이었던 삼일운동1919의 영향이었다. 삼일운동의 발생과 전개, 발전에 있어서 기독교의 역할과 공헌은 매우 컸다. 삼일운동은 1차 세계대전 이후 전후복구와 평화 유지를 논의한 파리평화회의(1919)에서 미국 대통령 윌슨이 제창한 민족자결주의 원칙에 영향을 받았다. 이를 전후로 미국과 만주 등 해외에 있는 한인들을 중심으로 한국의 상황을 알리면서 한국 독립을 위한 국제사회의 지지를 호소하려는 움직임이 일어났다. 일본에 있던 조선기독교청년회 회원들과 유학생들은 1919년 2월 8일에 도쿄의 YMCA 회관에서 독립선언(2 · 8독립선언)을 발표하였고, 삼일운동에 직접적인 영향을 끼쳤다. 독립을 외치며 대대적인 만세운동으로 전개된 삼일운동은 천도교와 개신교를 비롯한 종교지도자들과 학생과 청년들이 앞장 선 비폭력 평화주의 독립운동이었다. 그러나 이 운동은 지도부에 의해서 조직적으로 체계적으로 움직인 것이 아니라 민중의 자발적인 참여로 전국적으로 확대되었다. 독립운동의 확산에 기독교회와 기독교계 학교가 커다란 영향을 끼쳤다. 전국망을 가진 교회의 제도적, 인적 네트워크와 교회와 학교에서 기독교 정신에 입각하여 정의와 자유를 학습한 사람들이 지역에서 독립운동을 주도하면서 적극적으로 동참한 것은 결코 우연의 일치가 아니었다. 독립운동의 전국적인 확산과 뜨거운 열기를 잠재우기 위해 일제가 택한 방식은 무력 진압이었다. 이 과정에서 기독교가 집중적인 탄압의 대상이 되었고 교회와 학교, 기독교인들이 커다란 수난을 당하였다. 전국에서 일제에 의한 방화와 학살, 교회파괴 사건이 있었고, 일례로, 수원 제암리교회에서는 기독교 신자들을 교회에 모아 불을 지르고 사격을 가하여 29명을 학살한 만행이 자행되었다. 당시 일본측 자료에 따르면 검거된 참가자들의 종교 가운데 기독교가 가장 많았고, 기독교인이 전체 피검자의 17.6%에 달하였다고 한다. 당시 독립운동 자체에는 거리를 두고 우려 속에 관망하던 선교사들도 교회의 엄청난 피해와 교인들의 수난, 그리고 한국인에 대한 일제의 만행을 더 이상 묵과할 수 없었고, "잔혹과 폭력에 중립이란 없다"고 주장하며 국제사회에 일제의 만행을 고발하며 압박하였다. 이러한 과정에서 선교사들도 정신적, 육체적으로 많은 피해를 입었다.

비록 삼일운동은 독립을 성취하지는 못하였지만, 한국역사와 기독교역사에 깊은 영향을 끼쳤다. 삼일운동을 통해 한국의 근대 민족주의가 대중적 민족운동으로 뿌리를 내리게 되었고, 직접적으로는 상하이에 대한민국 임시정부가 수립되는 계기를 마련하였다. 대한민국이 임시정부의 법통을 계승한다고 헌법 전문에서 밝히고 있듯이, 삼일운동은 대한민국을 태동시킨 결정적인 요인이 되었다고 볼 수 있다. 기독교는 삼일운동의 중심세력으로서 이를 계기로 기독교와 민족공동체가 더욱 깊은 관계로 엮이게 되었다. 기독교가 대대적으로 정치 참여를 한 것이 아니라 기독교의 가치와 신념이 일제의 식민지배와 탄압으로 훼손되고 민족이 고통을 당하는 현실 속에서, 불의에 저항하고 정의와 자유를 호소하는 신앙적 외침과 행동이 독립운동과 그 맥을 같이 하게 된 것이다. 기독교인 개개인이 민족독립의 열망을 가지고 운동에 참여했음은 물론이지만 기독교 신앙과 교회와 기관이 그들이 표출한 민족운동의 동기와 통로가 되었다.

삼일운동 이후 일제는 제한적인 범위에서 기본적인 자유를 한국사회에 허용하지 않을 수 없었다. 한국인을 위해서가 아니라 일제의 강점기 통치정책의 일환으로써 기만적인 형태의 자유를 인정한 것이었을지라도 억압된 현실 속에 그나마 잠시 동안 숨통이 트이는 계기가 되었다. 이로써 신문과 잡지를 비롯하여 다양한 출판들이 이루어졌고, 다양한 사상과 운동들이 유입되었으며, 여러 단체와 모임들이 형성되었다. 그리하여 1920년대와 30년대 초반은 일제강점기에 "한국 민족주의의 르네상스"라고 부를 수 있는 분위기와 여건이 조성되었고, 민족주의계와 기독교계는 물론 사회주의계도 활발한 사회문화운동을 전개하였다. 이러한 과정에서 기독교는 문화민족주의(정치활동이나 무장투쟁과 같은 직접적인 항일운동이 아니라 실력양성을 통해 민족의 힘을 길러 독립을 추구하려는 점진적 민족운동) 운동과 깊은 관련을 가지게 되었고, 한국사회에서 사회문화적 지도력과 영향력을 갖게 되었다. 기독교가 적극적으로 활동한 영역은 기독교의 신념과 도덕적 가치를 한국사회에 실현하기 위한 운동이나 기독교의 신앙적 가치와 선교활동과 직접적으로 관련된 분야였다. 교육, 의료, 출판, 언론, 여성운동, 청년운동, 절제운동, 농촌운동, 한센병 구제활동 등이 기독교 가치와 신념이 사회문화운동으로 표출된 대표적인 예이다.

이 시기 문화민족주의 운동은 강점기 한국사회에서 민족의 역량을 강화하여 독립과 민족의 자립을 추구한 실력양성운동에서 비롯되었다. 다양한 독립운동 가운데 항일무장투쟁은 주로 해외에 중심을 두고 진행되었고, 국내에서는 무장투쟁이나 정치적 행동의 가능성이 철저히 봉쇄되었던 이유로, 일제의 법적, 제도적 공간 안에서 가능한 사회문화적 운동을 통한 점진적 독립운동이 주를 이루었다. 특히 민족정신과 정체성을 바로 세우고, 개인과 사회의 도덕적 각성, 사회의 경제적, 문화적 개선, 민족의 생존을 위한 교육과 경제의 토대 형성과 발전이 주요 목표였다. 기독교는 문화민족주의가 추구하는 정신적 기초와 도덕적 가치, 문화적 내용과 방법을 제시할 수 있었고, 문화민족주의자들이 추진하는 사회문화운동과 병행하거나 중첩되는 기독교 사회문화운동을 통해서 상호영향을 주고받았다. 특히 기독교 교육운동과 농촌운동은 문화민족주의자 운동과 많은 교집합을 가지고 있었다.

그러나 일제강점기 한국사회에서 문화민족주의의 한계는 명확하였다. 일제의 법적, 제도적 공간 안에서 허용되는 사회문화운동이 주를 이루었기 때문에, 강점기 말기(1935-1945)에 일제가 제국주의 확장을 위한 전쟁에 광분하며 소위 "전시체제"로 전환하여 "국민정신총동원"의 이름으로 사회와 문화, 사상과 정신을 통제하며 강점기와 모국의 모든 물적, 인적 자원을 전쟁에 총동원할 때, 문화민족주의는 설 자리를 잃어버렸다. 비폭력 문화투쟁은 강점기 한국사회에서 가능한 현실적인 민족운동의 방식이었지만, 종교와 문화의 자율적 영역과 개인의 사상의 자유까지도 침범하는 전체주의 국가체제에 강력하게 맞서지 못하고, 일제의 폭력과 탄압, 법과 제도에 의한 통제, 이데올로기적 지배에 쉽게 허물어지는 한계를 드러내었다. 수많은 문화민족주의자들이 일제에 전향하여 부일협력(附日協力)하거나 반강제적으로 체제에 순응하였고, 문화민족주의자들의 운동기관이 해산되거나 일제의 선전도구나 전쟁동원의 수단으로 이용당하였다.

한국교회 역시 일제 말기에 기독교의 정체성마저도 위협을 당하는 고난을 당했다. 일제는 소위 "황민화정책"의 일환으로 기독교회와 기독교계 학교에 신사참배를 강요하였고, 신사참배에 불응하는 기독교계 학교들에 폐교를 경고하였고, 교회지도자들을 회유 및 협박하여 신사참배를 받아들이게 하였다. 장로교 선교사들은 일제의 종교탄압과 기독교 신앙에 대한 도전에 항의하며 신사참배를 결연히 반대하며 학교를 자진 폐쇄하였고, 일제는 선교사들을 추방하여 기독교의 저항을 원천봉쇄하였다. 신사참배에 가장 적극적으로 반대하였던 장로교를 순응시키기 위하여 일제가 장로교 27차 총회(1938)를 앞두고 총대들에게 사전 회유와 압박을 가하였고, 회의석상까지 동행한 경찰들이 총대들과 동석하여 위협함으로써 일제의 의도대로 장로교 총회가 "신사는 종교가 아니고 기독교 교리에 위반하지 않는 … 애국적 국가의식"이라고 규정하며 신사참배를 가결함으로써 한국교회 역사 속에 씻을 수 없는 치욕을 남겼다. 일제의 개입과 이에 동조한 총회임원들로 말미암아 회의 진행과정에서 많은 문제를 남긴 불법적인 총회였다. 회의 진행에 문제를 제기하며 반대의견을 개진하려던 미국선교사는 경찰에 의해 밖으로 끌려 나갔다. 많은 한국교회 지도자들이 신사참배에 순응하였지만 한국교회 안에서 신사참배를 반대하는 저항이 일어났고 주기철 목사와 같이 일제의 핍박과 고문으로 순교한 "순교자"와 손양원 목사와 같이 투옥당하여 커다란 고초를 당한 "옥중 성도들"도 많았다. 한국교회를 향해서는 "국민정신총동원"의 산하 기관으로 재편하여 일제의 전쟁에 적극적으로 동참할 것을 강요하였고, 모든 예배와 종교예식 이전에 "황국신민서사"를 제창하고 "동방요배(東方遙拜)"와 전사자들을 위한 묵념과 일본군의 무운장구를 비는 기도를 강요하였다. 또한 국방헌금을 강요하거나 기관총, 전투기 헌납을 강요하기도 하였다. 일제는 기독교의 모든 교단을 통폐합하여 일본기독교단에 편입시켰고, 기독교를 일본제국주의에 충성하는 애국주의 기독교, 혹은 천황주의 기독교로 변질시키려 했다. 많은 기독교 지도자들이 일제의 강요 앞에 신사참배에 순응하거나 일부는 적극적으로 친일협력에 앞장서기도 하였다. 이는 역사 속에서 하나님과 교회와 민족공동체 앞에서 철저히 참회하고 용서를 구해야 할 쓰라린 과거사의 문제이다.

일제의 신사참배 압박에 끝까지 저항하여 신앙을 지킨 위인들은 모두가 숨죽여 복종했던 일제에 가장 강력한 도전을 제기하는 그 시대 살아있는 정의요, 신앙의 불꽃이요, 민족의 마지막 양심이었다. 이들은 항일독립운동 차원에서 일제에 저항한 것이 아니요, 신앙을 지키기 위하여 우상숭배라고 인식한 신사참배를 반대한 것이었지만, 일제는 이들의 저항을 단순한 종교적 반대가 아니라 일제체제의 핵심이었던 신격화된 천황체제에 대한 저항이요 종교화된 일본의 국체에 대한 반역행위로 인식하였다. 이것은 기독교 신앙과 일제의 천황체제가 근본적으로 대립되었다는 사실을 보여줌으로써 일제 식민통치가 지닌 악의 실체를 드러냈다. 일제 말기에 기독교 신앙을 온전히 지키는 것만으로도 일제에 대한 부정과 반역이 되고, 동시에 기독교 신앙이 우상화된 일제의 국가주의와 불의한 통치를 폭로하는 시대의 양심이 됨으로써, 기독교와 일제가 근본적으로 배치되고, 기독교와 민족이 불가분의 관계로 연결되는 특징을 보여주었다.

1-5. 대한민국과 기독교 : 해방 이후 기독교

기독교는 해방 후 대한민국의 형성과 발전에 있어서 중요한 역할을 하였다. 대한민국은 자유민주주의 정치체재와 자본주의 경제체재를 두 기둥으로 하여 성립되었고, 미국과 소련이 주도하는 냉전체제 아래서 한반도의 지정학적 위치로 인해 미국의 정치, 경제, 사회문화, 군사적 영향과 지원을 받았고, 확고한 반공주의에 기반한 권위주의 국가가 주도하는 경제개발로 급속한 경제성장을 했다. 기독교는 대한민국의 정치, 경제, 사회적 토대가 되는 자유민주주의, 자본주의, 반공주의, 미국 중심의 세계질서를 신학적으로 정당화하는 역할을 하였고, 주류 종교와 시민종교(국가체제와 사회질서를 종교적 차원에서 뒷받침하여 사회통합과 결속과 대중동원을 가능하게 하는 이념)로서 대한민국을 구성하고 있는 이념들이 한국사회에 뿌리내리는 데 기여했다. 기독교는 교회, 학교, 병원, 언론, 출판, 방송 등의 제도적 기관들과 네트워크, 인적자원을 통해 미국 중심의 서구사회의 문화와 정치, 경제적 영향력을 해방 전후 한국사회와 연결하는 통로와 다리의 역할을 하였다. 또한 교회가 설립한 학교에서 근대교육을 통해 배출된 인물들이 미국 유학을 거쳐 한국사회를 이끌어 나가는 엘리트들이 되고, 특히 해방 후 미군정 U.S. Military Regime 기간을 거치면서 기독교의 인적 네트워크를 통해 한국사회의 핵심계층으로 성장하면서, 기독교는 한국사회에 커다란 영향을 끼쳤다. 초대 대통령 이승만과 제1공화국의 핵심인물들과 정치엘리트들이 기독교인들이었다는 점은 우연의 일치가 아니었다.

대한민국 제헌의회가 의장이었던 이승만의 제안으로 제헌의원이었던 이윤영 목사의 기도로 개회되었던 것(1948년 5월 31일)은 기독교가 대한민국 정부수립에서 어떠한 위치를 차지하였는지를 단적으로 보여주는 모습이라 할 것이다. 이승만은 이렇게 제안하였다 :

> 대한민국 독립민주국 제1차 회의를 여기서 열게 된 것을 우리가 하나님에게 감사해야 할 것입니다. 종교, 사상 무엇을 가지고 있든지 누구나 오늘을 당해 가지고 사람의 힘으로만 된 것이라고 우리가 자랑할 수 없을 것입니다. 그러므로 하나님에게 감사를 드리지 않을 수 없습니다. (『제헌국회 제1회 회의 속기록』에서 인용)

이어 등단한 이윤영 의원이 기도할 때 일동 기립하였다. 그 기도는 이러했다 :

> 이 우주와 만물을 창조하시고 인간의 역사를 섭리하시는 하나님이시여! 이 민족을 돌아보시고 이 땅에 축복하셔서 감사에 넘치는 오늘이 있게 하심늘 수님께 저희늘은 성심으로 감사하나이다.
> 오랜 시일 동안 이 민족의 고통과 호소를 들으시사 정의의 칼을 빼서 일제의 폭력을 굽히시사 하나님은 이제 세계만방의 양심을 움직이시고, 또한 우리 민족의 염원을 들으심으로 이 기쁜 역사적 환희의 날을 이 시간에 우리에게 오게 하심은 하나님의 섭리가 세계만방에 정시하신 것으로 저희들은 믿나이다.
> 하나님이시여! 이로부터 남북이 둘로 갈리어진 이 민족의 어려운 고통과 수취를 신원하여 주시고 우리 민족 우리 동포가 손을 같이 잡고 웃으며 노래 부르는 날이 우리 앞에 속히 오기를 기도하나이다.

(중략)
역사의 첫걸음을 걷는 오늘의 우리의 환희와 우리의 감격에 넘치는 이 민족적 기쁨을 다 하나님에게 영광과 감사를 올리나이다.
이 모든 말씀을 주 예수 그리스도 이름을 받들어 기도하나이다.
아멘. (『제헌국회 제1회 회의 속기록』에서 인용)

단지 엘리트 계층만이 아니라 한국사회의 중산층 형성에도 기독교는 중요한 역할을 하였다. 일제강점기의 암울한 시기 속에서도 교회와 기독교학교에서 기독교 신앙과 교육을 통해 근대시민의식과 근대문화를 배운 사람들이 한국사회의 자립적 중산층으로 성장해 나가는 측면은 기독교가 근대한국 사회형성에 끼친 공헌을 단적으로 보여주는 부분이다. 이러한 과정 속에서 기독교는 주류 종교로서 한국사회와 문화에 커다란 영향을 끼쳤고, 한국사회가 정치, 경제, 사회문화적으로 급속도로 성장하면서 동시에 한국기독교도 놀라운 성장을 기록하며 교세가 확장되었다. 세계적으로 그 유례를 찾아보기 어려운 교회의 발전을 통해 세계적으로 유명한 대형교회들이 많이 나타났고, 선교를 받던 나라에서 세계선교에 앞장 서는 주도적인 선교국가가 됨으로써 한국교회는 세계기독교가 주목하는 교회가 되었다.

그러나 오늘날 이러한 교회성장과 교회의 대형화는 필연적인 부작용을 낳고 있다. 한국교회가 외형적 발전과 교인 수 증가에 몰두한 나머지 이에 걸맞은 교인들의 내적 성숙을 이루지 못하고 사회의 불의를 밝히고 정의와 평화를 이루어가야 할 사회적 책임을 감당하지 못함으로써 사회로부터 비판과 외면을 당하게 되었다. 한국사회의 고질적인 부패와 타락의 중심부에 신앙과 삶이 분리된 일부 기독교인들이 있었고, 한국사회의 비약적인 발전과정에서 생겨난 사회적 약자들의 고통과 사회의 구조적 불의에 한국교회가 치유자와 예언자의 역할을 제대로 감당하지 못하였다. 또한 사회, 경제적 영향력이 커진 대형교회들의 주도권을 놓고 벌이는 교회 내 다툼과 갈등, 그리고 대형교회 담임목사직 세습에 대한 일반사회의 부정적 인식은 한국교회가 외형적으로 성장하며 남긴 부작용의 전형적인 예이다. 2000년대 이후로 한국교회가 교인 수 감소세로 돌아서고, 이와 동시에 이단의 세력이 급증하게 된 것도 교회가 내적으로 성숙하지 못하고, 교회가 감당해야 할 본연의 역할에 충실하지 못하면서, 한국교회 성장의 내적인 기반이었던 신앙적, 도덕적, 사회적 영향력을 잃어버렸기 때문이라고 볼 수 있다. 이러한 점은 한국교회가 성찰해야 할 자기 반성의 과제이며, 세상의 소금과 빛으로 소임을 다하며 정의와 진리와 희망의 보루로 새롭게 거듭나기 위한 향후 과제이다.

이 장을 마무리하면서 기독교가 한국사회에 끼친 영향과 향후과제와 관련하여 몇 가지 중요한 점만을 부연하고자 한다.

첫째로, 기독교와 반공주의의 관계이다. 주류 기독교는 한국사회에서 가장 강력한 반공주의 세력 가운데 하나로 자리매김해 왔다. 한국에서 기독교와 공산주의의 갈등과 충돌은 일제강점기에서부터 비롯된다. 이데올로기에 있어서 공산주의는 무신론과 유물론에 입각해 있었고, 기독교가 현실의 억압과 고통을 인내하고 내세천국(來世天國)에 몰두하게 함으로써 민중들의 투쟁의식을 약화시키고 현실에 순응하게 하는 "민중의 아편"이라고 비판하였다. 또한 기독교는 선교 초기부터 중하류계층과 여성과 어린이를 중심으로 선교를 해왔는데, 1920년대 중반 이후 농민과 노동자를 대상으로 본격적인 세력 확장을 추구하는 공산주의자들은 민중의 의식화에 기독교를 걸림돌로 여기며 충돌할 수밖에 없었다. 사상적, 물리적 충돌로 인하여 기독교와 공산주의는 상호적대적이었다. 일제는 공산주의자를 비롯한 급진주의자들을 철저히 박해하고 온건주의자들은 회유하는 이중적인 정책으로, 민족을 분열시키고 식민통치를 용이하게 하고자 하였다. 일제의 분열정치는 민족진영 간 좌우대립과 이데올로기 갈등을 격화시켰고, 이러한 갈등과 충돌은 해방 후 혼란기에 더욱 심화되었다. 기독교의 주류는 온건한 입장에 서 있었기에, 사회주의, 공산주의와 같은 급진주의 계열보다는 민족주의 우파와 공유하는 입장이 많았고, 이러한 점에서 해방 전후의 좌우대립의 갈등 속에 기독교와 공산주의의 상호적대감은 컸다. 공산주의자들은 기독교가 일제의 비호 아래 있는 제국주의 세력의 일부라고 비판하였고, 기독교는 교회에 비판과 공격을 일삼는 공산주의를 적대시하였다. 공산주의와 기독교의 갈등은 한국전쟁(6 · 25) 전후를 기점으로 증폭되었다. 북한에 소련의 영향과 지원을 받은 김일성 정권이 조선민주주의인민공화국을 세우는 과정에서 기독교 세력은 박해를 받았다. 재산과 토지를 박탈당하고 신앙의 자유를 찾아 월남한 이북출신들은 남한사회에서 가장 강력한 반공주의 세력으로 자리를 잡았고, 한국사회에서 반공주의 담론을 형성하는 데 주요한 역할을 하였다. 또한 좌익세력 척결과 빨치산 토벌에 군경과 함께 앞장서기도 하였다. 특히 개신교 순교자들의 대부분은 한국전쟁 당시 공산당에 의해 살해된 신자들이라는 점에서 공산주의는 정복해야 할 악마의 세력으로 간주되었고, 이러한 과정에서 반공주의는 기독교 신앙의 한 부분으로 자리 잡으며 한국기독교에 뿌리를 내렸다. 북한과 대립하고 있는 분단의 현실 속에서 반공은 국가보안과 사회안정의 초석으로 강조되었고, 반공주의적 기독교는 대한민국의 보수적 기득권층의 이념과 정서를 잘 대변하였다. 그러나 분단을 극복하고 민족의 통일을 염원하는 시대에 기독교는 반공주의를 넘어 이념대립을 극복하여, 화해와 평화를 이루어 나가는데 앞장 서야 할 사명을 요청받고 있다.

둘째로, 기독교와 자본주의의 관계이다. 한국사회를 움직이는 가장 강력한 동력은 자본주의이다. 자본주의 형성과정에 기독교, 특히 개신교의 정신과 윤리가 어떠한 영향을 끼쳤는가에 관한 논의는 주요한 학문적 주제가 되어 있다. 막스 베버의 『프로테스탄트 윤리와 자본주의 정신』에 따르면 개신교가 가르쳤던 소명의식은 자신의 소유욕과 물질에 대한 욕망을 위해 일하고 돈을 버는 것이 아니라 청지기로서 하나님께서 맡기신 사명을 감당하기 위해, 직업을 거룩한 소명으로 생각하여 일하는 직업윤리를 형성하였다. 근면과 정직성, 절제와 금욕적 자세로 최선을 다해 일할 것을 가르침으로써 부의 추구와 자본의 축적이 신학적으로 정당화되고 적극적으로 권장되었다. 한국에서 기독교는 자본주의를 기독교 문명의 하나로 소개하였으며, 특히 미국선교사들은 한국에서 미국의 중산층 문화와 자본주의 체제를 발전시키는 데 중요한 역할을 하였다. 기독교인 가운데 회사를 설립하여 민족자본을 육성하여 경제적 차원에서 실력양성운동을 전개한 인물들이 있었고, 물산장려운동에 앞장선 이승훈과 조만식은 대표적인 인물이었다. 한국전쟁 이후 초토화된 한국사회가 재건되는 과정에서 기독교는 자본주의를 신학적으로 뒷받침하였다. 소위 "축복과 성공의 신학", "번영의 신학"이 기복주의를 부추기고 물질만능주의와 천박한 자본주의를 합리화하였다는 비판을 받았지만, 한국전쟁 후 무너진 개인과 사회를 재건하고 경제발전을 이룩함에 있어서 하나님의 도우심과 축복에 대한 신앙적 확신 내일에 대한 소망을 불러일으켜서 현실의 어려움을 극복하게 한 긍정적인 역할도 하였다. 농촌에서 도시로 몰려든 인구들에게 교회는 마음의 안식과 평화를 얻는 곳이 되었고, 각박한 도시

생활에서 사랑과 따뜻함을 나누는 가족공동체가 되었으며, 불확실한 미래로 두려워하는 사람들에게 하나님의 축복 안에 담긴 영혼과 마음의 건강, 경제적 성공, 사회적 안정을 추구하게 하였다. 기독교는 급속도로 변화된 산업사회에 대응하며 선교적 사명을 잘 감당하였고, 정신적, 문화적 영향력을 끼치며 주류 종교로 성장해 나갔다. 한국의 경제성장과 교회의 성장이 같은 속도로 나란히 함께 갔다는 점은 눈여겨 볼 대목이다. 기독교가 자본주의 체제와 잘 조화하여 교회성장과 발전을 이룬 것은 긍정적인 측면도 있지만, 한국사회에서 자본주의가 야기하는 물질주의, 부의 불평등, 사회적 양극화, 인간의 상품화와 소외의 문제는 기독교가 풀어 나가야 할 과제가 되고 있다.

셋째로, 기독교와 민주주의의 관계이다. 기독교는 선교 초기부터 천부인권사상을 가지고 인간의 존엄성과 권리를 주장하며 사회적 약자를 보호해 왔고, 기독교계 학교들의 근대교육 속에서 민주주의의 원리와 정신을 가르치며 근대 시민의식을 형성해 왔다. 일제강점기는 권위주의적인 제국의 압제 아래 민주적인 사회질서가 형성되기 어려웠고, 해방 후 혼란 속에 대한민국 정부가 수립되었지만 곧바로 이어진 한국전쟁으로 민주주의가 깊이 뿌리내리기 어려운 환경이 계속 되었다. 냉전체제의 세계질서 아래 남북이 분단되어 군사적으로 대치하는 상황에서 군사쿠데타로 정권을 잡은 독재정부가 반공을 국시로 하여, 경제개발을 앞세워 무소불위(無所不爲)의 권력을 행사하며 한국사회를 지배하였다. 독재정권의 탄압 속에서 민주주의를 요구하는 목소리는 묵살되었고, 민주주의 발전이 지체되었다. 주류 기독교는 기본적으로 정교분리(政敎分離)를 원칙으로 하였기 때문에, 정치적인 문제에서 스스로 거리를 두었다. 그럼에도 불구하고, 반공주의, 자유민주주의, 자본주의, 친미성향(親

美性向)에 있어서는 권위주의 정부와 입장을 공유하고 있었기 때문에, 주류 기독교는 지배세력과 대체로 우호적인 관계를 유지하였다. 대형교회 목사들이 중심이 되어 추진해 온 국가조찬기도회는 기독교와 권위주의 정권의 긴밀한 관계를 상징적으로 보여주는 사례이다. 그러나 독재정권에 의한 인권탄압, 민주주의 가치의 훼손, 노동자의 생명과 기본권 탄압에 있어서, 기독교는 예언자의 목소리를 내며 비판하였고, 민주화운동에 앞장섰다. 비록 기독교 전체가 한 목소리를 낸 것은 아니지만, 민주화운동에 있어서 신학자들과 목회자들, 기독학생들과 청년들, 교회와 기독교공동체들의 헌신과 공헌은 과소평가할 수 없다. 한국기독학생회총연맹KSCF, 기장 청년회 전국연합회(기청), 한국기독교청년협의회EYC, 대한예수교장로회 청년회(장청), 기독교대한감리회 청년회 전국연합회(감청) 등의 기독청년단체들은 시대의 문제를 기독교 신앙의 문제와 사회적 선교의 과제로 받아들이면서 사회의 구조적 불의와 독재를 비판하고, 억압당하는 민중과 노동자, 도시빈민의 인권을 위해 예언자적 목소리를 내고, 민주주의와 사회정의를 위해 앞장섰다. 한국교회협의회NCCK의 인권운동과 영등포산업선교회의 도시산업선교는 한국사회에서 기독교가 민주화와 인권운동, 노동운동에 커다란 공헌을 하면서 민주주의가 사회 저변에 뿌리를 내리는 데 공헌한 역할의 대표적인 사례로 꼽을 수 있다.

넷째로, 기독교와 민족의 통일의 관계이다. 한국사회가 풀어야 할 최대의 숙제는 남북통일의 문제이다. 대한민국의 반공주의적 정권과 북한의 공산당독재 정권은 정략적 이해와 체제유지를 위해 분단상황을 이용하거나 심화시켜왔고, 한반도를 둘러싼 열강들도 자국의 이익과 정략적 고려로 분단상황 해결에 소극적이었다. 이러한 상황 속에서 군사적 긴장과 일촉즉발의 전쟁 위기가 오랜 기간 동안 지속되어 왔고, 특히 북한의 핵개발과 이에 대응하는 미군의 전략자산의 전개가 한반도에 핵전쟁의 위기를 고조시켰다. 오랜 대립으로 인해 갈등과 불신의 골이 깊어진 남과 북의 문제를 어떻게 해결할 수 있는가가 남과 북의 민족공동체가 풀어야 할 중요한 과제이다. 남북정상회담은 통일의 기대와 민족의 화해와 통일에 대한 희망을 불러 일으켰지만, 남북 간의 평화정착과 통일에 이르기까지 군사적 긴장 완화, 한반도의 완전한 비핵화의 실현, 국내의 이념갈등, 국제사회의 지지와 공조 등 풀어나가야 할 과제가 산적하여 그 길이 순탄치만은 않다. 이러한 과정에서 기독교는 남과 북의 민족공동체의 화해와 평화와 통일을 위해 주도적인 역할을 감당해야 할 것이다. 독일 통일의 예에서 볼 수 있듯이, 독일교회는 동과 서의 화합과 통일에 있어서 중심적인 역할을 하였다. 이데올로기를 뛰어넘는 화해의 정신, 사랑과 섬김의 정신이 있을 때, 상호신뢰와 우애가 생기고, 소통과 관계의 개선이 일어나고, 그런 후에야 정치적 통일까지도 이루어질 수 있다는 점을 가르쳐 준다. 남북한 기독교 지도자들은 민족 통일을 위한 기독교의 역할을 상기하면서 스위스 글리온에서 만나 "글리온선언"(1988)을 발표하기도 하였다. 또한 한국교회는 민간차원에서 여러 모양으로 북한사회와 교류와 협력을 발전시켜 왔고, 정치의 문제를 뛰어넘어 북한 주민들을 위한 인도주의적 지원과 기독교적 사랑을 나누는 일에 노력하고 있다. 한국기독교는 정치적 갈등과 군사적 대립으로 막혀 있는 통일의 물고를 트기 위해, 그리스도의 십자가정신이 우리에게 가르치고 있는 사랑과 화해의 정신으로 증오와 반목을 멈추고, 이념 대립과 불신을 뛰어넘어, 섬김과 나눔을 실천함으로써 남과 북 사이에 상호이해와 신뢰를 쌓는 일에 앞장 서야 한다. 특히 질병과 가난으로 고통당하는 북녘의 동포들을 그리스도의 사랑으로 보듬어 안고 치유하는 운동을 전개하여 통일의 전도사요, 화해의 예언자로 시대적 사명을 감당해야 할 것이다. 통일의 문제는 정치적 판단이나 군사적 힘을 앞세워서는 이룰 수 없고, 오직 자기 희생적 사랑과 인내, 섬김과 봉사의 기독교 정신으로 민족공동체를 품을 때 실현가능한 과제이다.

연구 및 토의 주제

1. 기독교가 한국에 수용되면서 주류 종교로 발전한 주된 이유들에 대하여 토의해 보자. 기독교가 한국사회에 끼친 가장 커다란 영향은 무엇이며, 그 이유는 무엇이라고 생각하는가?

2. 한국 기독교가 오늘 우리 사회에서 감당해야 할 가장 큰 사명과 역할은 무엇이라고 생각하는가?

3. 한국문화와 기독교의 상호관계에 대해 토론해 보자. 기독교와 한국문화는 충돌과 모순관계인가, 조화와 협력의 관계인가?

참고도서

1. 류동식. 『한국종교와 기독교』 제2판. 서울 : 대한기독교서회, 1993
2. 민경배. 『한국기독교회사』 서울 : 연세대학교출판부, 1997
3. 이만열. 『한국 기독교 수용사 연구』 서울 : 두레시대, 1998
4. 최재건. 『조선후기 서학의 수용과 발전』 서울 : 한들출판사, 2005
5. 최영근. "동아시아에서 기독교와 민족주의 관계 : 일제시기 한국 기독교 민족주의를 중심으로" 「장신논단」 제37집, 2010년 4월
6. _____. "한국 기독교에서 교회와 국가관계 : 선교초기부터 해방 이전까지 정교분리 논의를 중심으로" 「신학사상」 157집, 2012년 여름
7. 한국기독교역사연구소. 『한국기독교의 역사』 총 3권. 서울 : 기독교문사, 한국기독교역사연구소, 1989-2009

한국역사 속의 기독교와 한남 창학정신

Ⅱ 한국문화와 기독교 선교

기독교 복음의 깊이를 이해하지 못하고 외형적인 모습만을 보면 기독교는 웅장한 성전 건축, 적극적이고 공격적인 전도(예를 들어 길거리 전도, 지하철 전도, 가정방문 전도 등), 그리고 내세천국(來世天國)을 강조하는 종교로 인식될 가능성이 많다. 그러나 이러한 인식은 기독교가 한국의 역사와 문화 속에서 실제적으로 감당한 선교에 비추어 볼 때, 과장되고 피상적인 이해에 기초하고 있으며, 어떤 면에서는 기독교의 본질을 오해할 수 있는 한계도 내포하고 있다. 기독교의 진리는 종종 성육신(成肉身) 사건에 담겨 있다고 신학자들은 강조하여 왔다. 성육신이란 "태초부터 하나님과 같이 계셨던"(요한복음 1:1), "하나님의 본질을 가지고 계신"(빌립보서 2:6) 그리스도가 사람의 몸을 입고 이 땅에 나셨다는 것이다. 하나님의 아들로서 하나님과 동일한 능력과 본질을 지닌 예수는 이 땅에서 "자기를 낮추고 하나님의 뜻에 복종하심으로"(빌립보서 2:8) 인간의 구원을 위해 자신의 목숨을 바쳐 십자가에 달려 죽으셨고, 그로 인해 인간의 모든 죄와 허물이 용서함을 받고 타락한 인간이 하나님의 자녀들로 새롭게 되었다는 것이 기독교의 핵심적인 가르침이다. 여기서 주목할 부분은 "하나님이 자기를 비우고 낮춰서 사람이 되신" 사건이고, "사람이 되신 하나님이 자기를 희생하여 인류를 구원하신" 사건이다. 기독교는 현실을 도외시하고 하늘나라만을 추구하는 현실도피적 신비주의를 추구하지 않는다. 오히려 이 역사와 고통의 현실 속에 하나님이 함께 고난을 당하시고 우리를 위해 구원을 이루어 가시는 실제적 신앙을 추구한다. 또한 기독교는 이 세상에서 성공과 부를 추구하며 세속적 왕국을 확장해 나가는 기복주의와 물질주의를 추구하지 않고, 탐욕과 죄악, 불의와 맞서 싸우며 하나님의 정의와 평화와 사랑이 넘쳐나는 세상을 이루어 나가는 하나님나라의 건설을 추구한다. 기독교는 자신의 교리를 앞세워 다른 이를 정죄하고 비판하며 종교적 율법의 틀에 가두려는 율법주의를 추구하지 않고, 자기를 낮추고 희생하여 다른 이를 살리는 예수 그리스도의 십자가정신으로 다른 이를 사랑하고 섬기고 치유하는 삶을 추구한다.

기독교는 선교의 과정을 통해 한국사회와 문화와 상호작용을 하면서 한국기독교로 정착하였고, 또한 기독교적 정신과 가치를 발현하며 한국사회에 중요한 사회 · 문화적 영향을 끼쳤다. 한국에서 기독교 선교는 교회를 세우고 종교만을 전파한 것이 아니라, 소외된 사람들을 돌보며 영혼과 몸과 정신을 전인적으로 치유하고, 건강한 가정과 사회를 이루고, 신앙과 교육으로 바로 개인과 사회를 바로 세우는 일에 앞장섰다. 또한 사회적 인식과 세계관을 변화시키면서 사회적 편견과 사회악과 싸우며 이를 극복하였고, 기독교가 추구하는 인간관과 사회적 가치가 한국사회에 이루어지도 노력하였다. 기독교 선교는 한국에서 기독교회의 발전을 이루었을 뿐만 아니라 근대한국 사회문화 형성에 있어서도 중요한 역할을 하였다. 이 장에서는 기독교 선교가 한국사회와 문화에 끼친 공헌들에 대하여 간략하게 살펴보고자 한다.

1. 기독교와 근대정신

기독교는 복음을 전파하면서 전통적인 한국사회에 근대정신과 문화를 보급하였다. 그리하여 한국인들에게 기독교는 종종 기독교 문명과 동일시되었고, 기독교 문명은 근대 서구문명을 대표하였다. 당시 기독교는 근대문명을 받아들이는 주요한 통로가 되었고, 많은 민족주의자들과 엘리트들이 한국사회 근대화에 대한 기대와 관심을 가지고 기독교에 입교하기도 하였다. 일례로, 감리교 선교사 아펜젤러가 세운 배재학당에서 공부하였던 이승만은 독립협회가 주관하던 만민공동회 활동으로 투옥된 후 옥중에서 기독교로 개종하였는데, 이후에 그는 배재학당에 영어를 배우기 위해서 들어갔지만, 그곳에서 민주주의와 기독교를 배웠다고 소회한 적이 있다. 또한 그의 책 『독립정신』에서 한국이 서양의 나라들처럼 힘을 길러 독립국이 되기 위해서는 단지 서양문명을 받아들이는 것으로 부족하고, 서양문명의 정신적 기초가 되는 기독교까지 받아들여야 한다고 역설하였다. 이러한 인식은 문명개화를 추구하던 엘리트들이 공유하던 생각이었다. 대표적인 개화파인 박영효도 한국이 문명개화를 통해 서구국가들처럼 근대국가로 발전하기 위한 유일한 희망은 기독교와 근대교육에 있다고 보았다. 그에게 기독교와 근대교육은 불가분의 관계로 인식되었다.

교육과 의료는 기독교 선교의 중요한 축이었다. 그러나 선교사들 간에는 복음전도, 교육, 의료선교의 우선순위와 구별에 있어서 입장차는 있었다. 예를 들어 장로교 선교부 안에서 전도와 같은 직접 선교와 교육과 의료와 같은 간접선교에 있어서 경중의 차이를 둘 것인가, 아니면 동일한 강조를 해야 하는가에 대한 논란이 있었다. 그러나 선교 초기부터 교육과 의료는 개신교 선교의 필수적 요소였고, 한국에서 기독교 선교가 성공적으로 이루어질 수 있었던 주요 원인이 되었다. 의료선교는 선교의 자유가 없었던 선교 초기에 선교의 문을 열었던 사업이었다. 천주교와 갈등하면서 서양종교와 문화에 대한 반감을 가지고 있었던 조선조정은 서양 나라들과 수호조약을 맺으면서도 종교의 전래에 있어서 커다란 거부감을 가지고 있었다. 서양의 문명을 받아들이며 점진적 문명개화를 추구하면서도 서양의 종교와 세계관이 조선의 전통적인 사회질서와 체제를 무너뜨릴 수도 있다는 우려가 컸던 것이다. 선교사 알렌에 의해 설립된 광혜원(이후 제중원)은 선교가 금지된 시기에 언더우드와 아펜젤러와 같은 선교사들이 광혜원 교사로 합법적으로 입국하여 선교를 준비하던 전초기지였으며, 직접전도가 불가능하였지만 의료를 통해 사람들이 기독교와 만나는 계기가 되었고, 질병으로 고통당하던 하층민들을 치료하고 돌보면서 생명의 소중함을 일깨워주고 그리스도의 사랑을 전하는 선교의 통로가 되었다. 미국 북장로회의 제중원 외에도 북감리회 선교부도 스크랜튼 선교사가 설립한 시병원을 중심으로 하층민들을 대상으로 의료선교를 하였다. 평양에서도 한국에 의료선교사로 왔다가 과로와 학질로 사망한 윌리엄 홀을 기념하여 그의 아내 로제타 홀 여사가 여러 사람들의 후원을 받아 기홀병원을 설립하였고 질병으로 고통받는 사람들을 그리스도의 사랑과 의술로 치유하였다. 남장로회도 전주와 군산, 광주와 순천에서 선교지부를 설립하면서 학교와 교회와 함께 병원을 세워 의료선교를 적극적으로 감당하였다. 특히 전주의 예수병원과 광주의 제중병원, 여수의 애양병원은 선교사들의 희생적 헌신과 돌봄을 통해 하층민들에게 큰 은혜와 감동을 끼쳤고, 그들의 육신의 질병뿐만 아니라 마음의 응어리와 한마저도 치유하여 인간다운 삶을 살 수 있도록 이끈 전인격적 치유의 모델을 보여주었다. 특히 한센병 환자들을 돌보며 치유한 남장로회 의료선교사들의 이야기는 커다란 감동을 준다.

기독교는 한국 근대교육 발전에 커다란 공헌을 하였고, 현재까지도 기독교가 설립한 사립학교와 고등교육기관을 통해 한국교육 발전에 중요한 역할을 하고 있다. 기독교는 교육을 통해 근대의식과 민주주의에 기초한 시민의식을 형성하였고, 이것이 근대 한국사회에서 민주주의 발전의 비옥한 토양을 만드는 밑거름이 되었다. 정신사적 영향뿐만 아니라 초등학교에서 대학교에 이르는 많은 교육기관을 설립하여 많은 인재들을 배출함으로써 구한말과 일제강점기와 해방전후의 열악한 교육여건 속에서 근대교육의 주도적인 역할을 하였다. 근대교육기관의 효시라고 볼 수 있는 배재학당을 비롯하여, 언더우드가 세운 경신학교와 연희전문(연세대학교 전신), 스크랜튼 여사가 세운 이화학당(이화여대 전신), 베어드 선교사와 북장로회 선교부가 주도하여 설립된 장로회연합대학인 숭실전문(숭실대학교 전신)과 같이 우리나라에서 가장 역사가 깊은 대학들은 기독교 선교사들에 의해 세워진 미션학교들이다. 대학 외에도 소학교와 중학교의 학교들을 세워 한국사회에서 인재를 길러내고 근대시민을 양성하는 일에 앞장 서왔다. 1910년에는 전체 사립학교 가운데 기독교계 학교는 1/3에 달하고 있었으며(인가받은 사립학교 2,250개교 가운데 기독교계는 천주교 46개교를 합하여 796개교), 1921년에는 전국에서 공립소학교가 715개에 지나지 않았을 때, 기독교계 학교는 1,448개로써 거의 두 배에 달하였다. 일제강점기에 교육의 결핍 상황 속에서도 기독교는 미션스쿨과 교회학교, 주일학교를 통해 교육하였고, 미래 한국사회의 시민과 인재들을 양성하여 희망없는 시대에 내일의 희망을 비추고 향후 한국이 놀랍게 발전해 나갈 수 있는 성장잠재력의 씨를 뿌렸다.

일제는 사립학교령을 통해 천황의 충실한 백성을 키우려는 제국주의 교육목표에 방해가 되는 기독교학교를 제한하고 민족주의적 기독교 교육의 길을 봉쇄하고자 하였다. 명분은 학교의 시설과 교원의 자격 등에 대한 요구사항이 일제의 기준에 미치지 못하면 인가를 주지 않고 결국 학교의 문을 닫겠다는 취지였는데, 이는 교육의 질적 향상에 의도가 있었던 것이 아니라 그나마도 심각하게 부족한 교육기관들을 아예 말살시켜 우민화된 식민지인을 만들려는 의도였다. 민족교육이나 신앙교육이 강점기 교육에 저해가 된다고 보았기 때문에 "충량한 황국신민 양성"이라는 일제의 국민교육정책에 반하는 기독교계 사립학교들을 정리하고 일제가 제국주의 국가교육을 독점적으로 시행하기 위한 방안이었던 것이다. 일제의 신사참배 강요 역시 같은 맥락에서 이루어졌다. 이에 불응하는 기독교계 학교들에 대하여 폐교를 단행하고자 하였는데, 장로교 선교사들을 중심으로 기독교계는 일제의 요구에 학교 자진폐쇄로 저항하였다. 신사참배 반대와 이에 따른 학교 자진폐쇄는 일제의 국가에 대한 신격화와 천황에 대한 우상화, 한국민족에 대한 군국주의적 지배와 통제에 맞서서 기독교 신앙의 힘과 정신적 기개, 정의에 대한 신념, 불의에 맞서는 저항의식을 단적으로 보여주었다. 이러한 기독교적 시민의식이 학교교육을 통해 민주주의적 정신에 이바지한 측면에 대해서도 주목할 필요가 있다. 해방 후 군사독재 시절에 기독학생들과 청년들이 기독학생운동으로 한국교회 복음화에 이바지하였지만 이와 함께 민주화운동에 앞장서서 한국사회 민주화에 끼친 공헌도 작지 않았다. 이들의 민주주의적 신념과 시민적 책임의식은 일제강점기와 군사독재 시기의 전체주의 교육과는 달리 기독교 복음 안에 담긴 인류보편적 정의와 자유와 평등에 대한 기독교적 가치와 가르침에서 말미암았다고 할 수 있다.

교육과 의료사업을 포함하여 기독교 선교가 근대정신에 기여한 바를 요약하자면 첫째로, 인간에 대한 사회적 차별을 극복하여 인간의 존엄성을 확립하였다. 노비와 천민계층을 비롯하여, 고아와 과부들, 장애인과 사회적 약자들은 전통적인 사회에서 소외되어 차별과 업신여김을 당하였다. 기독교는 의료와 교육을 통해 이들을 존중하고 섬김으로써 모든 인간이 "하나님의 형상"이라는 인간 존엄의 기독교적 인간관을 사회에 심어주었고, 사람 위에 사람 없고 사람 아래 사람 없다는 자유와 평등의 세계관을 구현하여 민주주의 사회의 바탕을 마련하였다.

둘째로, 여성과 어린이의 인격과 권리를 신장하였다. 유교적 가부장적 사회체제 속에서 여성과 어린이는 남성과 어른에게 종속된 존재로서 온전한 인격과 자기 결정권을 존중받지 못하고 사회적 제약과 한계 속에 머물러야 했다. 기독교는 교육을 통해 여성과 어린이에 대한 차별적 인간관을 극복하면서, 남녀평등의 사회를 발전시키고 어린이의 인권을 신장하는 데 앞장섰다. 특히 기독교 선교의 주된 초점이 여성과 어린이에 집중되어 있었고, 이들에 대한 교육이 미래세대 양육의 핵심과 건강한 가정과 사회 건설의 관건으로 이해하면서 교육선교와 사회선교를 통해 이들을 교육하고 돌보는 데 많은 노력을 기울였다.

셋째로, 미신을 타파하고 합리적이고 과학적 세계관을 형성하는 데 기여하였다. 특히 근대의학은 굿이나 정령숭배와 같이 한국사회에 뿌리내리고 있었던 미신적 습관에서 벗어나 과학적 세계관을 형성하였고, 발전된 의학지식과 기술로 많은 질병을 치료하고 생명을 연장하는 데 기여하였다. 또한 근대교육은 자연현상을 과학적으로 이해하여 전근대적 세계관을 극복하고 합리적 생활방식을 형성하였다.

넷째, 사회적 악습과 폐풍을 개혁하고 건강한 사회문화를 형성하였다. 노비제도와 조혼제도, 인신매매와 공창제도, 도박과 음주와 같은 사회적 폐풍은 기독교가 맞서 싸우며 개혁하려 했던 사회적 악습이었다. 기독교는 신앙교육과 근대교육과 함께 다양한 기독교 사회운동기관(YMCA, YWCA, WCTU 등)을 설립하여 활동하면서 사람을 노예화하고 타락시키는 사회구조와 문화를 개혁하고, 참된 인간상과 건전한 사회공동체를 형성하는데 앞장섰다.

2. 기독교와 문화선교(한글 및 언론 출판)

기독교 선교는 근대 한국문화의 발전을 견인하였다. 통일신라와 고려시대의 찬란한 문화를 불교가 견인하였고, 조선의 문화를 유교가 주도했다면, 근대한국의 문화는 기독교와 함께 성장하고 발전하였다고 말해도 과언이 아닐 것이다. 근대 한국문화 발전에 있어서 기독교의 공헌을 생각할 때 주목해야 할 부분은 한글의 대중화와 발전, 그리고 언론과 출판분야이다. 한글의 보급과 대중화는 기독교 선교의 영향이 컸다. 기독교는 "성경기독교"라 부를 만큼 성경은 한국기독교 발전의 핵심요인이었다. 기독교는 초기부터 성경을 대중언어인 한글로 번역하여 보급하였다. 선교 초기까지도 한글은 하층민의 언어였고, 지식계층은 한자 사용을 고집하였다. 정부의 문서 역시 한자를 사용하다가 갑오개혁(1895)을 기점으로 한글 사용을 표방하였지만, 오랜 한자문화의 관습을 극복하지 못하여 국한문 혼용으로 가다가 결국 한자로 회귀하기도 하였다. 한글 맞춤법이나 문법조차도 정립되지 못하던 실정이었다. 이러한 상황에서 기독교 선교사들이 성경을 한글로 번역한 뜻에는 하층민까지도 읽을 수 있도록 하기 위한 이유가 있었고, 그리하여 한국사회의 가장 낮은 곳에까지 기독교 복음의 영향력이 미치게 하기 위한 목적이 있었다. 그러나 그들의 목적과 기대를 넘어, 한글로 번역 출간된 성경은 기독교 신앙의 전파뿐만 아니라 우리말 보급의 역할까지도 하였다. 그리하여 한국 근대문학의 주요 인물이었던 이광수는 기독교인은 아니었지만, 한글 발전에 기독교가 끼친 영향을 높이 평가하면서 1917년 그의 글에서 이렇게 말하였다. "한글도 글이라는 생각을 조선인에게 준 것은 실로 야소교회(예수교회)외다. 귀중한 신구약과 찬송가가 한글로 번역되어 한글의 권위가 생기고 또 보급된 것이요. … 만일 후일에 조선문학이 건설된다면 그 문학사의 제일항에는 신구약의 번역이 기록될 것이외다."

한글로 된 성경을 보급하는 것뿐 아니라, 1930년까지도 문맹률이 78%에 이르고 있었던 상황에서 한글을 가르치는 일도 기독교 선교의 중요한 과제였다. 그리하여 교회학교와 주일학교에서 성경교육과 함께 한글교육이 필수적으로 이루어졌다. 당시 기독교회는 일제의 한글사용금지의 정책에 맞서며 사명감을 가지고 한글을 가르치고 보급해야 할 것을 역설하였다. 당시 대표적인 기독교 신문인 『기독신보』는 1926년 11월에 "한글과 기독교"라는 글에서 "씨를 뿌린 이는 세종대왕이요 물을 주고 북돋어 배양한 이는 기독교회"라고 말하면서 "근본부터 멸절을 하려는 위협을 당하는" 우리글과 말을 살리기 위해 기독교회는 사명감을 가지고 한글을 가르쳐야 한다고 역설하였다. 기독교는 "평민의 복음"을 추구하는 "민중의 종교"임을 역설하면서 "이 글을 들고 이 복음 가지고 민중에게로 가자. 민중이 없이는 글이고 종교고 다 존재 의의가 없다. … 이 마른 배달의 해골들에게 이 글의 살을 붙이고 이 복음의 피를 부어 삶이 있게 할지어나"라고 상엄하게 선언하였다. 기독교는 소외되고 외면당하던 한글에 힘과 권위를 불어넣고, 일제의 암울한 시기에 압살

당하여 죽어가는 한글에 활력과 생명을 주어 우리의 얼과 삶을 담아내는 글로써 살아 숨 쉬게 하였다. 생명의 말씀인 성경을 우리의 글로 담아 전달하여, 사회와 문화로부터 소외당하는 사람들과 정신적으로 육체적으로 죽어가던 민족에게 "피와 살"을 공급하고 영혼에 생명을 불어넣었다.

한글 외에도 언론과 출판에도 기독교는 커다란 공헌을 하였다. 기독교인 서재필은 순 우리말로 된 『독립신문』을 창간하여(1896) 국내외에서 일어나고 있는 소식을 바르고 정확하게 알려서 민중을 계몽하고 국민주권과 국민참정권에 기반한 민주적 사회를 이루기 위한 기초를 마련하고자 하였다. 최초의 민간신문이기도 했던 독립신문은 우리나라 신문사상 신기원을 이루었고, 다른 많은 신문들의 창간에 자극을 주었다. 또한 1897년 4월에는 미국 북장로회 선교사 언더우드에 의해 순 우리말로 된 『그리스도신문』이 창간되었고, 기독교에 관한 소식뿐만 아니라 국내외 뉴스와 농업과 과학기술, 문화와 유명 서적 번역소개도 들어 있어서 다양한 읽을거리를 제공하고, 일반 대중들의 세계관과 문화의식을 높여주는 역할을 하였다. 이보다 조금 앞선 1897년 2월에 미국 북감리회 선교사 아펜젤러에 의해 선교와 대중 계몽을 목적으로 한 『조선크리스도인회보』가 창간되었고, 그해 12월에 『대한크리스도인회보』로, 1905년에는 다시 『그리스도회보』로 이름을 바꾸었다. 1915년에는 장로교의 『그리스도신문』과 감리교의 『그리스도회보』가 통합되어 장로교와 감리교 연합 신문인 『기독신보』가 창간되었고, 일제말기 언론 통폐합으로 폐간될 때까지 기독교 주류 언론으로 교계 소식과 국내외 소식, 문화와 사회문제 등을 깊이 있게 다루면서 교회와 사회에 많은 영향을 끼쳤다.

신문 외에도 기독교는 많은 잡지들을 창간하여 사회적 인식과 전문적 지식의 심화에 기여하였는데, 대표적으로 감리교에서 1900년에 창간한 한국 최초의 신학잡지 『신학월보』가 있었고, 1916년에 창간된 협성신학교(감리교신학대학교 전신)의 신학잡지인 『신학세계』(1916-1940)와 병합되었다. 평양 장로회신학교에서도 1918년에 신학잡지인 『신학지남』(1918-1940)을 창간하였다. 전문적인 신학잡지 외에도 기독청년회에서 발행한 『청년』(1921-1941)이 있었으며, 다양한 사조와 시대의 문제들을 조명하며 기독교적 인식과 대응에 관한 깊이 있는 논술들이 게재되었다. 아동잡지도 창간되었는데, 1926년에 조선주일학교연합회에서 발간한 『아희생활』(『아이생활』, 1926-1944)이 있었고, 농민들에게 기독교 복음을 전하면서도 과학적 농사법과 농촌사회 개선에 관한 글을 소개한 장로교총회 농촌부 발간의 『농민생활』(1929-1942)도 주목할 만하다. 이외에도 수많은 기독교계 잡지가 기독교 신앙과 전문적인 지식을 보급하면서 한국교회와 사회의 문화발전에 이바지하였다.

3. 기독교와 사회선교

기독교 선교는 복음을 전하여 영혼을 구원하는 복음화evangelization와 사회와 문화를 기독교적 세계관과 가치로 변화시키는 사회복음화 내지는 기독교 문명화Christian civilization의 측면도 지니고 있다. 성경을 번역하고 교회를 세우고 전도를 하고 주일학교에서 기독교 신앙을 가르치는 행위들이 직접적인 선교와 복음화의 영역이라면, 기독교의 교육운동, 청년운동, 여성운동, 농촌운동, 절제운동과 같은 사회문화운동들은 기독교적 가치로 사회를 변화시키는 사회선교의 영역이라고 할 수 있다. 기독교는 영혼구원에만 몰두하는 초월적, 비역사적 종교가 아니라 타락하고 암울한 사회현실과 사람을 비인간화시키는 불의한 사회악과 싸우며 사회를 개혁하는 사회적, 문화 변혁적 종교이다. 여기서는 기독교 사회운동 가운데 농촌운동에 집중해서 간략하게 살펴보고자 한다.

농촌운동은 기독교가 일제강점기 한국사회에 가장 적극적으로 참여하고 커다란 기여를 한 부분이다. 한국은 전통적으로 농촌사회였다. 급속한 경제개발을 통해 산업사회로 이행한 것은 불과 반세기에 불과하다. 특히 주권을 빼앗긴 일제강점기에는 망국(亡國)도 문제였지만 일제의 착취로 인한 열악한 농촌의 현실과 경제적 빈궁에 짓눌리며 살아가는 농촌인구들로 인한 사회적 문제가 매우 심각했다. 1925년 당시 조선인 전체 인구 가운데 83.3%가 농업에 종사하는 농촌인구였고, 또한 농촌인구의 80% 이상이 지주에 종속되어 있는 소작농으로서, 이들은 대부분이 절대적 빈곤층이었다. 당시 농촌문제는 결국 민족의 생존과 직결되는 엄중하고 심각한 문제였다. 그런데 조선농촌은 이중적인 문제에 놓여 있었다. 하나는 열악한 사회적, 문화적 조건과 경제적 궁핍이었고, 둘째는 구조적으로 농촌사회와 경제를 몰락시키는 일제의 강점기 자본주의 경제체제 아래서의 농업수탈이었다. 일제는 조선반도를 본토의 안정적 식량보급과 제국주의 확장을 위한 물자보급의 공급원으로 삼아 착취하였고, 피폐한 조선 농촌의 문제해결에는 일말의 관심조차 없었고 고통 받는 농민의 현실과 무너진 농촌사회의 개선은 염두에도 없었다. 당시 민족의 수난은 농촌문제에서 가장 현저하게 드러났고, 결국 민족의 생존은 농촌의 문제를 해결하지 않고는 불가능하다는 인식에 이르게 되었다. 따라서 민족주의자들은 농촌문제를 해결하기 위해 먼저 농민들의 계몽과 농촌사회의 문명화가 급선무라고 보고 농촌계몽운동을 활발하게 전개하였다.

이와 달리 사회주의 계열은 당시 그 숫자나 세력이 열악했던 노동자 계급에 대한 의식화보다 민족의 다수를 차지하는 농민들을 프롤레타리아 혁명을 위해 의식화하는 것이 급선무라고 보고, 농민을 조직화하여 지주에 횡포에 저항하는 소작쟁의를 확산시켜 공산혁명의 입지를 넓히고자 했다. 이와 같이 조선 농촌은 일제, 민족주의자들, 사회주의자들이 자신들의 이해관계와 이념을 위해 대립하고 투쟁하던 공간이었다.

기독교에 있어서도 농촌은 복음전도와 사회적 선교를 위해 중요한 공간이었다. 1920년대 당시 기독교회의 73%가 농촌에 있었기 때문에, 해방 이전 한국기독교는 도시종교라기보다는 농촌종교였다. 따라서 농촌의 붕괴는 기독교의 붕괴를 의미하였기 때문에, 기독교회 역시 농촌은 반드시 살리고 부흥시켜야 했고, 농촌운동에 적극적으로 나서지 않을 수 없었다. 그러한 과정에서 민족주의자들과는 협력하고 연대하였으며, 사회주의자들과는 대립하지 않을 수 없었다. 일제와는 농촌운동을 진행하면서 갈등할 수밖에 없었지만 직접적인 충돌은 피하였고, 일제의 법적, 제도적 틀 안에서 온건한 사회문화운동을 전개하였다.

기독교계는 당시에 가장 왕성하고 적극적인 농촌운동 세력이었다. 가장 앞장서서 농촌운동에 나선 기독교 세력은 YMCA(기독교청년회)였다. YMCA는 국제적 네트워크와 지원을 적극 활용하여 농촌에 대한 과학적인 사회조사를 시행하였고, 이에 따라 농촌사회 개선을 위한 구체적인 프로그램을 운영하였다. 민족주의자들과 유사하게 농민계몽을 위한 야학을 설립하고 교육을 통하여 농촌사회의 교화와 문명화를 추진하였다. 그러나 단지 교육과 의식계몽에만 머문 것이 아니라 농업협동조합을 설립하여 생산과 판매에 있어서 농민들의 이익을 보호하고 농촌경제의 활성화를 추구하였다. 또한 선진 농사기법을 도입하여 보급함으로써 농업생산량 증대를 도모하였고, 또한 벼농사와 밭농사에 의존하던 천편일률적 농업에서 벗어나 특용작물 재배나 소득을 증대시킬 수 있는 작물재배를 통해 농촌경제를 개선하고, 부업을 장려하여 경제적 빈곤에서 벗어날 수 있도록 노력하였다. YMCA 농촌운동은 상당히 성공적이었고, 기독교계에 많은 자극과 영향을 끼쳤다.

YMCA와 함께 기독교 농촌운동을 이끌었던 세력은 장로교 총회의 농촌부였다. 기독교의 사회적 책임과 사회적 선교를 강조하였던 예루살렘 국제 선교대회(1928) 이후 장로교는 총회 안에 농촌부를 설립하고 적극적으로 농촌운동을 전개하였다. 장로교 농촌운동은 크게 두 가지 방향을 잡고 있었다. 첫째는, 농촌전도를 통하여 영적으로 정신적으로 농민들을 교화시키고, 농촌사회를 정신적으로 계몽하고 개혁하는 일에 강조점을 두었다. 둘째는, 농촌문제해결에 있어서 사회경제적으로 접근하여 농업지식 보급과 농사법 교육, 병충해 방지, 농업생산성 증대를 위한 특용작물재배, 지역교회를 중심으로 신용조합을 설립하여 농촌사회의 협력과 번영을 추진하였다.

장로교 농촌부활동은 지역의 교회들과 연계하여 비교적 성공적이었다. 또한 농민지도자를 양성하여 농촌사회의 정신적, 문화적 변화와 사회경제적 번영을 주도하게 할 목적으로 고등농민학원을 설립하여 학생들을 받아 교육하였다. 이러한 이상은 안창호, 조만식을 비롯한 민족주의자들의 이상촌(예수촌)건설운동과 여러 면에서 중첩되는 기독교적 활동이라고 볼 수 있다.

이와 같은 기독교 농촌운동은 기독교의 복음을 사회문화적 활동으로 확장하여 농촌의 사회적 환경과 경제적 조건을 개선하고 개개인의 삶과 농촌사회의 기독교적 변화를 추구한 사회선교의 예로 볼 수 있다. 그러나 기독교 농촌운동은 일제의 집중적인 견제와 방해에 가로막혀 중단될 수밖에 없었다. 이는 강점기 한국사회가 지닌

구조적 한계였다.

일제의 방해로 제도적 기구적 차원의 농촌운동은 좌절되었지만, 이러한 뜻은 지속적으로 이어져 나갔다. 해방 후 장로교 농촌부 총무를 역임한 배민수 목사가 추진한 복음농민학원과 기독교연합봉사회 활동이나 김용기 장로가 설립하여 운영한 가나안농군학교는 기독교 농촌운동이 계승된 예라 할 수 있다. 박정희 정권이 추진한 새마을운동은 관제적 성격으로 인하여 일제가 농업생산력을 높이고 강점기 이데올로기로 농촌사회를 정신적으로 무장시키기 위하여 전개한 "심전개발운동"(일제의 농촌진흥운동)과 유사하였다. 그러나 농촌의 정신적 각성과 사회문화 개선과 경제개발을 위해 농촌의 지역사회공동체가 적극적으로 협력하고 참여한 측면에서는 기독교 농촌운동을 비롯한 일제강점기 농촌계몽운동의 정신을 잇고 있다고 보는데 큰 무리가 없을 것이다.

연구 및 토의 주제

1. 기독교의 핵심진리인 성육신사상에 대하여 토의해 보자. 그것이 기독교의 사회선교와 문화선교 속에서 어떠한 모습으로 나타났는가?

2. 기독교가 한국의 문화를 변화시키나 한국사회의 세계관과 가치관에 영향을 끼친 예들이 있다면 어떤 것이 있는가?

3. 기독교가 세운 학교들과 병원들이 어떻게 기독교 정신을 구현하였는지 이야기해 보자.

참고도서

1. 민경배. 『한국교회의 사회사 (1885-1945)』 서울 : 연세대학교 출판부, 2008
2. 방기중. 『복음주의와 기독교 농촌운동』 서울 : 연세대학교 출판부, 2000
3. 연규홍. 『기독교연합봉사회 50년사』 대전 : 기독교연합봉사회, 1999
4. 전택부. 『한국 기독교청년회 운동사』 서울 : 범우사, 1994
5. 조지 톰슨 브라운. 천사무엘 · 김균태 · 오승재 역. 『한국 선교 이야기: 미국 남장로교 한국 선교역사 (1892-1962)』 서울 : 동연, 2010
6. 한규무. 『일제하 한국 기독교 농촌운동』 서울 : 한국기독교역사연구소, 1997
7. Youngkeun Choi. "The Significance of Protestant Nationalism in Colonial Korea : Reviving the Nation through the Presbyterian Church of Korea" Journal of Presbyterian College and Theological Seminary, vol. 44 no. 3, October 2010

III 한국역사 속의 기독교와 한남 창학정신

기독교 정신과 활동가들

기독교는 사상과 이론만으로 전파되는 종교가 아니라 기독교인들의 사랑과 섬김, 희생과 돌봄으로 사람을 살리고 영혼을 구원하고 사회를 변화시키며 전파되는 종교이다. 예수께서 “한 알의 밀이 땅에 떨어져 죽지 않으면 한 알 그대로 있고 죽으면 많은 열매를 맺느니라”(요한복음 12:24)고 말씀하신 것처럼 기독교는 자기 희생적 섬김으로 기독교 정신을 실천한 인물들을 통해 사람과 사회를 변화시키며 선한 열매를 맺어왔다. 이 장에서는 기독교 정신을 실천한 수많은 사람들 가운데 대표적인 인물을 소개하면서, 그들의 삶이 보여주는 기독교 정신과 가르침을 이해하고, 오늘 우리의 삶 속에서 그 뜻을 이어나가며 실천할 수 있는 내용은 무엇인지 배우고자 한다.

1. 남장로회 의료선교사 포사이드 (Wylie H. Forsythe, 1873-1918)

포사이드는 1873년에 켄터키에서 태어났으며, 어려서 일찍이 아버지를 여의고 어머니 밑에서 자라났다. 어머니Adelia S. Forsythe는 자녀들의 공부를 위해서 미주리 풀턴으로 이사했고, 포사이드는 그

곳에 있는 웨스트민스터대학을 졸업했다. 포사이드는 의료선교사의 꿈을 키우며 켄터기 루이빌의과대학에 입학하였고, 어머니도 그의 여동생Jean M. Forsythe과 함께 켄터키로 이주하여 그의 의학공부를 뒷바라지하였다. 그는 의대졸업 후 군의관으로 미국-스페인전쟁에 참전하였고, 그 후 켄터키에서 병원을 개업하였다. 전주에 설립한 남장로교 병원(전주 예수병원)은 의사선교사를 필요로 하는 상황이었고, 포사이드는 예전부터 꿈꾸던 의료선교사의 꿈을 실현하기 위해 한국선교사로 자원하였다. 의사로서 성공이 보장된 편안한 길을 뒤로 하고, 선교의 열정을 품고 미지의 척박한 땅인 한국에 1904년 9월에 들어왔다.

전주에서 사역을 시작한 포사이드는 병원일을 맡아 보면서도 인근의 버려진 아이들을 돌보는 일에 자원하였다. 그는 사비를 들여 고아들을 돌보는 일을 하였다. 전주에서 의료선교를 하던 포사이드는 커다란 어려움에 봉착하게 되었다. 진료를 위해 왕진을 나갔다가 강도들의 공격을 받아 거의 죽음 직전의 상태에 이르게 되었고, 이후로도 심각한 후유증에 시달려야 했다. 그는 자신의 몸을 돌보아야 하는 상황에서도 의료선교와 복음전도에 매진하다가 건강이 악화되어 미국에 돌아가 병을 치료해야 했다. 1906년부터 1909년까지 미국에 머물며 치료를 받는 동안, 그는 한국선교를 알리고 선교의 지원과 후원을 이끌어 내기 위한 강연과 잡지 기고활동을 하였다. 건강상의 문제가 선교의 열정을 가로 막을 수 없었던 것이다.

건강이 조금 회복되자마자 다시 한국으로 돌아온 포사이드는 목포에서 선교활동을 하였고, 그곳에 세워진 남장로회 진료소에서 진료를 맡아 보았다. 목포에서 일을 시작한 지 얼마 되지 않아 그는 광주 남장로회 병원(광주 제중병원) 의료선교사 윌슨Robert M. Wilson으로부터 동료선교사 오웬Clement C. Owen, 1867-1909의 생명이 위독하니

빨리 와서 도와달라는 급전을 받고 광주로 달려가게 되었다. 오웬은 의사이자 목사로서 불철주야 순회전도에 매진하다가 과로로 건강을 상실하였고, 결국 먼 시골지역에 순회전도를 하던 중 급성폐렴으로 갑자기 쓰러져 사경을 해매고 있었다. 말을 타고 광주로 향하던 포사이드는 피투성이에 고름으로 뒤범벅이 되어 길거리에 버려진 여성 한센병 환자를 발견하게 되었다. 그는 그녀를 자신의 말에 태우고 자신은 걸어서 광주 선교본부로 데려갔다. 동료선교사가 위급하여 지체할 겨를 없이 달려가야 하는 상황에서 그는 한센병 환자를 돕기 위해 시간을 지체하였던 것이다. 그에게는 동료의 생명도 위급하고 중한 것이었지만 길거리에 버려진 한센병 여인의 생명도 똑같이 소중하였고, 그래서 급하다는 이유로 외면할 수 없었던 것이다. 포사이드가 그녀를 데리고 광주에 도착하였을 때, 오웬은 이미 숨을 거둔 후였다. 포사이드가 피고름이 뒤범벅된 여인을 두 손으로 안아서 말에서 내리는 모습을 지켜본 사람(이후 광주의 성자로 한센인들의 아버지로 알려진 최흥종 목사)은 이에 커다란 충격과 감동을 받아 신앙과 삶의 전환점을 맞게 되었다. 이 일이 계기가 되어 광주에 한센병 환자 치료소가 설치되었다. 이는 우리나라에서 한센병 환자의 치료의 선구적인 계기가 되었다.

기독교의 사랑은 말과 이론으로 나타나는 것이 아니라 "선한 사마리아인"처럼 동료가 죽어가는 상황에서도 길에 버려진 한센병 환자를 지극정성으로 보살피는 사랑과 섬김에서 드러나는 것이다. 이것이 기독교가 사람들의 마음과 사회에 던지는 충격적인 감동이자 지울 수 없는 교훈이었다.

포사이드는 의료선교와 복음전도에 있어서 혼신의 힘을 다 쏟았다. 그는 그의 여동생Jean M. Forsythe을 한국선교사로 초청하여 목포에서 함께 사역하였다. 그러던 중 1911년 포사이드는 쇠약해진 몸에 과로가 중첩되어 스프루에 감염되었고 건강을 완전히 상실하여 미국으로 떠나야 했다. 그는 미국으로 돌아가 치료를 받으면서도 기회가 닿는 대로 강연과 기고를 통해 한국선교를 부르짖었다. 그러다가 1918년 5월 9일에 사랑하는 어머니와 여동생을 떠나 하나님의 부르심을 받았다. 그는 평생 독신으로 자신의 삶을 다해 하나님을 섬기며 소외되고 버려진 사람들을 자신의 몸처럼 돌보며 살아갔던 참된 사랑의 성자라 할 수 있을 것이다.

2. 남장로회 여성선교사 쉐핑 (Elizabeth J. Shepping, 1880-1934)

엘리자베스 쉐핑(한국명 서서평)은 독일계 미국인으로서 미국 남장로회 의료선교사로 1912년에 내한하여 1934년 전남 광주에서 생을 마칠 때까지 한국선교에 헌신한 독신여성 선교사이다. 그녀가 죽었을 때, 광주지역의 첫 사회장(社會葬)으로 거행되었으며, 그녀의 삶이 당시 『동아일보』에 "보리밥, 된장국과 고무신 끌고 생활 : 자기 몸과 재산을 돌보지 않고 전심전력(全心全力)을 교육, 자선에"라는 기사(1934년 6월 28일자)로 자세히 소개된 것을 볼 때, 그녀의 삶과 선교가 당시 한국사회에 끼친 영향과 감동의 크기를 짐작할 수 있다. 간호사로 의료선교에 매진하면서도 전도와 교육사업에 앞장섰고, 특히 고아들과 인신매매로 팔려간 여성들을 구제하고 돌보는 일에 많은 힘을 쏟았으며, 거지들과 가난한 사람들과 한센병 환자들을 위한 사회봉사에도 최선을 다하였다. 독신여성이었으나 예수와 결혼하고 가난한 이들의 어머니로 살았던 쉐핑은 실제로 14명의 버려진 아이들을 입양하여 양육하면서 그리스도의 사랑을 보여주는 "작은 예수"와 "빈민(貧民)의 어머니"였다. 거기에다 한국

간호협회를 창설하여 초대 회장을 지내면서, 한국에서 간호사 양성에도 커다란 공헌을 하였다. 과로로 인해 스프루에 감염되어 건강을 잃었음에도 불구하고 충분한 휴식을 취하지 못하고 선교에 매달렸다. 적은 선교사 월급을 다 털어 스스로 가난하게 살면서도 여성들을 위한 학교(이일학교)를 설립하여 운영하고 가난한 이들을 돌보았고, 마침내 과로와 영양실조로 죽음에 이른 그의 삶은 한마디로 지극한 사랑과 섬김의 삶, 십자가적 자기 희생의 삶이라고 부를 수 있다. 도대체 무엇이 그녀로 하여금 이와 같은 고귀한 사랑과 섬김의 삶을 살게 하였을까?

불우한 어린 시절의 아픈 경험이 쉐핑에게 약자에 대한 이해와 돌봄을 체질화했으며 그 속에서 발견한 그리스도의 사랑이 그녀를 선교사의 삶으로 이끌어 그리스도의 사랑을 전하며 사회적 약자들을 위해 살게 한 원동력이었다. 쉐핑은 1880년 9월 26일에 독일 어느 마을에서 출생하였다. 어느 마을에서 태어났는지 부모가 누구였는지 정확하게 알려져 있지 않을 만큼 그녀의 출생과 성장은 질곡이 많았다. 쉐핑이 아이였을 때 아버지가 돌아가셨고, 홀로된 어머니는 할머니에게 쉐핑을 맡기고 홀로 미국으로 떠났다. 할머니와 함께 살던 쉐핑은 어려서부터 외톨이였으며, 학교에서도 따돌림과 멸시를 당하여서 마음의 상처가 많았다. 그러다가 할머니마저 돌아가시자 쉐핑은 어머니의 주소 하나만을 가지고 독일에서 미국 뉴욕으로 배를 타고 혈혈단신으로 어머니를 찾아 갔다. 어머니와 재회한 쉐핑은 어머니로부터 따뜻한 돌봄을 받지 못했던 것 같다. 뉴욕에서 고등학교를 졸업하고 곧바로 간호사 양성학교에 입학하였다. 그녀는 정규 대학교육조차 받지 못하였지만, 간호사로서 남을 돕는 삶을 살고자 했다. 그러던 중 쉐핑은 동료 간호사의 권유로 교회에 나가게 되었고, 그곳에서 자신의 외롭고 힘든 삶을 위로하시는 예수 그리스도의 사랑과 은혜를 깊이 체험하며 삶의 전환점을 맞게 되었다. 간호학교를 졸업한 후 그녀는 뉴욕의 성경신학교에 입학하여 전도자의 꿈을 키웠다. 간호사로서 전도자로서 가난하고 불쌍한 사람들을 돌보며 예수의 사랑을 전하는 삶을 살고 싶다는 것이 그녀의 간절한 소원이었다. 쉐핑이 선교사로 부름을 받은 곳이 한국이었다. 한국에 병으로 가난으로 죽어가는 많은 사람들이 있으니 와서 도우라는 간절한 호소를 듣고, 그녀는 자기가 하나님께 쓰임 받을 수만 있다면 기꺼이 가겠노라 작정하고 1912년 2월에 미국 남장로회 선교사로 자원하여 한국에 들어왔다.

쉐핑은 초기(1912-1919)에는 광주의 제중병원, 군산의 구암 예수교병원, 서울의 세브란스병원에서 간호사로 환자를 돌보며 의료선교에 전력을 다하였다. 특히 서울의 세브란스병원에서는 간호학교 책임을 맡아서 간호사를 길러냈다. 자신의 몸을 돌보지 않고 전심전력 일하였기 때문에 건강이 많이 상하였고, 그리하여 병(스프루)을 얻어 병원일을 멈추고 쉬어야 했다. 쉐핑은 광주로 와서 전도와 교육사업, 여성사역과 구제사역에 힘을 기울였다. 특히 그녀가 관심을 기울였던 일은 버려진 여성들, 인신매매로 팔려간 소녀들을 구출하여 복음을 전하고 교육하며 교회의 여성지도자로 훈련시키는 사역이었다. 쉐핑은 학령이 지난 여성들이 성경을 배우고 직업을 훈련할 수 있는 이일학교를 설립하여 운영하였다. 1922년 6월 2일에 광주의 낡은 막사에서 여성들에게 성경을 가르치는 성경공부로부터 시작한 이일학교는 1925년부터는 성경과와 일반과를 두고 운영하면서 본격적인 학교로 발전하였다. 1926년에는 로이스 니일Lois Neel이 희사한 기금을 가지고 학교건물을 신축하면서 기부자의 이름을 따서 "이일학교"라고 이름을 지었다. 이 학교는 쉐핑이 전적으로 자기 책임 하에 운영하는 학교였다. 쉐핑이 선교사로서 받는 봉급의 대부분이 학교 운영에 들어갔고, 후원을 받기도 하였으며, 학교 학생들이 책상보, 손수건, 책보나 인형을 만들어 이것을 미국교회의 독지가들에게 판매하여 얻은 자금으로 학교를 운영하였다.

쉐핑은 이일학교에서 여성들을 한국교회 여성지도자로 훈련시켰다. 그들은 전도부인과 주일학교를 운영하는 지도자가 되었고 이후 여성조력회라는 교회여성조직을 만들어 여성들이 교회를 중심으로 다양한 활동을 이끌며 여성리더십을 발휘하게 하였다. 또한 사회적 약자였던 여성들이 사회지도자로서 공창제도나 음주 흡연과 같은 사회의 폐풍과 악습과 싸우며 건강한 사회를 만들어 나가는 데 앞장서게 하였다. 쉐핑은 "여성이 나라와 민족의 미래"라고 보았고 여성교육을 통해 사회가 발전하고 민족의 밝은 미래가 만들어 질 수 있다고 강조하였다. 이일학교는 이후 전주의 한예정신학교와 합쳐져서 오늘날 한일장신대학교의 모체가 되었다.

쉐핑은 과로와 영양실조로 건강이 악화되어 결국 1934년 6월 26일에 짧은 생애를 마감하였다. 한국에 1912년에 들어와 잠시 제대로 된 안식년 휴가도 없이 한국인과 함께 한국인처럼 살았다. 고아와 과부의 어머니, 가난한 사람들과 소외받은 자들의 친구로 살아가면서, 그들을 섬기는 일에 혼신의 힘을 다하였다. 그녀의 장례행렬에는 "수백을 헤아리는 걸인과 나환자들이 '어머니'를 부르짖으며 뒤를 따랐다"고 한다. 거지와 한센인들이 어머니라 부르며 추모하였던 쉐핑은 예수의 십자가정신으로 지극히 작은 사람을 자기 목숨보다 사랑한 삶을 살았고, 그는 이 시대에 우리가 본받아야 할 섬김의 지도력의 사표이다.

3. 이상재(李商在, 1850-1927)

이상재 선생을 수식하는 표현은 많다. “영원한 청년”, “민족의 목자”, “시대의 예언자”, “화해의 지도자”. 그는 구한말 대한제국에서 관직에 종사하며 쓰러져가는 나라를 위해 일하였고, 서재필과 함께 독립협회의 만민공동회를 주도하며 개혁을 추구하다가 옥고를 치면서, 옥중에서 선교사들의 전도로 기독교 신앙에 감화를 받아 기독교로 개종하면서 애국지사에서 민족의 예언자요 정신적 지도자로 삶의 전환점을 맞았다. 이후 이상재는 YMCA(기독교청년회)를 중심으로 청년들에게 희망과 용기, 건강한 정신과 인격, 체력과 실력을 배양하면서 민족의 내일을 준비케 하였다. 그는 조선일보의 사장을 맡으며 이 신문이 친일계에서 민족지로 전환되도록 이끌었고, 1920년대 말 신간회 창립을 주도하면서 민족진영 사이에 좌우 대립을 극복하고 화해와 협력을 도모하였다. 대한제국의 패망과 일제강점기의 암울했던 시대, 희망을 찾을 수 없었던 절망의 시대에 이상재는 시대를 열어갈 빛과 길을 제시하며 젊은이들을 이끌었고, 민족을 인도하였다. 그의 삶을 간략히 더듬어본다.

이상재는 1850년 11월 25일 충남 한산군(현 서천군 한산면)에서 태어났다. 그의 가문은 대대로 가난한 선비의 집안이었고, 가정은 매우 빈곤하였다. 그럼에도 불구하고 그의 부친은 교육열이 뛰어나 이상재는 어려서부터 공부를 열심히 하였다. 과거에 응시하였지만 낙방하였고, 그러던 와중에 집안 어른의 천거로 당시 승정원 승지였던 박정양의 개인비서로 일하게 되면서 정계에 발을 들여놓게 되었다. 그는 1881년에 박정양을 수행하여 일본의 신사유람단 일원으로 다녀오면서 견문을 넓혔고, 1887년에는 박정양이 미국전권대사로 워싱턴 D.C.를 방문하여 클리블랜드 대통령을 예방하여 고종

임금의 친서를 전달할 때 이상재도 일원으로 참가하여 넓은 세상에서 한국을 바라보는 기회를 가질 수 있었다. 서재필에 의해 1896년부터 시작된 독립협회의 활동을 통해 이상재는 문명개화를 통해 사회를 개혁하고 거기에 나라가 살 길이 있다고 보았다. 그리하여 독립협회가 주관하는 만민공동회에 적극적으로 참여하여 정치개혁과 사회개혁을 위한 연설을 하였다. 만민공동회는 시민들의 주도적인 참여로 시민운동의 성격으로 발전해 나가고 있었다. 그러나 수구세력들에게 독립협회 활동은 매우 도전적이고, 자신들의 정치적 이해에 심각한 위협으로 인식되었다. 그들은 독립협회 활동을 조정을 전복하고 공화국을 세우기 위한 모반이라고 왕을 설득하여 모임을 해산시키고 관계자들을 대대적으로 잡아들였다. 이러한 과정에서 이상재도 한성감옥에서 옥고를 치렀다.

옥고(獄苦)의 기간은 이상재가 새로운 세계의 눈을 뜨는 영적 각성의 시간이 되었다. 이전의 애국지사가 민족의 예언자요 정신적 지도자로 변화되는 계기가 되었다. 아펜젤러, 언더우드, 게일, 에비슨, 벙커, 헐버트 등의 선교사들이 옥에 갇힌 개화지식인들에게 복음을 전하였고, 많은 이들이 기독교 신앙을 받아들이면서 엘리트 지성인들이 기독교에 들어오는 중요한 계기가 되었다. 기독교 신앙에 깨달음을 얻지 못하던 이상재도 감옥에서 신약 요한복음을 읽으면서 영적인 각성을 얻었다. 감옥에서의 신앙체험은 그로 하여금 민족을 위해 기독교의 진리를 가지고 헌신해야 할 새로운 사명을 발견하게 하였다. 1904년 석방 후 이상재는 기독교회(연동교회)에 찾아가 신앙생활을 시작하였고, 그를 기독교로 인도한 헐버트와 게일의 주선으로 1903년에 창설된 YMCA에서 일하게 되었다. 이상재는 이곳에서 교육부 위원장을 맡아 청년교육을 주관하게 되었다. 성경반에서 지식계층의 젊은이들에게 성경을 가르치며 그리스도에게로 인도하였다. 이상재의 주도 아래 YMCA는 양반이나 상류계층 청년들이 기독교에 입교하고 서양문물을 통해 지식과 교양을 쌓아가는 통로와 전국적 민족운동의 기관으로 발전하였다. 일제 강점기에 접어들면서, 나라가 망하고 식민지배를 당하여도, 신앙과 교육을 통해 민족의 정신을 세워나가고 힘을 길러가는 민족정신의 중추와 핵심세력이 이러한 과정을 통해 형성된 것이었다. YMCA의 교육은 신앙교육과 더불어 건강한 인격을 세우는 덕육(德育), 지식 계발을 통해 역사와 시대를 보는 안목을 키우고 이용후생(利用厚生)의 도리를 깨우치는 지육(智育), 스포츠 경기와 운동, 무술연마를 통해 건강한 신체를 단련하는 체육(體育)을 강조하였고, 이와 함께 실업교육과 직업교육을 실시하여 실질적인 삶의 개선과 민족의 힘을 키우고자 하였다. 이러한 원대한 기상과 실용적인 안목이 이상재를 통해 구현되었다. 일제는 이러한 YMCA를 해체하고 일본의 조직 아래 두고자 하였으나, 이상재는 그러한 방해와 모략을 용기와 지혜로 헤쳐 나가며 기관의 독립성과 정신을 지켜냈다.

삼일운동 이후 상해 임시정부가 세워졌을 때에 이상재는 임시정부에서 함께 일하자는 권면을 여러 차례 받았다. 그러나 그는 그것도 중요하지만, 자신마저 고통 받는 동포들의 곁을 떠난다면 너무 불쌍하지 않느냐며 이를 고사하였고, 일제의 모진 감시와 탄압에 굴하지 않고, 이 땅에서 민족운동을 전개해 나갔다. 삼일운동 후에 민족적인 패배감과 회의주의가 팽배해 있을 때에 이상재는 민족정신을 지도해 나갈 지도자를 양성하기 위해 민립대학 설립을 추진하였다. 민립대학기성회를 조직하고 회장을 맡아 조선인의 힘으로 세운 조선인의 대학을 세울 계획을 실행에 옮기고자 하였다. 그러나 일제는 경성제국대학을 설립하여 이 운동을 가로막았다. 이상재는 1924년에 조선일보 사장으로 추대되었다. 친일계가 운영하던 신문을 민족 정론지로 발전하기 위해 이상재를 사장으로 영입하였고, 이상재는 강점기 한국사회에서 민족의 정신과 호흡을 불어넣는 민족지의 역할을 수행하기 위해 책임감을 가지고 일하였다. 일제의 분열통치로 인하여 민족진영의 갈등이 조장되고 있을 때, 이를 극복하기 위한 민족협동전선(좌우합작)의 일환으로 민족단일당 설립이 추진되고 있었고, 1927년에 신간회가 설립되었다. 이상재는 신간회 회장으로 선임되었는데, 그가 민족의 갈등을 극복하고 좌우(사회주의 세력과 민족주의 세력)를 아우를 수 있는 정신적 지도자로 사람들에게 인식되고 있었다는 것을 보여주는 결정적인 예라고 할 수 있다. 그러나 이상재는 노환으로 인해 거동을 하지 못하였고, 1927년 3월 30일에 세상을 떠났다. 당시 이상재의 죽음은 민족운동의 큰 손실이었고, 민족 전체의 아픔이었다. 그의 장례는 사회장(社會葬)으로 많은 시민들의 애도 속에 진행되었고, 각계각층의 다양한 사람들이 그의 죽음 앞에서 하나의 모습으로 그를 추모하였다. 일제의 암흑기를 신앙의 빛으로, 인격적 고매함과 정신적 힘으로, 민족에게 희망의 길을 비추어주었던 그는 영원한 청년으로 우리의 기억 속에 살아있다.

4. 조만식 (曺晩植, 1883-1950?)

"한국의 간디"라고 불리는 조만식은 간디의 비폭력 문화투쟁운동에 영향을 받아 그와 같은 비폭력, 불복종운동을 기독교적 정신에 입각하여 한국에서 전개한 민족의 지도자였다. 그는 YMCA 활동을 통한 기독교청년운동을 시작으로 오산학교와 숭인학교 교장을 맡아 섬기면서 교육을 통해 민족의 정신을 바로 세우며 인재를 양성하였고, 물산장려운동을 전개하면서 민족자본을 형성하여 독립을 위한 경제적 토대를 마련하고자 하였고, 기독교농촌연구회를 지도하면서 피폐된 한국의 농촌사회를 영적으로 사회문화적으로 개선하여 민족의 재건을 추구하였고, 조선일보 사장으로 일하면서 민족의 지성을 깨우고 여론을 형성하여 바른 생각과 실천을 도모하고자 하였다. 해방 후 북한에서 조선민주당을 창당하여 민주주의 원리에 따른 사회를 건설하고자 노력하였으나 김일성 주도의 공산당 세력에 의해 철저히 배척당하였고, 사망에 관한 사실관계들은 정확하게 밝혀져 있지 않으나 한국전쟁 와중에 공산당에 의해 처형되었을 것이라 사료된다. 그의 삶은 민족과 함께 고난을 당하며 민족의 삶의 길을 개척해 나간 참된 지도자의 길이었다.

조만식은 1883년 2월 1일 평안남도 강서군 반석면에서 외아들로 태어났다. 교육열이 높은 아버지의 영향으로 어려서부터 서당에서 공부를 하였고 상업에 종사하던 아버지의 권유로 15세의 나이에 평양에서 장사를 시작하여, 포목점과 지물점을 열어 운영하면서 상업적 재능을 발휘하였다. 술을 좋아하여 술고래라는 말을 들을 만큼 술에 찌들어 살다가 서당에서 함께 공부하던 친구(한정교)의 권유로 기독교에 입문하게 되었고, 장로교 선교사들이 평양에 세운 근대교육기관인 숭실학교에 입학하여 근대학문을 공부하면서 자연히 술을 끊고 기독교 신앙과 학문에 몰두하였다. 1908년에 숭실학교를 졸업하고 보다 깊은 지식을 탐구하기 위해 일본으로 유학을 떠났다. 도쿄에 도착하여 세이소쿠 영어학교에 입학하여 영어와 일본어 등을 배우며 대학입학을 준비하였고, 1910년에는 도쿄의 명문, 메이지대학(明治大學) 법학부에 입학했다. 도쿄에서 유학을 하면서 YMCA를 중심으로 한인학생들을 모아 함께 예배를 드리며 신앙생활을 하였고, 이러한 활동의 결과로 동경한인교회가 설립되었다. 미국 유학을 꿈꾸던 조만식은 나라가 일제에 병합되어 어려움에 처한 것을 보고, 유학의 꿈을 접고, 1913년에 메이지대학을 졸업한 후 곧바로 귀국하였다. 민족을 위한 봉사를 마음에 두고 있었기 때문이었다.

귀국 후 조만식은 이승훈이 민족교육을 위해 평안북도 정주에 세운 오산학교의 교사로 초빙을 받았다. 철저한 기독교 신앙의 바탕위에서 근면하고 검소하게 생활하면서 학생들에게 바른 삶을 가르치며 살아있는 모범이 되었고, 엄격하면서도 부드럽고 자상한 선생으로 학생들에게 커다란 영향을 끼쳤다. 2년 후에는 오산학교 교장으로 임명되어, 학교 발전을 위해 많은 공헌을 하였고, 민족을 위해 헌신할 미래의 일군들을 양성하였다. 단지 교장뿐만 아니라 교목의 역할을 하면서, 채플시간에 감동적인 설교로 학생들의 신앙과 민족정신을 바로 세웠다. 한국의 대표적인 목회자인 한경직도 오산학교에서 조만식의 가르침을 받아 신앙과 삶의 기초가 세워진 인물이었다. 1919년 삼일운동 이후, 조만식은 오산학교 교장을 사임하고 상해 임시정부로 건너가 민족운동에 전적으로 투신하고자 하였지만, 망명 도중 체포되어 옥고를 치르게 되었다. 감옥에서의 시련은 그에게 삶의 방향을 결정하는 계기가 되었는데, 나라와 동포를 떠나지 않고 바로 이 땅에서 동포들과 함께 민족운동을 전개하는 것이었다 비폭력을 지향하면서 사회문화운동과 종교를 통해 일제에 저항하며 독립을 지향하는 기독교 문화운동이었다.

조만식은 1921년에 평양 YMCA 총무로 취임하여 1932년까지 일하면서 그의 민족운동을 전개해 나갔다. 경제운동 차원으로 1922년에 조선물산장려회를 조직하여 "내 살림 내 것으로"라는 표어를 내걸며 근면과 검소, 경제 자립과 민족경제의 발전을 추구하였다. 이것은 일제강점기 공간 안에서 합법적이고 온건한 운동이었지만 강력하고 실질적인 민족운동이 되었다. 평양에서 시작된 물산장려운동은 서울을 비롯하여 전국적인 운동으로 확대되었다. 청년들의 정신을 깨우고 이들을 민족의 지도자로 양성하기 위한 청년운동 역시 조만식의 주된 민족운동 가운데 하나였다. 기독교 복음에 입각하여 정신과 인격을 수양하고, 민족을 위한 봉사를 위해 희생적 자세로 실천하는 것이 민족의 회복을 위해 무엇보다 중요한 요소라고 강조하였다. 소위 "복음주의, 인격주의, 실행주의"가 조만식이 강조하는 기독교 민족운동의 핵심이었다. 이러한 정신을 함양한 민족 지도자 양성은 청년운동의 핵심이었고, 1928년에 평양신학교와 숭실전문 학생들을 중심으로 조직되어 조만식이 지도한 기독교농촌연구회가 추구하는 농촌운동의 핵심 과제도 농촌사회를 이끌어 나갈 복음주의적 지도자 양성에 초점이 있었다. 지역사회문화를 고양하기 위해서 조만식은 지역의 유지들의 희사금을 모아, 1926년에 청년들이 모여 집회를 열고 토론할 수 있는 공간인 공회당("백선행기념관")을 건립하였고, 1931년에는 "인정도서관"을 세웠다. 민족의 화합과 협력을 강조하였던 조만식은 좌우합작을 통한 민족연합전선의 결과로 1927년에 창립된 신간회 활동에도 적극적으로 참여하였다. 일본 유학시절부터 조선유학생들이 지역감정을 내세워 파당을 지어 분열하는 것을 비판하였고 "고향을 묻지 말라"하면서 민족의 단합과 협력을 강조하였다. 신간회 활동은 지역을 넘어서 좌우이념이 민족을 분열시키는 장벽이 되어서는 안 된다는 신념이 잘 나타났고, 조만식의 삶과 사상의 핵심인 화해의 정신이 잘 드러내는 대목이었다. 1932년에는 평양 YMCA 총무직을 사임하고 조선일보 사장으로 취임하였다. 민족의 정론을 형성하고 그것으로 민족의 길을 모색해 가려는 의지가 담겨 있었다. 그런데 조선일보의 경영상태는 매우 열악한 지경에 놓여 있었다. 조만식은 당시 광산업으로 크게 성공한 자본가 방응모의 출자를 받아 조선일보를 주식회사로 발전시키고 신문사 경영상태를 정상화시켰고, 이어 사장 자리를 방응모에게 넘겨주고 물러났다. 이처럼 조만식의 민족운동의 범위는 종교, 교육, 청년, 경제, 농촌, 언론, 문화로 다양하였고, 그는 절망적이었던 일제강점기에 비전을 품고 민족의 내일을 당당하게 개척한 위대한 지도자였다.

일제가 무리한 확장전쟁에 광분하다가 결국 혹독한 대가를 치르고 멸망당하면서 해방이 너무나 갑작스레 찾아왔다. 해방을 맞았지만, 민족은 남과 북으로 찢겨져 미국과 소련의 지배 아래 놓인 채 스스로의 길을 개척하지 못하고 있었다. 조만식은 신탁통치를 반대하며 민족의 독자적인 생존을 강조하였고, 남과 북이 하나가 되어 혼란을 극복하고 독립적이고 민주적인 통일국가를 세우기를 열망하였다. 이러한 꿈을 실현하기 위해 그는 북한에 김일성이 소련의 막강한 지원을 받아 권력을 장악하는 혼란 상황 속에서도 1945년 11월 3일에 평양에서 조선민주당을 창당하고 정치활동을 펴나갔다. 자연히 이러한 조만식의 정치 행보가 소련과 김일성 세력의 진로에 상당한 부담과 장애가 되었고, 공산당의 계속되는 압박 속에서 생존의 위협을 느끼면서도 그는 월남하라는 주변의 권유를 단호히 물리치고 통일조국을 이루기 위한 사명을 감당하기 위해 평양에서 분투하였다. 그러다 마침내 1946년에 소련군에 의해 고려호텔에 억류되어 외부와의 접촉이 완전히 차단되었고, 이후 소식이 끊어지게 되었다. 결국 한국전쟁의 와중에 처형된 것으로 보인다. 조만식의 최후는 기독교적 신념에서 비롯된 민주주의 국가 건설을 위해 자신의 몸을 하나님과 민족 앞에 희생제물로 아낌없이 바친 순교자의 길이었다. 그의 고귀한 신앙과 민족정신, 자기 희생적 헌신으로 민족을 살리고자 하였던 삶은 이 시대가 필요로 하는 참된 지도자의 상이요, 한국사회의 궁극적 과제인 민족통일과 민주주의 발전을 위해 본받아야 할 모습이다.

5. 손양원 (孫良源, 1902-1950)

“사랑의 성자”라는 수식어는 손양원 목사를 묘사하는 가장 간결하고 강력한 표현일 것이다. 손양원 목사는 세상으로부터 버려진 한센병 환자들을 그리스도의 사랑으로 섬김으로써 이웃을 자신의 몸보다 더 사랑하는 삶을 살았고, 자신의 두 아들을 죽인 공산주의자 청년을 용서하고 양자로 맞아 품어줌으로써 원수를 사랑하라는 그리스도의 말씀을 실천하였다. 그는 이처럼 불가능해 보이는 온전한 사랑의 삶을 살다가 마침내 한국전쟁 중에 그를 핍박하는 공산주의자들에게 복음을 전하다가 순교한 사랑의 성자였다. 손양원 목사는 이기적인 모습들로 일그러진 우리 사회에, 고통당하는 이웃의 아픔에 무감한 우리 사회에 어떠한 도전과 교훈을 주고 있는가?

손양원은 1902년 6월 2일 경남 함안군 칠원면에서 3남 1녀 가운데 장남으로 태어났다. 손양원은 삼일운동 때 아버지가 그 지역의 만세운동을 주도하였다는 이유로 수감되자 학업을 포기하였고, 이후 1921년에 아버지의 권유로 일본 도쿄로 건너가 스가모 중학교에 입학하여 고학으로 힘겹게 공부하였다. 1923년에 중학교를 졸업하고 돌아왔고, 1924년에는 결혼과 함께 경남신학원에 입학하여 목회자의 길을 걷기 시작하였다. 일본에서 그는 우치무라 간조에게 커다란 영향을 받으며, 성경을 깊이 연구하며 성경 말씀을 교리나 지식이 아닌 삶으로 실천하는 신앙실천의 삶을 추구하였고, 기독교 신앙의 정수인 사랑을 몸으로 실천하는 신앙을 훈련하고 체득하는 계기가 되었다. 또한 경남신학교에서 공부하며 호주장로교 선교사들과 주기철 목사의 보수적 신앙에 깊은 영향을 받았고, 현실의 위협과 폭력 앞에서 굴하지 않고 목숨을 바쳐서 신앙을 지키는 순교적 정신을 배웠다. 1926년에 경남신학교를 졸업하고 부산과 양산과 울산지역의 교회들을 섬기면서 뜨거운 설교와 기도로 목회하였고, 특히 부산의 한센병 환자들이 모여 예배하는 상애원교회를 섬긴 것이 계기가 되어 이후 그의 사역이 한센병 환자들을 돌보는 목회가 되었다.

1935년에는 깊이 있고 체계적인 신학훈련을 위해서 평양의 장로회신학교에 입학하여, 1938년에 졸업하였다. 이 시기는 한국기독교 역사에 있어서 가장 어두운 암흑기였다. 일제는 한국인들을 제국주의 확장전쟁에 동원하기 위해 정신적, 사상적으로 강력히 지배하고자 하였고, "황국신민화"라는 미명 아래 황국신민서사와 궁성요배를 강요하고, 신사참배를 강요하였다. 이를 거부하는 기독교학교를 폐쇄하고, 선교사들을 강제로 추방하고, 신사참배를 반대하는 목회자들을 협박하고 체포하고 고문하는 악행을 자행하였다. 한국교회에 대하여 강제로 신사참배를 찬성하고 지지하는 결의를 강요하였고, 회유와 협박에 굴복하여 장로교는 1938년 27차 총회에서 치욕적인 신사참배를 가결하였다. 손양원이 평양신학교를 졸업을 하던 때가 바로 이 시기였다. 신사참배를 반대하던 주기철 목사의 일사각오(一死覺悟)의 정신을 이어받고 있었던 손양원은 신사참배를 강력히 거부하였고, 비타협적 자세로 인하여 그의 목사안수 청원은 허락되지 않았다. 불의한 시대가 의로운 자를 소외시키는 "거룩한 고난"을 당하였던 것이다. 신학교를 졸업하였지만 목사안수가 거절되고 갈 곳이 없던 손양원은 1939년에 한센병 환자들을 그리스도의 사랑과 영적인 지도력으로 섬길 수 있는 진정한 목회자를 찾고 있던 여수의 애양원교회에 부임하게 되었다. 세상으로부터 소외된 애양원의 사람들은 그를 참된 목자로 맞아주었고, 손양원의 순전한 신앙과 사랑의 삶은 애양원에서 뜨겁게 타올라 불의하고 어두운 시대를 환하게 비추었다.

경상도에서 태어나 자란 손양원 목사는 전라도 여수에서 목회하면서 예수의 사랑 안에서 지역의 차별을 이미 뛰어넘었고, 한센병으로 인해 세상으로부터 멸시와 천대를 당하는 사람들을 무차별적 사랑과 거리낌 없는 섬김으로 다가가 마음의 벽을 허물었다. 일반인과 환우들로 구분된 시설들을 넘나들면서, 감염의 위험과 악취의 장애물을 허물고, 환우들의 피고름을 입으로 빨아내면서 그들을 섬겼다. 이미 손양원 안에서는 예수 그리스도의 삶이 나타나고 있었다. 신사참배를 거부하였다는 이유로 손양원은 1940년에 체포되어 광주형무소에 수감되었고, 감옥에서도 전도를 하며 신앙의 소신을 굳게 지켰다. 타협을 거부하고 신사참배를 끝까지 반대하여 종신형을 선고받고 수감 중이던 손양원은 감옥에서 해방을 맞았다. 시대의 불의가 그를 타락시키지 못하였고, 폭력과 억압이 그를 무너뜨릴 수 없었다.

해방과 함께 출옥하여 손양원은 애양원에 복귀할 수 있었고, 1946년에는 뒤늦게나마 목사 안수를 받아 늦깎이 목사가 되었다. 그러나 일제가 물러간 후에도 한국사회의 혼란과 어두움은 계속되었다. 미국과 소련의 냉전갈등이 한반도에서 충돌하는 상황에서 극심한 좌우대립과 반목이 일어나 민족이 혼란 속에 헤매고 있었다. 남한에서는 미군정의 지지를 받는 우익세력이 정권을 장악하고, 북한에서는 소련의 군사적 지지를 뒷배 삼아 좌익 공산당이 정권을 장악하면서, 북한에서는 반동분자 숙청이, 남한에서도 좌익토벌이 이루어지고 있었다. 이러한 혼란기에 1948년 10월에 공산주의에 동조하는 군인들이 일으킨 여순반란이 발생하였고, 이 와중에 손양원 목사의 두 아들, 동인과 동신이 좌익계 청년에 의해 총살당하는 비극이 일어났다. 손양원 목사의 비극은 당시 민족이 겪던 이념대립과 동족상잔의 참상을 축약적으로 보여주는 아픔이었다. 두 아들의 장례를 마치고 돌아온 손양원 목사는 "아홉 가지 감사문"이라는 기도를 썼다. 그리고는 그의 두 아들을 살해한 안재선의 구명에 힘쓰고, 그를 양자로 받아들였다.

첫째, 나같은 죄인의 혈통에서 순교의 자식들이 나오게 했으니 감사합니다.
둘째, 허다한 많은 성도들 중에 어찌 이런 보배들을 주께서 하필 내게 맡겨 주셨으니 감사합니다.
셋째, 3남 3녀 중에서도 가장 아름다운 두 아들 장자와 차자를 바치게 된 나의 축복을 감사합니다.
넷째, 한 아들의 순교도 귀하다 하거늘 하물며 두 아들의 순교이리요. 감사합니다.
다섯째, 예수 믿다가 누워 죽는 것도 큰 복이라 하거늘 하물며 전도하다 총살 순교당함이리요. 감사합니다.
여섯째, 미국 유학가려고 준비하던 내 아들, 미국보다 더 좋은 천국갔으니 내 마음 안심되어 감사합니다.
일곱째, 나의 사랑하는 두 아들을 총살한 원수를 회개시켜 내 아들 삼고자하는 사랑의 마음을 주신 하나님께 감사합니다.
여덟째, 내 두 아들의 순교로 말미암아 무수한 천국의 아들들이 생길 것이 믿어지니 감사합니다.
아홉째, 이같은 역경 중에서 이상 여덟 가지 진리와 하나님의 사랑을 찾는 기쁜 마음, 여유있는 믿음 주신 우리 주께 감사합니다.

손양원 목사는 한국전쟁 기간 중 피난가지 않고 애양원에 남아서 목회를 하다가 그 지역을 점령한 북한군에 의해 처형당하였다. 공산주의 사상을 교화시키는 공산당에게 도리어 복음을 전하다가 개머리판으로 입을 가격당하여 턱이 돌아가는 고초를 당하였고, 마침내 1950년 9월 28일에 공산군에게 끌려가 사살되었다. 그의 두 아들이 죽임을 당한 뒤 2년이 되지 않아 그 자신도 믿음을 지키고 사랑을 전하다가 순교를 당하였다. 일제강점기에는 천황주의 우상숭배에 맞서, 그리고 한국전쟁 때에는 공산주의에 맞서 기독교 신앙을 지킨 위대한 믿음의 투사였지만, 세상에서 버려지고 소외된 한센병 환우들을 위해 자신을 희생하며 사랑으로 섬겼고, 자신의 두 아들을 죽인 원수를 그리스도의 사랑으로 용서하고 품은 사랑의 성자였다. 한 번은 사랑할 수 있으나 끝까지 사랑할 수 있을까? 나를 희생시키면서 남을 사랑할 수 있을까? 시대의 폭력과 불의를 믿음과 사랑으로 이겨내며 어두움을 밝히는 빛을 비출 수 있을까? 가장 낮고 천한 사람들을 사랑으로 섬기며 그들을 위해 나의 삶을 기쁨으로 바칠 수 있을까? 이러한 질문 앞에 손양원은 그리스도를 본받은 삶으로 답하였다. 그리고 이러한 삶이 얼마나 많은 이들에게 희망과 감동을 주는지 손양원은 죽었으나 지금도 살아서 우리에게 말하고 있다.

연구 및 토의 주제

1. 한국에 들어와 자기 희생적 자세로 헌신하고 봉사한 선교사들과 기독교활동가에 대하여 토의해 보자. 그들의 희생정신과 봉사정신은 무엇에서 비롯되었다고 보는가? 그들에게서 배워야 할 정신과 삶의 내용은 무엇인가?

2. 자신의 봉사경험에 대하여 이야기해 보자. 봉사의 이유는 무엇이었으며, 어려운 점은 무엇이었는가? 거기서 깨달은 교훈은 무엇인가? 봉사에 있어서 가장 중요한 정신과 자세는 무엇이라고 생각하는가?

3. 오늘 우리가 관심을 기울여야 할 섬김의 대상들이 있다면 누구인가? 우리는 그들에게 어떠한 정신으로 다가가야 할 것인가?

참고도서

1. 민경배.『이상재: 2002년 3월의 문화인물』서울 : 문화관광부, 한국문화예술진흥원, 2002
2. 양창삼.『조선을 섬긴 행복: 서서평의 사랑과 인생』서울 : 서빙더피플, 2012
3. 장규식.『민중과 함께 한 조선의 간디: 조만식의 민족운동』서울 : 역사공간, 2007
4. 조지 톰슨 브라운. 천사무엘 · 김균태 · 오승재 역.『한국 선교이야기: 미국 남장로교 한국 선교역사 (1892-1962)』서울 : 동연, 2010
5. 차종순.『애양원과 사랑의 성자 손양원』서울 :KIATS, 2008
6. 최영근. "미국 남장로교 여선교사 엘리자베스 쉐핑의 통전적 선교연구"「기독교신학논총」82권 2012

IV

한국역사 속의 기독교와 한남 창학정신

건강한 자아관 : 나는 누구인가?

나는 누구인가? 이 질문은 자아에 대해 묻는다. 우리가 태어나서 처음에 형성하는 자아는 신체적 자아이다. 즉, 신체적 감각이다. 유아는 자기 자신과 환경의 차이를 학습하기 시작한다. 자기 손가락을 깨무는 행동을 하면, 장난감을 무는 행동과 다른 감각을 느끼게 된다. 자신이 울면서 느끼는 신체의 감각은 울음소리와 연합을 형성한다. 모호한 자기 인식은 시각적 자기상을 인식하면서 더 분명해진다. 즉, 자신이 관찰하고 양육자가 인정하는 시각적 신체상과 자신의 감각이 결합된다. 주관적 감각과 시각적 자기상을 연합해서 자아를 구성하게 된다.

자아가 건강하다는 것은 무엇을 의미할까? 건강한 자아가 나타내는 특징을 정체성과 자기 방향성의 영역으로 나누어서 살펴본다.

1. 정체성

정체성의 영역에서 건강한 자아의 특징은 무엇일까? 그것은 자신과 타인의 명확한 경계선을 포함하는 자기 독특성, 안정적 자존감과 정확한 자기 평가, 그리고 감정조절의 능력이다.

1-1. 자기 독특성

독특성을 유지하는 자아는 자신과 타인이 서로 분리되어 있다는 것을 지각하고 표현할 수 있다. 우선, 자신의 필요, 욕구, 가치, 그리고 이익은 타인의 것들과 서로 다르다는 것을 인식한다. 심지어 한 가족이라도 각자의 필요, 욕구, 가치, 그리고 이익은 항상 그리고 모든 상황에서 일치할 수 없다. 단지 경우에 따라, 일시적으로 일치할 뿐이다.

자신과 타인의 차이를 수용하면, 타인의 시선을 적게 의식할 수 있다. 타인의 기대와 가치는 자신의 것이 아니기 때문에, 그들에 관심을 둘 필요가 없다. 내 행동은 자신의 가치와 목표를 추구하고, 그것을 성취하려고 노력한다. 타인의 영향력을 고려할 수는 있지만, 자신의 가치와 목표에 초점을 둔다. 그러므로 타인의 시선을 중요하게 생각하지 않는다.

자신과 타인의 차이를 수용하면, 자신의 가치와 어긋나는 타인의 기대와 요구에 대해 더 쉽게 거절할 수 있다. 관행이나 전통이라는 명목으로 강요당하는 요구에 대해 더 쉽게 거절할 수 있다. 특히, 윤리적 혹은 법적 기준이 빠르게 변하하는 우리 사회에서 자신의 가치와 필요와 일치하지 않는 요구에 대해 거절하는 능력은 중요하다.

자신과 타인의 분리를 수용하면, 타인으로부터 미움을 받더라도 그것을 감당할 수 있는 용기가 나타날 수 있다. 타인이 자신에 대해 자신과 다르게 볼 수 있는 권리를 갖고 있음을 인정하기 때문이다. 즉 타인에게 자신을 비난하거나 미워할 수 있는 권리를 인정한다. 이 경우, 타인의 발언이나 행동으로부터 심각하게 영향을 받지 않는다.

자기 독특성은 '유일한 존재로서 자신'을 포함한다. 자신을 특별한 존재로 생각한다. 우주에서 가장 소중한 존재로 생각한다. 기독교적 용어로 하면, '하나님이 사랑하는 존재'로서 자신을 인정한다. 왜냐하면 자기가 이 세상에서 느끼고 생각하고 행동하는 주체이기 때문이다.

1-2. 안정적 자존감과 정확한 자기 평가

자존감은 자신의 가치에 대한 평가이다. 이 평가의 대상은 다양하다. 자신의 신체, 능력, 성취 등의 가치를 포함한다. 그리고 평가의 기준은 개인마다 다르다. 그런데 우리 문화에서 이 기준에 부모의 기준 혹은 사회의 기준을 그대로 내면화하는 경우가 있다. 이 경우, 아동이 세상을 보는 것처럼 엄격하고 단순한 기준이 된다. 그러면 자신의 평가는 부정성이 높아진다. 그런데 사람은 자신에 대한 긍정적 평가를 선호하는 경향도 있다. 그러므로 엄격한 기준을 갖고 있으면, 자신에 대한 평가에서 상황에 따라 긍정과 부정의 진폭이 크게 나타난다. 특히, 자신이 실패하거나 좌절했다고 느끼는 상황에서 자신의 가치를 낮게 평가할 위험성이 있다. 이 경우에도 자신의 긍정적 가치에 대한 인정이 도움이 된다. 그러므로 자신에 대해 긍정적이고 유연한 기준을 갖고 자존감을 안정적으로 유지할 때, 개인은 건강하다.

자기 평가는 자신의 흥미와 능력에 대한 현실적 평가이다. 인간의 흥미는 욕구, 목표, 목적 등을 포함한다. 그리고 능력은 다양한 영역을 갖고 있다. 운동이나 체력과 관련된 신체적 능력, 언어, 산수, 쓰기와 관련된 인지적 능력, 자신의 필요나 타인의 요구에 대한 지각과 감정적 처리와 관련된 정서적 능력 등이 있다. 자신의 흥미와 영역별 능력의 객관적 수준과 상대적 수준에 대한 정확한 지각이 목표의 설정과 달성에 필요하다. 진로나 직장을 선택하거나 업무와 대인관계의 활동에서 자신의 능력에 대한 정확하지 않은 평가는 목표달성에 방해가 된다.

자존감의 안정성과 자기 평가의 정확성은 서로 모순되는 것처럼 보인다. 그래서 다음 질문이 제기된다. 항상 긍정적 자존감을 유지하려면 자신에게 객관적 기준보다 낮은 기준을 적용해야 하는가? 이에 대한 반응으로, 기준의 획일성과 상대적 우위에 대한 논의가 필요하다. 개인의 가치를 평가하는 획일적 기준만이 존재하고 그것을 내면화한 경우, 자기 평가가 정확할수록 자존감이 낮아진다. 반대로 자신의 가치를 평가하는 기준이 다원화되어 있으면 자존감의 안정성을 유지하는 데 도움이 된다. 특히, 사회적 기준을 초월하는 기준을 갖고 있으면, 안정적 자존감을 가질 가능성이 증가한다. 그리고 자신의 흥미와 능력에 대한 평가는 비교우위가 중요하다. 자신이 갖고 있는 흥미들 중에서 비교우위에 있는 흥미 그리고 타인에 비해 우위에 있는 능력에 대한 정확한 지각은 오히려 긍정적이고 안정적인 자존감의 유지에 도움이 된다.

1-3. 감정조절

감정조절은 일상에서 일정 수준의 감정의 신호, 경험, 행동, 언어적 반응, 혹은 비언어적 반응을 조절하거나 변화시키는 능력이다. 감정조절의 일상적 의미는 충동이나 적절하지 않은 감정적 행동의 억제이다. 즉, 성적 충동이나 공격적 충동, 혹은 식욕이나 감각적 쾌락에 대한 욕구를 통제하는 것이다. 그리고 강한 감정이 촉발하는 감정적 행동을 제어하는 것이다. 감정적 행동의 예를 들면, 우울하기 때문에 폭음을 하거나 외롭기 때문에 게임에 몰두하는 행동이다. 감정적 행동에 사로잡히지 않고 그것을 의식하면서 상황에 맞게 변화시키는 것이 감정조절이다.

감정조절은 강한 감정이 촉발하는 생리적 흥분을 스스로 진정시키는 능력이다. 감정은 생리적 과정도 포함하기 때문에, 강한 감정은 높은 수준의 생리적 흥분을 포함한다. 이것을 진정시키는 능력이 감정조절에 포함되어 있다. 예를 들어, 강한 슬픔을 겪을 때, 자기에게 손상을 주는 행동을 하지 않고 그 감정을 진정시키는 능력이다. 이 경우, 다른 일에 몰두해서 슬픔을 잊는 것도 가능하다. 관심의 대상을 바꿔서 감정을 조절할 수도 있다.

영성훈련은 감정조절에 도움이 된다. 금식이나 단식은 식욕과 같은 충동을 억제하는 훈련이 될 수 있다. 그리고 기도나 침묵도 충동을 억제하는 훈련이 될 수 있다. 그리고 외부 자극에 대한 우리의 반사적 반응의 정도를 지각하고, 사고와 관심의 유연성을 증가시키는 훈련도 될 수 있다.

2. 자기 방향성

자기 방향성의 영역에서 건강한 자아는 일관성과 의미가 있는 장단기 목표를 추구한다. 그리고 건설적이고 친사회적으로 내적 행동기준을 사용한다. 그리고 생산적으로 자기 자신에 대해 반성하는 능력을 갖고 있다.

2-1. 목표의 일관성과 의미

건강한 자아는 단기 목표나 장기적 인생목표를 형성할 때 일관성을 유지한다. 우선 자신의 과거 경험을 근거로 일관성을 형성한다.

자신이 성공적으로 수행했던 영역의 능력이나 축적된 경험을 근거해서 단기 목표나 장기 목표를 형성한다. 그리고 장기적 인생목표와 일관성이 있는 단기 목표를 형성하고 그것을 추구한다.

건강한 자아는 자기 자신에게 의미가 높은 목표를 추구한다. 즉, 자신의 가치나 경험이나 이익과 관련된 목표를 추구한다. 자신이 흥미를 갖고 있는 영역을 중심으로 목표를 형성하고 추구한다. 그리고 자신이 능력을 발휘할 수 있는 영역이거나 자신에게 필요한 영역의 목표를 설정하고 추구한다.

종교는 인생의 기원과 목표에 대해 계속 질문한다. 그리고 그 목표에 비추어 일상적 행동이 추구하는 목표를 평가하도록 훈련한다. 즉, 인생의 장단기 목표에 대한 지속적 평가와 수정하도록 훈련한다. 이것은 목표의 일관성을 높이고, 일상에서 추구하는 행동의 목표에서 의미를 확대하도록 돕는다.

2-2. 행동기준의 유익한 사용

건강한 자아는 행동기준을 유연하게 사용한다. 자신이 갖고 있는 행동의 원칙들을 항상 기계적으로 사용할 수 없다는 인식을 갖고 있다. 그래서 상황의 요구에 관심을 갖고, 그것과 자신의 행동기준 사이에서 타협을 구성한다. 예를 들어, 솔직한 언어표현을 행동기준으로 삼고 있더라도 이성들과의 모임에서 성적 감정에 대한 솔직한 언어표현은 성희롱이 될 수 있기 때문에 자제할 수밖에 없다.

건강한 자아는 행동기준을 타인에게 유익하게 사용한다. 지금 제로섬Zero Sum 사고방식이 유행한다. 이것은 자신의 이익은 타인의 손해에서만 가능하다는 사고이다. 이것에 따르면, 개인은 타인의 이익을 방해하려고 하거나 그것에 무관심하다. 그러나 이것은 자신에 향한 타인의 보복이나 무관심을 초래하기 때문에 신체적, 정서적, 혹은 경제적 손상을 초래할 가능성이 높다. 그러므로 자신의 행동기준을 사용하더라도 상대방에게 유익이 발생하도록 사용하면 상대방과의 관계가 향상될 수 있다. 최소한 상대방에게 손해가 발생하지 않도록 최대한 배려하면 최소한 대인관계는 향상될 가능성이 있다.

2-3. 생산적 반성

건강한 자아는 결과에 관심을 갖는다. 자신의 생각, 감정, 그리고 행동이 자신과 타인에게 미치는 효과에 대해 세심하게 살핀다. 예를 들어, 자신의 외모나 말투가 타인에게 초래하는 결과를 살핀다. 그리고 그것이 자신에게 주는 효과를 살핀다. 그리고 그것의 변화가 이끌어내는 결과도 살핀다. 그리고 그것이 자신에게 미치는 효과도 살핀다. 이들 사이의 관련성에 대해 반성한다. 그래서 자신과 타인에게 효과가 있는 생각, 감정, 그리고 행동에 관심을 집중한다.

건강한 자아는 효율성을 추구한다. 자신과 타인에게 효과가 있더라도 비용이 과도한 생각, 감정, 그리고 행동은 추구하지 않는다. 예를 들어, 토론에서 칭찬만 사용하면 상대방도 긍정적으로 반응하기 때문에 진행이 빠르게 진행될 수 있다. 그러나 토론의 질이 낮아지기 때문에 효율성이 낮아질 수 있다. 그러므로 서로 불편하더라도 상대방의 의견의 장점과 단점을 명확하게 제시하는 것이 효율적이다. 다차원적으로 비용과 효과를 반성적으로 숙고하고, 효율성이 높은 생각과 행동을 추구한다.

연구 및 토의 주제

1. 정체성의 영역에서 내 자아의 건강수준은 얼마일까?

2. 자기 방향성의 영역에서 내 자아의 건강 수준은 얼마일까?

V 한국역사 속의 기독교와 한남 창학정신

한남대학교 창학정신

이 장에서는 한남대학교의 설립배경과 그 과정을 살펴보고, 학교 설립을 이끌었던 창학정신과 그 위에 기초한 교육목적과 방향을 돌아보고자 한다. 설립자들이 한남대학교를 설립하면서 어떠한 비전을 가졌으며, 이 학교를 통해 어떠한 사람들을 길러내고자 하였는지 생각해 보면서, 학교의 역사에 대한 깊은 이해와 자긍심을 갖도록 한다. 또한 한남대학교에서 우리가 배우고 추구해야 할 정신과 가치관이 무엇인지 되새기고, 어떠한 비전과 마음을 가지고 우리 자신의 삶과 진로를 이끌어 나가야 할지 진지하게 생각해 보는 시간이 되도록 한다.

1. 학교 설립배경과 그 과정

한남대학교는 미국 남장로교 한국선교부에 의해서 설립되었다. 대학설립 논의가 시작된 것은 우리 겨레가 일제의 압제로부터 해방되어 대한민국 정부수립을 앞두고 있었던 1948년에 이르러서였다. 미국 남장로교the Presbyterian Church of the United States는 이미 1892년에 한국에 7인의 개척선교사를 파송하여 선교를 개시한 이후, 전라도와 충청도 지역을 선교지역으로 설정하여 전도, 의료, 교육선교에 헌신했다. 전주, 군산, 목포, 광주, 순천에 선교지부mission station를 설치하고 교회와 학교, 병원을 세워, 종합적이고 통전적인 선교를 추진하면서 이 지역에서 개인과 사회를 변화시키고 기독교 복음의 확장이 이루어지는 데 결정적인 역할을 하였다. 그러나 1930년대 후반 일제가 제국주의 확장전쟁에 광분하면서 국가와 일본천황을 신격화하는 신사참배를 강요하였을 때, 장로교 선교부는 이를 "우상숭배"요 기독교 신앙에 대한 도전으로 규정하여 단호히 거부하였고, 일제는 학교 폐교와 선교사 추방으로 응수하였다. 일제의 패망으로, 기약 없이 추방되었던 선교사들이 복귀하면서 끊어졌던 선교사업이 활기차게 재개되었다. 남장로교 한국선교회는 해방 후 한국사회의 재건과 발전에 있어서 대학이 설립이 필요하다고 보았고, 사회와 교회에 이바지할 수 있는 인재를 양성하기 위한 기독교대학 설립을 적극적으로 추진하였다. 피폐된 이 나라의 참된 미래가 인격과 실력을 갖춘 믿음의 사람을 길러내는 데 있다는 것을 그들은 깊은 혜안으로 뚫어 보고 있었다.

1948년 6월에 대학설립위원회College Committee가 선교회 연례회의에서 구성되었고, 그들이 설립하려는 대학의 목적을 "미국의 기독교 인문대학liberal arts college을 모델로 … 기독교 지도자, 교사 및 미래의 목사를 양성하는 것"으로 정하였다. 그러나 목회자 양성을 위한 신학대학을 의도한 것은 아니었고, 인문학과 과학을 가르치는 인문대학으로서 교회와 사회를 이끌어 나갈 지도자 양성을 목적으로 하는, 작지만 영향력 있는 대학을 염두에 두었다. 대학의 위치는 당시까지 결정되지 못하였고, 광주가 일순위, 전주가 차순위로 논의되고 있었다. 그러던 중에 대전에 목회자 양성과 선교사 자녀 교육을 위한 교육센터를 세우기 위해 토지 매입을 추진하면서 대전 오정리 일대의 야산과 농지를 구매하였다. 또한 충남지역에 교세가 확장되면서 대전에 새롭게 남장로회 선교지부를 설립해야 했고 더불어 선교사 사택을 건립하기 위한 택지를 마련할 필요가 있어서 1954년까지 이 일대의 토지를 계속 매입하였다. 그 사이 한국전쟁이라는 커다란 변수도 있었지만, 전쟁으로 계획이 지연되었을 뿐, 대전 선교지부 건설계획은 중단 없이 추진되었다. 이러한 과정에서 대전은 당시 교세가 강하였던 순천과 더불어 대학설립의 강력한 후보지로 급부상하게 되었다.

대학설립을 본격화하기 위해 1954년 5월에 전주에서 열린 선교회 연례회의에서 대학설립의 장소를 결정하기 위한 토의가 있었다. 후보지는 기존에 우선순위로 꼽히던 광주, 전주를 비롯하여, 최근 후보지로 떠오른 순천과 대전이었고, 이 후보지들을 놓고 선교사들 사이에서 열띤 토론과 치밀한 검토가 이루어졌다. 선교사들은 장시간의 토론 끝에 투표를 통해 네 곳 가운데 두 곳을 먼저 탈락시키고, 남은 두 곳 가운데서 한 곳을 결정하기로 의견을 모았다. 그 결과 순천과 전주가 제일 먼저 탈락되었고, 그 다음날 속개된 회의에서 대전과 광주를 놓고 실시된 투표에서 대전이 2/3 이상을 득표하여 대학설립 최종 후보지로 확정되었다. 다른 지역에서는 이미 교회와 학교와 병원이 설립되어 선교회가 굳건하게 자리를 잡고 있었지만, 대전은 그 이전까지 선교지부도 설립되지 못하였던 미개척지였고, 선교의 기반이 전혀 닦여지지 않은 광야요, 새로운 기회의 땅이었다. 그것은 선교사들이 편안함과 익숙함에 안주하지 않고 새로운 기회를 향해 도전과 헌신을 주저하지 않는 개척정신과 도전정신을 보여준다.

장소를 결정한 직후 인돈 박사를 위원장으로 하는 새로운 대학위원회가 조직되었고 본격적인 대학설립 활동에 들어갔다. 대학위원들은 인돈William A. Linton, 조요섭Joseph B. Hopper, 유화례Florence E. Root,

서의필John N. Somerville, 김기수Keith R. Crim, 구바울Paul S. Crane이었다. 그들은 곧이어 대전에 모여 대학을 세울 지점을 탐색하였고 현재의 대학본관이 들어선 자리를 대학의 중심지로 결정하였다. 1955년 1월에는 대학위원회에서 설립될 대학의 청사진이 마련되었는데, 대학명칭을 "대전대학"Taejeon Presbyterian College으로 하고, 개교일시를 1955년 10월 1일로 정하였으며, 학생들은 "세례교인들"로 자격을 정하였다. 이러한 안을 가지고 대학의 인가를 위한 실무작업에 들어갔다. 서류작업과 더불어 학교건축을 위한 설계도 시작되었는데, 원래 예정된 개교일까지 설립준비가 어렵다고 판단하여, 1956년 4월로 개교일을 연기하였고, 행정관과 강의실, 기숙사 등의 건축 역시 개교 전까지 완료되는 것이 물리적으로 불가능하여 미군부대에서 사용하던 반원형 임시건물Quonset 4개를 헐값에 인수하여 교실과 도서관, 사무실로 쓰기로 하였다. 짧은 시간에 대학설립을 추진하면서 당시 여러 여건과 시설이 부족하였고, 정부에서 요구하는 대학설치기준에 미달될 수밖에 없었다. 이에 따라 문교부에서는 기준에 부합될 때까지 잠정적으로 대학에 준하는 4년제 학관을 설립하여 운영할 것을 권하였다. 선교회에서도 정부의 안대로 우선 4년제 정규대학에 준하는 학관을 시작하고 제반 시설을 확충하여 정식대학으로 인가를 추진하기로 결의하였다.

그리하여 1956년 3월 13일에 미국 남장로교 한국선교회 유지재단의 "대전기독학관" 설립이 승인되었고, 대학은 성문학과(현 기독교학과), 영문학과, 화학과 각 120명, 총 360명 정원의 4년제 교육기관으로 시작했다. 같은 해 3월 말에 신입생 입학정원 90명 가운데 86명의 신입생을 선발하였고 4월 2일에 최초의 교수회의가 개최되었으며, 4월 10일에 입학식을 시작으로 개교하였다. 입학식은 예배로서 기도와 찬송, 설교와 축도로 진행되었고, 그 사이에 초대

학장 인돈 박사의 취임사, 신입생 대표의 선서, 충남지사의 축사가 포함되었다. 대전기독학관의 교과과정은 매우 체계적이었고 소수정예의 학생들을 교수들이 꼼꼼히 지도하면서 밀도 높은 교육이 이루어졌다. 교수와 학생 간, 학생 상호간 친밀도와 신뢰도는 매우 높았고, 학교는 따뜻한 가족과 같은 분위기가 넘쳐났다. 모든 학생이 세례교인이었기 때문에 월요일부터 금요일까지 매일 8시 30분에서 50분에 교수들이 순번에 따라 인도하는 기도회가 있었고, 매주 목요일은 채플로서 교내 목사들이 설교를 하면서 예배를 드렸다. 이로써 대전기독학관은 체계적인 교육과 학문의 열정이 넘쳐나는 학문공동체, 인격적인 사귐과 나눔이 있는 생활공동체, 진실한 믿음과 사랑이 가득한 신앙공동체였다.

대전기독학관으로 개교한 이래 대학은 정규 4년제 대학으로 인가를 받기 위한 노력을 계속 하였다. 이를 위해 정부의 대학설치기준령에 따른 시설과 인원, 재정을 확충하는 일에 최선을 다하였다. 1956년 11월에 인돈 선교사의 사택에서 모인 대학위원회에서 4년제 정규대학 승격을 위한 작업에 착수하기로 결의하고 같은 해 12월에 대학설립인가 신청서를 제출하였다. 그러나 시설미비의 이유로 1957년 1월에 정부로부터 대학설립 불가의 공문을 받았다. 선교회 차원에서는 교수진과 건축시설계획, 재정계획 등 모든 것이 준비되어 실행될 단계에 있었기 때문에 정부 인가를 추진하였지만, 정부 입장에서는 대학설립을 위한 모든 준비들이 아직 "약속"과 "계획" 단계에 있으면서 설립기준에 이르지 못했기 때문에 허락하기는 어려웠다. 정규 4년제 대학으로의 시작은 2년을 더 기다려야 했다. 그 사이에 대학위원회는 인가 신청서를 재차 제출하면서 대학의 계획안이 공허한 것이 아니라 충실하게 이행되고 있다는 사실을 정부당국에 보여주었고, 그들의 대학설립의 비전이 얼마나 진지하고 가치 있는 것인지 충분히 입증하였다. 이러한 노력에 힘입어 정부는 1959년 2월에 대전대학을 4년제 정규대학으로 인가하였다. 학관 설립 후 3년 만의 쾌거요, 한국에 대학을 설립하겠다는 비전을 가진 후 거의 11년 만에 이루어낸 성과였다. 선교사들의 열정과 헌신, 미국 남장로교회의 전폭적인 후원, 대학의 설립과 발전을 염원하는 한국교회의 협력의 결과였다. 이리하여 1959년 4월 15일에 한남대학교는 4년제 정규대학인 "대전대학"으로 정식 개교하였다. 학과는 기존의 3개 학과에 수물학과(수학 · 물리학과)를 더하여 4개 학과가 되었고, 정원은 학과 당 120명씩 총 480명이었다.

이후 대전대학이라는 이름은 1971년에 서울의 숭실대학과 통합하면서 숭전대학으로 교명이 변경될 때까지 사용되었다. 그 후 1982년에 여러 가지 문제들로 인하여 숭전대학의 서울캠퍼스(숭실대학)와 대전캠퍼스(대전대학)가 각자 독립된 대학으로 분리하게 되었을 때 원래 사용하던 대전대학의 교명은 다른 대학(現 대전대학교)이 사용하면서 쓸 수 없게 되었고, "한남대학교"라는 새로운 이름으로 교명을 변경하게 되었다. "한남"은 대한민국과 한민족을 상징하는 "한(韓)"과 미국 남장로회의 선교지역인 충청과 호남을 통칭하는 삼남지방의 "남(南)"을 담고 있었다. 미국 남장로회가 한국에 세운 대학이라는 의미(한국 남장로교 대학)의 뜻도 있다는 견해도 있다. 그 후 한남대학교는 발전을 거듭하여 12,000여명(2018년 대학공시정보 기준)의 재학생을 둔 대형 종합대학이 되었고, 대전과 충청지역을 대표하는 기독교 사립대학으로 자리매김하면서, 정 · 재계, 교육계, 교계의 많은 지도자들을 배출하며 국가와 사회, 교회 발전에 기여하고 있다.

2. 창학정신

한남의 뿌리가 되는 대전기독학관 학칙 제1조에는 창학정신이 새겨져 있다 : “본교는 기독교 진리와 대한민국 교육이념 하에 한국교회와 사회에 유능하고도 봉사할 수 있는 지도적 인물을 양성하기 위하여 국가와 인류사회 발전에 필요한 학술의 깊은 이론과 정치(精緻)한 그 용용방법을 교수 · 연구하며 고상한 인격을 도야하며 국가와 교회 및 세계문화 발전에 기여함을 목적으로 한다.” 이러한 대전기독학관의 이념은 대전대학의 학칙에도 그대로 전이되어 그 뜻을 이어가고 있었다. 대전대학 학칙 제1조는 “본 대학은 한국의 기독교 청년남녀에게 대학과정의 교육을 시킴을 이념으로 하고 그 중심 원리는 기독교 복음이요, 이학과 문학에 관하여 심오한 이론과 광범 정치한 응용방법을 교수 연구하고 아울러 국가와 한국교회와 사회에 유능하고도 봉사할 수 있는 지도적 인물을 양성함을 목적으로 한다”고 명시하고 있다. 한남대학교는 이러한 뜻을 이어받고 있다. 한남대학교의 법인인 대전기독학원은 정관의 제1조에서 “이 법인은 기독교 원리 하에 대한민국의 교육이념에 따라 과학과 문학의 심오한 진리탐구와 더불어 인간영혼의 가치를 추구하는 고등교육을 이수시켜 국가와 교회와 사회에 봉사할 수 있는 유능한 지도자를 배출함을 목적으로 한다”고 규정하고 있다.

대전기독학관으로부터 한남대학교에 이르는 창학정신과 설립목적을 살펴보면 먼저 기독교 정신이다. 한남교육의 기초는 “기독교 진리”에 세워져 있다. 대전대학은 이를 좀 더 분명히 규정하여, “대학과정의 교육”의 “중심 원리”가 “기독교 복음”이라고 규정하고 있다. 학문의 연마와 연구활동의 기초와 중심에 기독교의 진리와 복음이 있다고 규정한 것이다. 보통 진리라 하면 학문연구를 통해 밝혀진 과학적 사실들을 생각하기 쉬운데, 진리는 그보다 더 깊은 의미, 곧 학문연구의 기초이면서 동시에 학문을 통해 추구해야 할 참된 이치를 의미한다. 대학의 기원은 중세의 수도원 학교와 성당학교라고 할 수 있는데, 이곳에서는 신앙(믿음)과 이성의 조화를 통해 참된 진리를 추구하였다. 오늘날 세계 많은 대학들이 교육이념으로 표방하는 "진리"veritas라는 개념은 신학적인 기원과 의미를 내포하고 있다. 이성은 자연과 세계에 대한 관찰과 탐구를 통해 과학적 사실들을 발견하게 하지만, 기독교 신앙은 성경에 나타난 하나님의 말씀을 통해 인간과 세계의 본질에 대한 깊은 통찰과 죄로 인해 타락한 인간과 세계의 구원의 길을 제시하고 있다. 과학과 이성을 통한 학문활동은 믿음을 통한 올바른 인간관과 세계관 확립 위에 기초되어야 인간과 세계에 기여하는 참된 기능을 바르게 수행할 수 있다. 한남대학교는 "기독교 진리" 혹은 "기독교 복음"을 모든 학문활동의 중심원리와 기초로 삼아, 바른 인간관과 세계관을 정립하고, 그 바탕 위에 창의적이고 시대책임적인 학문활동과 사회적 실천을 추구하는 것을 목표로 삼고 있다.

한남의 창학정신의 두 번째는, 학문의 탁월성과 실용성이다. 대전기독학관과 대전대학 학칙에 제1조에 명시된 것처럼 "학술의 깊은 이론과 정치한 응용방법 교수 연구"하는 것이 대학이 추구하는 학문적 사명으로서, 특히 "이학(과학)과 문학에 관하여 심오한 이론"을 연구할 뿐만 아니라 "광범위한 응용방법"까지도 연구하고 교수하는 실용적 학문을 추구한다고 밝히고 있다. 순수학문을 깊이 있게 연구하면서 그것을 다양하게 응용하고 적용하고, 또한 "인간 영혼의 가치를 추구하는 고등교육"과 접목시킴으로써, "국가와 사회, 교회와 세계문화"에 기여하는 인재를 양성하는 것이 한남이 지향하는 학문과 교육의 방향이다. 따라서 문학과 과학과 신앙을 통섭하고, 순수학문과 실용학문과 기독교적 가치관을 접목시키고, 이론과 실천을 연결하는 융복합적, 실천적 연구를 통해 사회에 기여하는 교육이 한남의 교육이념이다.

셋째로, 한남의 창학정신은 국가와 사회, 세계문화와 인류에 봉사하는 지도자 양성이다. 한남의 교육목표는 "국가와 교회와 사회에 봉사할 수 있는 유능한 지도자를 배출함"이라고 정관에 명시되어 있다. 학문과 지식이 탁월하고 각 분야에서 실력을 발휘하는 유능한 인물도 중요하지만, 이와 함께 신앙과 인격을 기반으로 자신의 지식과 재능을 가지고 국가와 사회와 교회를 위해 봉사할 수 있는 인물이 한남이 길러내고자 하는 참된 인재상이다. 봉사하는 지도자는 소위 섬김의 지도자servant leader로서 지배하고 군림하는 사람이 아니라, "너희 중에 누구든지 크고자 하는 자는 너희를 섬기는 자가 되고 너희 중에 누구든지 으뜸이 되고자 하는 자는 너희의 종이 되어야 하리라"라는 예수의 말씀처럼 자신을 낮추고 사회적 약자들을 섬기고 돌보는 삶을 실천하는 진정한 지도자이다.

3. 교훈

한남대학교의 교훈은 개교와 함께 제정된 것이 아니라 학교가 점차 발전해 나가면서 자연스럽게 정립되었다. 사실 초기에는 모든 교직원과 학생이 기독교인이었고 기독교 정신의 바탕 아래 설립된 대학이었기 때문에 "기독교 복음" 안에 농축되어 있는 기독교 신앙 전부가 창학정신이고 교육이념이었다. 따라서 몇 단어로 기독교대학의 정신을 압축할 필요를 느끼지 못할 만큼 기독교적 분위기가 지배적이었다. 그러나 학교가 점차 체계를 갖추어 나가면서 교훈 제정의 필요성이 제기되었고, 1962년에 이르러서야 교훈이 구체화되기 시작하였다. 1962년 말에 교가(校歌)가 만들어지면서, 교가의 후렴에 나오는 "믿음, 배움, 사랑"이라는 세 단어가 대전대학의 교육이념을 상징하는 교훈으로 자리 잡아 갔다. 믿음은 대학의 창학이념과 교육목표의 핵심인 기독교 복음의 진리와 기독교 신앙을 의미하는 것이고, 배움은 깊이 있는 학문 연구와 실용적, 실천적 가르침으로 유능한 지도자를 길러내는 교육을 의미하며, 사랑은 예수 그리스도를 본받아 "마음과 목숨과 뜻을 다하여" 하나님을 사랑하고 이웃을 자신의 몸과 같이 사랑하는 섬김의 삶을 의미한다. "믿음, 배움, 사랑"이라는 세 가지 교훈은 한남의 창학 정신, 곧 기독교 정신, 학문의 탁월성과 실용성, 봉사하는 지도자 양성의 핵심을 잘 요약하고 있다.

1970년대 숭실대학교와 통합하여 숭전대학교의 시기를 거치고, 이어 1982년에 두 학교가 다시 분리하여 한남대학교의 이름으로 대전대학의 명맥을 이을 때에 교훈은 "진리, 자유, 봉사"로 바뀌게 된다. 교훈의 단어는 바뀌었으나, 그 뜻은 달라지지 않았다. "믿음"은 대학이 기독교 신앙과 정신에 기반하여 추구해야 할 "진리"로 확장되었으며, "배움"은 기독교 신앙과 학문을 통하여 진리를 배우고 익혀서 이 사회와 세계에 진리와 정의의 빛을 비추는 "자유"로 그 의미가 발전되었다. "사랑"은 하나님과 이웃을 사랑하는 마음으로 자신을 희생하고 남을 섬기는 "봉사"로 구체화되었다. 이리하여 "진리, 자유, 봉사"는 하나님의 말씀과 학문의 탐구를 통해 참된 진리를 배우고 익히고(진리), 죄와 욕심과 무지로부터 벗어나 자유롭게 되고(자유), 더 나아가 사회와 국가, 세계를 보다 자유롭고 정의롭게 만들어 나가도록 봉사하는(봉사) 사람을 길러내는 한남대학교의 창학정신과 교육목적을 표현하는 교훈으로서 모든 한남인이 그 뜻을 마음에 새겨둘 가치가 있다.

4. 한남인상 : 한남인의 롤 모델

4-1. 초대 학장 인돈(William A. Linton) 박사

한남대학교는 한 사람의 설립자에 의해 세워진 학교가 아니고, 미국 남장로교 한국선교회에 의해 설립되었지만, 선교회의 대학위원회 위원장과 대전기독학관 및 대전대학 초대 학장으로 봉직하면서 대학의 설립과 발전에 기여한 인돈 박사의 노고는 특별히 기념할 만하다. 인돈 박사의 선교적 비전과 교육철학과 봉사의 삶 속에 한남의 정신이 새겨져 있다.

인돈은 1891년 2월 8일에 미국 조지아 토마스빌에서 2남 2녀 가운데 셋째로 태어났다. 그의 어린 시절은 유복하지 못하였다. 두 살 때 첫째 누나를 여의었고, 네 살 때는 형을 여의었다. 여덟 살 때는 여동생마저 잃고 홀로 남게 되었다. 인돈의 부모는 부농 출신이었기 때문에 넓은 토지와 농장을 지니고 있었지만, 인돈의 아버지는 농사일보다는 도시의 삶을 동경하였고, 그로 인해 인돈의 어머니와 잦은 불화를 겪다가 결국 별거하였다. 그는 아버지의 사랑을 받지 못한 채 어머니와 함께 살았고, 그가 17세 때에 대학에 입학한 후 얼마 되지 않아 어머니마저 돌아가시는 슬픔을 겪었다. 사랑하는 이들의 죽음과 이별, 홀로 남겨진 외로움, 그것은 인돈이 자라나면서 극복해 나가야 할 삶의 어려운 시험들이었다. 이러한 슬픔과 고독을 이기게 해 준 힘은 신앙이었다. 인돈이 선교사의 꿈을 품게 된 계기는 어린 시절의 아픔을 치유하고 꿈과 소망을 가져다 준 그리스도의 사랑과 위로의 힘이었다.

인돈은 1907년에 조지아 아틀란타의 명문인 조지아공대Georgia Tech에 입학하였고, 모범적이고 책임감 강한 학생으로 성실하게 생활하였다. 그러던 중 그의 삶의 전환점이 될 결정적 만남이 이루어진다. 졸업을 앞둔 1911년에 당시 한국에서 일하던 남장로회 선교사 변요한 목사John F. Preston가 안식년을 맞아 미국을 순회하며 한국 선교 지원자를 찾던 중 아틀란타에 들려 강연을 하였고, 인돈은 그의 강연에서 뜨거운 감동을 받고 한국선교사로 자원하였다. 인돈은 졸업 후 미국 GM사에 입사가 보장되어 있었지만, 한국선교를 위해 그 모든 것을 내려놓았다. 그는 자신의 출세와 사리사욕을 좇기보다는 가장 의미있고 가치있는 일에 삶 전체를 바칠 수 있는 결단과 용기, 사명감이 있는 청년이었다. 1912년 4월에 미국 남장로회 한국선교사로 임명을 받았고, 그 해 봄에 대학을 졸업한 후 8월 23일에 샌프란시스코항을 출발하여 9월 20일에 목포에 도착함으로써 그의 오랜 한국선교가 시작되었다.

인돈은 놀라운 언어실력과 부지런한 학습으로 단기간에 한국어를 익힌 후, 군산의 영명학교에서 영어교사로 일을 시작하였고 이어 우리말로 성경을 가르치는 일을 하였다. 1917년에는 이 학교의 교장을 맡기도 하였다. 삼일운동이 일어났던 1919년에 인돈은 첫 번째 안식년을 맞아 미국으로 들어갔다. 거기서 그는 한국에서 일어난 일제의 학살과 탄압, 그리고 한국의 상황을 신문기고와 강연 등을 통해 미국 사회에 널리 알리고 한국에 대한 미국인들의 관심과 기도를 호소하였다. 대학에서 공학을 전공하였던 인돈은 한국에서 뜻하지 않게 교육사역을 맡게 되었고, 이 일을 잘 감당하기 위하여, 교육학을 공부해야 할 필요를 느꼈다. 그래서 안식년을 한 해 더 연장하여 뉴욕의 콜럼비아대학교 사범대학Teachers' College at Columbia University에서 공부하며 교육학 석사학위를 받았다.

인돈은 1922년 6월에 한국선교사였던 배유지 목사Eugene Bell의 딸인 인사례Charlotte Witherspoon Linton와 혼인을 하였고, 두 사람은 평생의 동반자요 동역자로서 한국선교를 위해 끝까지 함께 헌신하였다. 인돈은 기독교학교를 세워 남녀 학생들을 교육하는 것이 일제강점기 한국에서 기독교의 발전을 위해서나 한국의 미래를 위해서도 꼭 필요한 일이라는 확신을 가지고 있었다. 군산 영명학교에서 교장으로 일하던 인돈은 1926년부터는 전주로 사역지를 옮겨 신흥학교의 교장으로 일하였다. 인돈은 당시 기독교학교를 고사시키기 위해서 일제가 요구하던 "총독부 지정학교"로 인가를 받아 일제의 방해에서 벗어나 당당하고 훌륭하게 교육사업을 발전시키기를 원했다. 일제의 지배 아래 있는 한국에서 올바른 기독교 지도자를 양성하기 위해서 일제가 주도하는 강점기 교육에서 벗어나 기독교 교육을 제대로 할 수 있는 훌륭한 기독교학교를 발전시키는 것의 중요성을 인식하였기 때문이다.

1928년의 두 번째 안식년을 맞아 인돈은 복음을 전하는 목회적 선교의 필요를 느껴 조지아 아틀란타 인근의 콜럼비아 신학교Columbia Seminary에서 뒤늦게 신학공부를 시작하였다. 선교회로부터 안식년을 1년 더 연장하는 허락을 받아 이 기간에 신학석사과정을 졸업하고 목사 안수까지 받았다. 공학도에서 교육자로, 그리고 이제 목사로서 그의 삶과 선교의 넓이가 더욱 확장되었다. 전주로 복귀하여 그는 신흥학교의 총독부 지정학교 인가 취득 작업에 더욱 박차를 가하여 마침내 1934년에 신흥학교는 지정학교로 인가를 받았다.

1930년대 말에 일제는 제국주의 확장을 위한 무리한 전쟁을 일으키면서 사상을 통제하고 천황과 일본제국을 신격화하기 위해서 신사참배를 강요하였다. 이러한 위기 앞에서 장로교 선교회는 폐교를 불사하고서라도 우상숭배를 이유로 신사참배 불가를 결정하였고, 교회와 기독교 신앙을 군국주의 체제에 종속시키려는 일제에 저항하였다. 신흥학교 역시 다른 장로교 학교들과 마찬가지로 신사참배에 불응하여 1937년에 폐교되었다. 인돈은 남장로회 교육위원회 책임자로서 남장로회 소속 미션스쿨의 폐교를 추진하는 전권위원장을 맡아 선교회의 뜻이 훼손되지 않도록 교육사업을 정리하는 어려운 역할을 감당하였다. 학교가 세워진 뜻을 이룰 수 없고 본래의 목적이 훼손된다면 어떠한 협박과 회유에도 굴하거나 타협하지 않고 모든 것을 내려놓을 수 있다는 올곧은 뜻을 보여준 것이다. 그리고 인돈은 다른 선교사들과 마찬가지로 일제에 의해 강제로 추방당하였다.

일제의 패망 후 선교사들은 다시 한국으로 복귀하기를 희망하였고, 인돈은 선교재개를 위한 조사위원회의 책임자로 다른 선교사들보다 먼저 한국에 들어왔다. 해방 후 혼돈 속에서 인돈은 한국에서 선교와 교육사업 재개를 위해 노력하였다. 한걸음 더 나아가 미국 남장로회는 한국에서 고등교육의 필요를 느끼고 대학설립을 추진하면서 대학위원회를 구성하여 일을 진행하였고, 대전으로 대학의 설립장소가 결정되면서 인돈이 대학위원회 위원장으로 실질적으로 대학설립을 주도하였다. 한국전쟁의 처참한 상황 속에서 이러한 뜻은 중단없이 진행되어, 마침내 1956년 4월 10일에 대전기독학관이 설립되었고, 인돈이 초대 학장으로 취임하였다. 또한 불굴의 의지와 노력으로 대전기독학관을 정규 4년제 대학으로 인가를 추진하여 마침내 1959년 2월에 인가를 받아 그해 4월 15일에 대전대학으로 새롭게 개교하였고, 인돈은 대전대학의 초대 학장으로 취임하였다.

인돈 학장이 대전대학에 대해 가졌던 교육지침은 오늘까지 이어져 내려오고 있다. 그 지침은 인돈이 병치료를 위해 학장직을 사임하고 미국으로 떠나면서 강의실 칠판에 남긴 메모였고, 대학에 대한 그의 뜻이 담겨있다. 그 내용은 이러하다 :

◈ Begin classes on time
- 수업은 정시에 시작하라
◈ End classes on time
- 수업은 정시에 끝내라
◈ Homework for every student everyday
- 모든 학생에게 매일 숙제 부과
◈ Professors and students attend every class
- 교수와 학생은 모든 수업에 출석하라
◈ Christian atmosphere
- 기독교적 분위기 유지

교육에 대한 성실함과 철저함과 책임감, 그리고 기독교적 정신과 생활을 대학구성원에게 요구하였으며, 이것이 한남대학교에서 연구하고 교육하고 공부하는 자세를 잘 대변해 준다.

인돈은 대학발전을 위해 최선을 다해 일하면서 암이 발병하였고, 1960년 6월 9일에 치료를 위해 학장직을 사임하고, 미국으로 돌아갔다 되었다. 인돈은 명예학장으로 추대되었고, 미국에서 치료를 받다가 그해 8월 13일에 테네시 녹스빌에서 하나님의 부르심을 받았다. 모든 한남인이 그의 뜻을 기리고 계승하기 위해 본관(인돈기념관) 앞에 인돈상을 세웠고, 인돈학술원을 설립하여 미국 남장로회 선교자료를 모으고 연구하면서 학계와 일반에 선교사들의 정신과 사역을 널리 알리고 있다. 또한 인돈문화상을 제정하여, 위대한 기독교 정신으로 교회와 사회에 자기 희생적 삶으로 봉사하는 개인이나 단체에게 수상함으로써, 인돈의 신앙과 선교 안에 나타난 봉사정신과 자기 희생적 삶을 기리고 있다.

4-2. 정성균 선교사

한남대학교가 추구하는 기독교 인재상의 사표(師表)인 정성균 선교사(1944-1984)는 한남대학교 성문학과(기독교학과 전신) 출신으로, 장로회신학대학원을 졸업한 후 방글라데시와 파키스탄에 선교사로 일하며 소외되고 버림받은 사람들을 섬기다가 40세의 젊은 나이에 숨을 거두었다. 그 누구도 선뜻 나서기 어려운 위험하고 척박한 지역에 찾아가 그곳에서도 버림받은 사람들을 사랑하며 자기 자신을 희생한 그의 삶은 “진리, 자유, 봉사”를 추구하는 한남인들에게 커다란 깨달음과 도전을 주기에 충분하다. 교목실과 대학교회가 위치한 캠퍼스 중앙의 정성균기념관은 그의 정신과 삶을 기리고 있으며, 3층 기념예배당 옆 정원에는 그를 기념하는 추모비가 세워져 있다. 정성균 선교사는 어떤 삶을 살았는가?

정성균 선교사는 1944년 5월 1일에 전남 고흥의 섬마을 거금도에서 태어났다. 비교적 유복하게 살아가던 그는 아버지의 실직과 사업실패, 그로 인한 아버지의 자살로 가족 모두가 삶의 밑바닥으로 곤두박질치는 고통을 경험하였다. 아버지를 여읜 정성균과 가족들은 전남 여수로 거처를 옮겼고, 이곳에서 정성균은 신앙생활(여수중앙교회)을 통해 가정사의 고통과 삶의 어려움을 극복해 나가기 시작하였다. 그는 가정 형편이 어려워 중학교를 가지 못할 처지에서 교회에서 운영하는 가난한 학생들을 위한 고등공민학교(여수 영광실업중학교)에 입학하였다. 이 시기에 그는 가난과 절망 중에 위로와 희망이 되는 신앙의 능력을 체험하고, 가난으로 고통당하는 사람들에게 복음을 전하여 삶의 소망과 위로를 주는 선교사가 되기를 꿈꾸었다. 이러한 그의 꿈은 고등학교를 졸업하고 한남대학교에 입학하면서 구체화되기 시작하였다.

정성균은 선교사의 꿈을 안고 대전대학(현재 한남대학교) 성문학과(기독교학과 전신)에 입학하였다. 가난한 형편에 교회 성도들의 지원으로 가까스로 입학할 수는 있었으나 계속적으로 내야하는 학비와 생활비는 부담이 되었고, 그래서 굶기를 밥 먹듯이 하면서 공부와 일을 병행했다. 당시 교수였던 모요한 선교사John V. Moore의 주선으로 공주 반포면의 마암리에서 교회(마암교회)를 개척하여 섬기면서 학비 일부를 보조받았고, 근로장학생으로 강의실 청소를 하면서 학업을 계속하였다. 그는 학업능력이 탁월하지는 않았지만 부단한 노력형이었다. 특히 영어를 매우 힘들어하였지만, 부족하기 때문에 더욱 열심히 기도하면서 노력하였다. 그는 선교사가 되기 위해 영어는 필수라고 생각하고, 영어회화 공부에 힘을 기울였다. 이러한 노력의 결과로 그는 선교지에서 영어로 설교하고 생활하는데 불편을 느끼지 못할 만한 수준에 이르게 되었다. 그는 힘들고 어려울 때마다 열심히 기도하였고, 어려움을 이겨나갈 힘과 은혜를 얻었다. 간절한 소망과 기도, 그리고 끈질긴 노력은 그의 삶의 체질이었다. 그는 대학시절 농촌봉사활동에도 열심이었다. 가난하고 배우지 못한 사람들을 찾아가 봉사하기 위해 산간벽지, 농촌오지, 섬마을을 가리지 않았고, 어려운 이들과 함께 땀과 눈물을 흘렸다. 이것이 그가 한남대학교에서 훈련받은 삶의 내용이었다.

정성균은 스스로를 가리켜서 "복음에 빚진 자, 사랑에 빚진 자"라고 하였고, 이 빚을 갚는 삶을 살고자 소원하였다. 그는 대학을 졸업할 즈음, 복음의 불모지(땅 끝), 그리고 세상에서 제일 가난한 곳에 가서, 복음을 전하며 소외받은 사람들을 섬기는 선교사가 되기로 작정하였다. 이를 위해 그는 장로회신학대학원에 입학하여 신학을 공부하면서, 선교사가 되는 과정을 걸었고, 복음의 불모지인 이슬람 지역에 선교사로 나가기를 소망하게 되었다. 정성균을 방글라데시 선교로 이끌었던 사람은 광주기독병원에서 봉사하고 있었던 미국 남장로회 의료선교사 코딩톤 박사Dr. Herbert A. Codington였다. 그는 방글라데시의 참혹한 상황(전쟁, 홍수, 질병, 기아, 가난으로 인한 많은 이들의 죽음)에 대해 깊은 아픔을 느끼면서 한국보다는 이곳에서 의료선교를 하고자 했다. 그러면서 자신과 함께 이곳에 들어갈 한국선교사를 찾았는데, 정성균이 이 부름을 하나님의 인도하심으로 여겨 함께 가기로 하였다. 재정적인 어려움과 해결되지 못한 많은 문제들이 있었지만, 신학대학원을 졸업하자마자 정성균은 이 모든 것을 하나님께 맡기고 용감하게 선교지로 향하였다. 그때 그의 나이 30세였다. 그리하여 1974년에 방글라데시 선교를 시작하였다. 처음에는 방글라데시 언어인 벵갈어를 배우는데 집중하였고, 7개월 만에 2년 과정의 언어훈련을 끝낸 후에 코딩톤 선교사를 도와 진료소에서 결핵환자들을 돌보았다. 그러다가 점차 그의 사역은 방글라데시 어린이를 대상으로 한 교육선교로 전환하게 되었다. 문맹률이 85%에 이르는 지역에서 무지가 빈곤의 되물림과 비인간적 삶의 원인이라고 보고, 학교를 세워 어린이들을 교육하기 시작하였다. 또 사람을 비인간화시키는 사회제도의 저변에 정치적, 사회적, 종교적 억압이 있다고 보고, 복음을 전하면서, 진정한 자유와 해방을 얻도록, 또한 신앙적 구원을 얻도록 힘썼다. 그의 사역은 갈수록 확장되었고, 일 년 만에 초등학교 4개를 세웠다. 심지어 그의 사역의 영향으로 많은 무슬림(이슬람을 신봉하는 사람들)들이 기독교로 개종하는 일들이 일어났고, 이것이 빌미가 되어 강력한 이슬람 국가인 방글라데시 정부가 기피하는 인물이 되었고, 결국 만료된 비자갱신이 거부되어 이 나라를 떠날 수밖에 없었다. 그러나 그가 세운 현지인 사역자들을 통해서 그는 이곳에서 선교사역을 계속 이어갔다.

정성균 선교사가 안식년을 보내며 선교지를 놓고 기도할 때, 그에게 파키스탄 선교의 길이 열렸다. 파키스탄은 방글라데시보다 훨씬 더 철저한 이슬람 국가(97%가 이슬람)였지만, 그곳에 있는 꾸즈란왈라 신학교 교수로 초청을 받으면서 그의 선교가 가능해졌다. 그리하여 그는 1980년부터 두 번째 선교지인 파키스탄에서 선교를 재개하였다. 주로 신학교에서 가르치는 일을 하면서도, 그는 방글라데시에서처럼 문맹퇴치와 복음전도를 위해 초등학교를 세워 유급교사를 두고 이들을 훈련시켜 아이들을 교육하는 선교사역을 하였다. 또한 주말을 이용해서 파키스탄 현지 목회자를 양성하고 훈련하여 파키스탄교회를 개척하고 건강하게 세워나가는 일에 힘썼다. 그는 많은 반대와 모함, 시기와 질투, 심지어 위협과 협박에 시달렸지만, 결코 포기하거나 물러서지 않고, 자신이 감당해야 할 선교사역에 최선을 다했다. 과로와 피로, 쉼 없는 열정으로 그의 몸은 극도로 쇠약해졌고, 현지인과 똑같이 생활하면서 파키스탄의 풍토병인 간염(B형 간염)에 노출되었다. 낙후된 의료체계에서 질병에 대한 오진과 미숙한 치료로 인해 그의 병은 계속 악화되었고, 계속적인 선교사역 속에서 치료시기를 놓쳐서 1984년 7월 17일에 40세의 젊은 나이에 아내와 세 자녀를 남겨두고 숨을 거두었다.

그가 끼친 영향은 컸다. 그의 선교가 많은 이들의 마음을 움직였고, 교회를 움직여서 그의 뒤를 이어 선교에 헌신하는 사람들이 생겨났다. 특히 정성균 선교사의 선교를 돕기 위해 방파선교회(방글라데시-파키스탄 선교회)가 조직되어, 그의 생전에도 선교를 후원하였지만, 그의 사후에도 계속적으로 여러 나라에 많은 선교사들을 파송하였다.

정성균 선교사는 목숨을 다하고 힘을 다하여 하나님을 사랑하고, 고통가운데 신음하는 사람들을 자기 목숨처럼 사랑한 희생적 삶을 살았다. 그는 이것이 그가 마땅히 해야 할 "사랑의 빚을 갚는 삶"이라 말하였다. 가난한 이의 눈물을 닦아주고 신음하는 이들의 마음을 위로하며 억눌린 자들을 자유케하고, 죄와 삶의 무게에 눌린 이들을 참된 해방과 자유로 인도하는 삶이야말로 예수가 걸어가신 길이요, 세상을 아름답게 하는 삶이다. 이러한 삶의 길을 정성균 선교사가 걸어갔듯이, 우리 모든 한남인들이 함께 걸어가기를 기대한다.

연구 및 토의 주제

1. 한남대학교의 교훈인 진리, 자유, 봉사가 의미하는 바가 무엇인가?

2. 한남대학교의 역사 속에서 우리가 자랑스럽게 여길 교훈과 아름다운 유산이 있다면 그것은 무엇인가? 한남대학교 설립과 발전의 역사 속에서 우리가 계승하여 발전시켜 나갈 정신과 가르침이 있다면 그것이 무엇인지 이야기 나누어 보자.

3. 한남대학교가 낳은 자랑스런 인물들을 찾아보자. 이들로부터 본받고 싶은 점은 무엇인가? 나는 어떤 사람이 되어야 하는지 자신의 vision statement(비전 선언문)을 작성해 보자.

참고도서

1. 오승재 · 김조년 · 채진홍. 『인돈평전』 서울 : 지식산업사, 2003
2. 이문균 · 장영일. 『사랑의 빚을 갚으려다』 서울 : 한국장로교출판사, 2002
3. 한남대학교 40년사 편찬위원회. 『한남대학교 40년사』 대전 : 한남대학교, 1996
4. 최영근. "미국 남장로교 선교사 인돈(William A. Linton)의 교육선교." 「한국교회사학회지」 제40권 2015

현대인과 성서

1997년 3월 2일 1판 발행
2019년 3월 1일 개정판 발행
2022년 2월 21일 4쇄 발행

저 자 | 한남대학교 탈메이지교양교육대학
교재개발(편찬)위원회
편찬위원 | 계재광, 반신환, 정덕희, 조용훈, 천사무엘, 최영근
발 행 자 | 이광섭
발 행 처 | 한남대학교출판부(글누리)
34430 대전광역시 대덕구 한남로 70(오정동)
Tel (042) 629-7536
Fax (042) 629-7264
인 쇄 처 | 바름
Tel (042) 628-2412

ISBN 978-89-7066-391-3 93230
가격 15,000원